市政道路工程建设 与给排水规划

张连荣　崔鹏炜　汪　舟　主编

广东旅游出版社
GUANGDONG TRAVEL & TOURISM PRESS
悦读书·悦旅行·悦享人生

中国·广州

图书在版编目（ＣＩＰ）数据

市政道路工程建设与给排水规划 / 张连荣，崔鹏炜，

汪舟主编. -- 广州：广东旅游出版社，2025. 4.

ISBN 978-7-5570-3561-7

Ⅰ. U412.37；TU991

中国国家版本馆 CIP 数据核字第 20256N2C35 号

出 版 人：刘志松

责任编辑：魏智宏　黎　娜

封面设计：刘梦杏

责任校对：李瑞苑

责任技编：冼志良

市政道路工程建设与给排水规划

SHIZHENG DAOLU GONGCHENG JIANSHE YU JIPAISHUI GUIHUA

广东旅游出版社出版发行

（广东省广州市荔湾区沙面北街 71 号首、二层）

邮编：510130

电话：020-87347732（总编室）　020-87348887（销售热线）

投稿邮箱：2026542779@qq.com

印刷：廊坊市海涛印刷有限公司

地址：廊坊市安次区码头镇金官屯村

开本：710 毫米 × 1000 毫米　16 开

字数：312 千字

印张：19

版次：2025 年 4 月第 1 版

印次：2025 年 4 月第 1 次

定价：78.00 元

编 委 会

前　言

　　市政道路工程建设与给排水规划是现代城市建设中不可或缺的组成部分。随着城市化进程的不断加快，道路与给排水系统的规划建设直接关系到城市的功能运转、居民生活质量以及城市的可持续发展。市政道路作为城市交通的骨架，不仅承载着日常交通流量，还影响着城市空间布局和经济活动的效率。而科学合理的给排水系统规划是保障城市卫生条件、生态环境以及防洪排涝能力的重要基础。近年来，随着新技术、新材料和新工艺的广泛应用，市政道路和给排水规划取得了显著进步，为城市建设提供了更坚实的技术支撑。同时，绿色基础设施建设理念的推广使得节能、环保与资源循环利用成为行业发展的重要方向。然而，如何在城市功能需求、环境保护与成本效益之间找到最佳平衡点，仍是当前市政建设面临的重大挑战。

　　尽管市政道路与给排水工程建设取得了长足发展，但在实践中依然存在诸多问题亟待解决。在规划层面，部分城市未能充分考虑长远发展的需求，导致规划与实际发展脱节，影响了整体功能的协调性和长期效益。在施工与管理环节中，由于施工质量控制不严、技术标准执行不力以及后期维护不足，造成道路与给排水设施使用寿命缩短，甚至引发次生灾害。此外，部分区域的雨污分流系统建设仍未完善，汛期积水问题频发，对城市居民生活和环境造成了严重影响。同时，随着城市人口密度的增加和环境压力的加剧，给排水系统的容量与性能面临更高要求，但现有系统的改造与升级速度却相对滞后。这些问题不仅对城市的功能运行造成压力，也对市政建设提出了更高的技术与管理要求。因此，针对市政道路与给排水工程中的主要问题进行深入分析与研究，提出切实可行的改进措施，是实现城市可持续发展的必由之路。本书旨在从理论与实践结合的角度，对市政道路工程建设与给排水规划进行系统分析，并探索解决实际问题的方法，以期为相关领域的从业人员和研究者提供有益参考。然而，由于时间和知识水平的限制，书中可能存在一些疏漏之处。因此，笔者欢迎广大读者对本书提出批评和指正，帮助改进和完善内容。

目 录

第一章　城市道路建设概述

第一节　城市道路建设的内涵

一、城市道路的功能和基本属性

城市道路建设是城市建设的重要组成部分，具有投资规模大、涉及范围广、带动效应强等显著特点，是城市社会发展和居民生活的基础保障。它不仅直接影响市民的日常生产和生活，还对社会各领域的进步起到重要的推动作用。

（一）城市道路的主要功能

1.交通设施功能

城市道路的首要功能是满足城市活动中的交通需求，为人们的出行提供通畅的通道。交通设施功能具体可分为两类：一是长距离运输功能，即城市道路主要承担跨区域或城市之间的大量人流和物流输送；二是沿路进出集散功能，即城市道路为城市内部的各个街区、单位和居民点提供便捷的出入口。

2.公用空间功能

城市道路除了交通功能，还兼具公用空间功能。作为城市环境的重要组成部分，道路不仅在采光、通风、日照以及景观美化方面起到作用，还为电力、通信、自来水、热力、燃气和排水等基础设施的管线铺设提供必要的空间。广场和停车场等附属设施同样是城市公共空间的一部分，为居民的日常生活和社会活动创造了便利条件。

3.防灾救灾功能

道路在城市防灾救灾中也扮演着不可或缺的角色，具体表现为提供应急避难场地、防火隔离带，以及保障消防车和救援车辆快速通行的通道功能。这种功能在突发灾害或紧急情况下，对保护居民生命财产安全至关重要。

4.塑造城市平面结构功能

城市道路通过其布局和结构，对城市整体规划和空间形态起到决定性作用。通常，干线道路构成城市的骨架结构，连接主体功能区和交通枢纽；支路则构成街区、社区和邻里街坊的网状体系。城市的发展往往以干道为核心，从中心向四周辐射延伸，形成有序的城市空间结构。

（二）城市道路的基本属性

1.公共产品属性

我们居住在城市中，除了满足个人需求外，还必须满足社会性的公共需求。这意味着我们的日常生活和活动依赖于一定的社会公共环境，例如城市基础设施、国家安全、社会秩序等。这些服务对私人生活至关重要，但它们不是通过市场交易直接购买的；我们只能享受它们提供的服务，而无法拥有它们的产权。在这种情况下，市场机制是无效的。这些服务的生产需要特定的组织来承担，通常是由政府来提供这些被称为公共物品的产品。

美国经济学家保罗·萨缪尔森定义公共物品为："那些无论个人是否愿意购买，都能使社会每个成员受益的物品。"笔者认为，公共物品是指私人不愿意或无法生产的，而必须由政府提供的产品和服务。它们具有两个显著特征：①共同消费性，即非竞争性。一件公共物品，当被某个人消费时，其他人也可以消费相同数量的同类物品，而无须增加生产成本。例如，甲和乙两人可以同时在同一条道路上行走，享受政府提供的道路通行服务，而政府无须为其中一人单独修建一条道路。②非排他性，即难以或无法阻止其他人从公共物品中获益。例如，一个人在公共绿地欣赏景色时，无法阻止其他人也来享受这一美景。尽管道路产品具有非排他性，但受到特定路面宽度的限制，一辆车在使用道路的特定路段时，会排斥其他车辆同时使用这一路段，否则会导致交通拥堵。因此，道路产品的非排他性是有限的。同时，它还具有非竞争性，表现为：在道路上行驶的车辆，其通行速度并不取决于某人的出价，一旦发生拥堵，无论出价高低，车辆都会受阻；当道路未达到设计车流量时，增加一定量的车辆并不会增加边际成本，但若达到或超过设计能力，变得非常拥堵时，需要大量投资来拓宽道路，无法仅以单辆汽车来计算成本。这一特性决定了道路建设活动及道路本身不是纯粹的公共产品，而是具有非竞争性，但非排他性不充分的准公共产品。

显然，道路作为准公共产品，其本质特征体现在社会公益属性上，主要表现在：服务功能的基础性、服务对象的公共性、服务效益的社会性。

2.商品属性

在城市道路建设的过程中，道路不仅是基础设施，还是为社会经济发展提供重要支撑的商品。商品一般由两大属性构成——使用价值和价值。使用价值是商品的自然属性，体现了商品满足需求的能力，而价值则是商品的社会属性，反映了其在社会交换中的地位和作用。

具体到道路这一商品，其使用价值表现得尤为突出。道路的建设直接影响着国家经济的运行，它不仅为商品流通提供便利，还加速了自然资源的开发和利用。通过完善的道路网络，沿线地区的经济可以得到更好的发展，同时满足了社会公共交通的需求。道路作为一个物质形态的产物，凝聚了大量社会必要劳动，体现了其在经济活动中的核心作用。

随着社会的发展，尤其是在市场经济逐渐占据主导地位的背景下，道路的作用愈加显现。它不再仅仅是交通工具的载体，已成为促进区域经济一体化、提高社会整体经济效益的重要因素。在高等级的道路建设中，随着技术水平的提高和社会需求的变化，道路的使用价值也在不断扩展。更为高效、安全的交通设施不仅能满足日常的运输需求，还能提升经济活动的效率，减少时间成本，推动区域间的人员、货物流动和资本交换。道路的建设是一项包含复杂社会劳动的工程，每一条道路的规划与建设背后都凝结了大量的智慧和资源投入。它体现了劳动价值的流转与物质形态的转化，并且随着社会需求的变化，它的功能和价值也在不断增加和优化。因此，可以说，城市道路建设作为一种社会商品，其属性既具备了使用价

值，又体现了深刻的社会价值。

二、国内道路工程类型

（一）公路

1.按功能分类

公路的分类可以依据其使用任务、功能和适应的交通量来划分，通常分为五个等级。

（1）高速公路。高速公路是为政治、经济活动提供重要支撑的交通主干道，专门为汽车设计，具有分车道行驶的特点，并且全面控制进出口。高速公路根据车道数可分为四车道、六车道、八车道等类型。其设计目标是满足年平均昼夜交通量超过25000辆的需求，主要适应各种汽车尤其是小客车的交通需求。

（2）一级公路。一级公路主要连接重要的政治、经济中心，通往重点工业区、港口、机场等重要节点。这类公路允许汽车分道行驶，并部分控制车辆的进出。通常，一级公路的设计交通量为年平均昼夜交通量在15000辆到30000辆之间，适应各种类型的汽车。

（3）二级公路。二级公路的功能是连接主要的政治、经济中心或大型矿区、港口、机场等地。这些公路通常适应中型载重汽车的需求，年平均昼夜交通量为3000辆至7500辆。

（4）三级公路。三级公路主要用于沟通县级以上的城市。它的设计适应中型载重汽车，年平均昼夜交通量通常在1000辆至4000辆之间。

（5）四级公路。四级公路连接县、乡（镇）、村等地方，主要用于地方性的交通。这些公路的设计交通量通常较小，双车道的年平均昼夜交通量不超过1500辆，单车道则不超过200辆。

2.按使用性质分类

公路的使用性质和其在政治、经济以及国防等方面的重要性不同，可以将其划分为五个行政等级。

（1）国家公路（国道）。国家公路是具有全国政治和经济意义的干线公路，包括重要的国际公路、国防公路等。这类公路通常连接首都与各省会城市、自治区首府和直辖市，还连接主要的经济中心、港口枢纽、商品生产基地及战略要地。

（2）省公路（省道）。省公路是具有省级（自治区、直辖市）政治、经济意义的干线公路，主要连接各地市和省内重要区域。这些公路的作用是支撑区域内的交通流动，通常不属于国道范畴。

（3）县公路（县道）。县公路主要服务于县级（县级市）政治、经济需求，连接县城与县内主要的乡镇及重要的商品生产和集散地。它们也包括连接不同县之间的公路，通常是本县域内的重要交通路线。

（4）乡公路（乡道）。乡公路主要为乡镇村的经济、文化和行政活动提供支持，连接乡镇之间或乡与外部的交通。它们通常是地方性交通网的重要组成部分，不属于县道以上的公路。

（5）专用公路。专用公路是指为特定用途而建设的公路，通常服务于特定的工业区、林区、农业基地、油田、旅游景区、军事基地等。这类公路的设计和建设主要为了满足某一特定领域的运输需求。

（二）城市道路

城市道路是城市交通系统的重要组成部分，按照其在城市道路网中的地位、功能及对周边区域的服务功能，通常可分为四个等级：快速路、主干路、次干路和支路。每个等级的道路具有不同的交通功能和服务对象，其设计、建设与管理都要根据城市的具体需求和发展目标来进行科学规划。

1.快速路

快速路主要分布在城市的较大范围内，承担着连接各大区域及城市外部交通的重任。其最显著的特点是设计上采取了中央分隔带，严格控制出入口设置，出入口之间的距离经过精心规划，以保证交通流畅。快速路通常为单向或双向多车道，设计时考虑了较高的车速与大容量的通行需求，因此这些道路对交通安全和管理设施的要求较高。

快速路的交通流畅性是其主要优势，行车速度快且车流连续，能够有效避免由于交叉口或出入口合流等因素造成的交通拥堵。由于快速路主要服务于长距离的跨区域交通和对外交通，其一般位于城市的外环或主要干道上，是城市道路交通骨架的重要组成部分。

2.主干路

主干路是城市中连接各大分区的重要交通枢纽，与快速路共同构成了城市交通的核心结构。主干路的交通特点是流量较大，但由于存在多个交叉口和信号灯控制，交通流通常表现为间断流。与快速路不同，主干路需要考虑更多的交通参与者，包括机动车、公共汽车、非机动车以及行人。为了保证交通的顺畅和安全，主干路上常常设置专用公交车道，以提升公共交通的效率。此外，主干路的设计还需考虑到交通管理、信号控制等因素，在交叉口设计时，除了保证车辆通行，还需要平衡非机动车与行人的通行需求。主干路既是城市的交通主干，也是服务于公共交通与短途出行的关键道路。

3.次干路

次干路主要作用是作为主干路和支路之间的连接通道，承担着疏解和集散城市交通流的功能。次干路通常与主干路并行，负责承接主干路上溢的交通流，同时为来自快速路的车辆提供合理的出入通道。其交通流量通常不如主干路密集，但仍需充分考虑交通流畅性。

次干路的设计不仅要保证来自支路的交通能够顺利汇集，还要考虑到来自主干路和快速路的车流和人流的合理分布。为满足日益增长的城市出行需求，次干路上通常会设置多个公交站点，成为城市公共交通网络的重要组成部分。由于该路段涉及较多的非机动车与行人，设计时需特别注重安全性，合理规划非机动车道与人行道，以保障各类交通工具的安全通行。

4.支路

支路是城市道路网中最基础的部分，连接各个街区、居住区、商业区、工业区等，是解决局部地区交通问题的关键道路。支路的设计通常侧重于服务功能，主要解决市民的日常出行需求，其交通特点是车速较低，通行的主要是私家车、公共交通工具、非机动车以及行人。支路的密度较大，是城市交通网中的重要组成部分，它能够有效地分担主干道和次干道的交通压力。

支路的道路设计需兼顾不同交通参与者的需求。机动车的通行速度较低，因此人行道与非机动车道的规划尤为重要，以保证行人和非机动车的

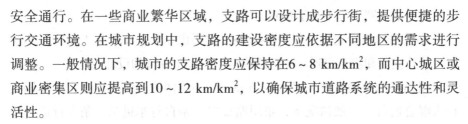

安全通行。在一些商业繁华区域，支路可以设计成步行街，提供便捷的步行交通环境。在城市规划中，支路的建设密度应依据不同地区的需求进行调整。一般情况下，城市的支路密度应保持在6~8 km/km²，而中心城区或商业密集区则应提高到10~12 km/km²，以确保城市道路系统的通达性和灵活性。

5.人行道

人行道是城市道路的重要组成部分，专为行人通行设计，通常位于道路两侧，并通过护栏、侧石等设施与车行道分隔开。人行道不仅提供行人安全、畅通的通行空间，还承担着一定的公共设施功能。人行道的设计通常包括行人通行带、公共设施带和行道树带。行人通行带是行人安全通行的核心区域，而公共设施带可设置座椅、灯柱、垃圾桶等城市设施，行道树带则提供绿化美化功能。

近年来，随着城市化进程的加速，人行道面临着许多新的挑战。与车行道相比，人行道的建设往往得不到足够的重视，存在设计不规范、宽度不足、设施不完备等问题。此外，部分地区的人行道常常被占用，导致行人通行不畅，甚至存在交通安全隐患。因此，改进人行道的设计和管理，提升行人通行的便利性和安全性，成为当前城市道路建设中的一项重要任务。

要优先保障步行和自行车出行。在新建或改扩建的城市主干道、次干道中，要明确设置人行道和自行车道，确保步行和非机动车的通行便利。而在城市的支路和居住区道路中，也应当考虑设置人行道，以实现全面的交通服务和功能覆盖。

（三）居住区道路系统

居住区道路系统包括居住区道路、小区路、组团路和宅间小路四个等级。每个等级道路的宽度主要根据交通方式、交通工具、交通量及市政管线的布设需求来确定；对于重要区域，还需要考虑环境和景观的要求，并对某些部分进行适当调整。

居住区道路作为居住区的主干道，应考虑到城市公共交通工具（如电车和汽车）的通行需求。在两侧应分别设置非机动车道和人行道，且居住区道路的最小宽度应不小于20 m。

小区路的路面宽度一般为6～9 m，主要供非机动车和行人通行，不应引入公共交通和汽车交通。小区路通常采用人车混行的设计。

组团路的路面宽度一般为3～5 m，作为组团内的主要通道，供车辆和行人混合通行。一般情况下，组团路设置一条自行车道和一条人行道，按照双向通行计算，路面宽度为4 m。在用地条件较为紧张的地区，最小宽度可为3 m。

宅间小路的最小宽度应不低于2.5 m。作为通往住宅的末端道路，宅间小路主要服务于居民的日常出行，通常以自行车和步行交通为主，同时需满足垃圾清运、急救、搬运家具等需求。根据居住区内车辆低速行驶的通行要求，宅间小路的宽度一般为2.5～3 m，最低宽度为2 m。

（四）绿道

绿道是指以自然景观和人工景观为基础，结合适宜的设计和布局，构建成供行人和自行车通行的线形绿色开放空间。绿道一般由绿化系统和人工设施两部分组成。绿化系统主要是指由植物群落、水体等构成的生态景观廊道，宽度适当，位于慢行道两侧；人工设施则包括慢行道本体、驿站、指示标识及关键节点等。

绿道根据功能和服务范围的不同，可以分为区域绿道、城市绿道和社区绿道。

区域绿道（省级绿道）主要是连接不同城市，具有重要生态保护和支撑作用的绿道。通常，区域绿道沿城市外缘的自然河流、小溪或山脊线设置。在此类绿道内，一般会设置综合慢行道，铺面宽度一般为3.0～3.5 m。

城市绿道是指连接城市内各大功能区，促进居民区与其他城市功能区联系的绿道。城市绿道的设置通常集中在城区，依托文化景点、公园、广场以及城市外围的道路和河道绿带。在城市绿道中，步行道的宽度一般为1.5～2.5 m。

社区绿道主要服务于周边社区居民，通常连接社区公园、小型游园以及街头绿地。社区绿道内通常设置独立的步行道，步行道宽度一般为1.5～2.0 m。

第二节　公路基本建设的主要内容

一、基本建设及其内容构成

基本建设是指通过投资建设新的固定资产，旨在提升生产能力或工程效益的过程。在西方国家，这一过程通常被称为"资本投资"。例如，为了提升社会生产能力，可以新建工厂、学校、公路、桥梁、码头、矿井、电站、水坝、铁路等；为了扩大生产规模和提高效益，可能需要扩建生产车间、提升路面等级或修建永久性桥梁。此外，为了提高生产效率和产品质量，还可能对现有设备和工艺进行整体技术改造，或对老旧公路进行全面改建。由此可见，基本建设包括所有与固定资产扩张相关的新建、改建、扩建、恢复等工程活动及其附属工作。

在我国，基本建设是推动国民经济发展、增强综合国力、实现社会主义现代化的重要手段。它不仅提升人民物质文化水平，也加强了国防力量。因此，党和国家历来高度重视基本建设，出台了多项政策和法规。通过大规模的基本建设，我国初步形成了较为完整的工业、交通和国民经济体系，推动了中华大地的显著变化，为改革开放和建设社会主义和谐社会提供了坚实的物质基础。基本建设的主要内容包括以下几项。

（一）建筑工程

建筑工程是指通过施工活动，消耗建筑材料并使用工程机械，完成如路基、路面、桥梁、隧道、厂房、水坝等构筑物的建设。

（二）安装工程

安装工程是指在基本建设项目中，安装、调试各种机械设备的工作，包括工业生产设备以及公路、大型桥梁等项目所需的机械、设备和仪器等的安装调试。

（三）设备、工具及器具的购置

设备、工具及器具的购置是指为固定资产所购置的机器、设备、工具和器具等，主要包括渡口设备、隧道照明设备、消防通风动力设备、公路收费监控通信设备、路面养护设备、摊铺机械等。

（四）勘察、设计及相关工作

勘察、设计及相关工作是指为编制建筑和安装工程施工方案所需的各项前期工作。这些工作包括公路工程的可行性研究、初步设计以及施工图设计等环节。在勘察方面，主要包括地质调查、钻探、土壤分析等工作，以确保工程建设的基础条件满足要求。在设计方面，包括初步设计阶段和施工图设计阶段，目的是明确工程的整体结构、施工细节以及技术要求。

此外，相关工作还包括材料试验和技术研究，以评估使用材料的适应性和安全性，并确保工程的质量和可持续性。在项目实施过程中，还需要进行风险评估和项目咨询服务，确保设计方案在实际操作中的可行性。同时，项目招标和投标工作也属于该领域内容，包括招标文件的编制、投标单位的评审等环节，以确保工程顺利进行。另外，工程造价编制工作也是不可或缺的一部分，包括对项目各项成本进行合理估算，为后续的资金投入、资源调配等工作提供依据。

（五）其他基本建设工作

其他基本建设工作是指为确保基本建设项目顺利实施和正常运作所进行的基础性工作，如土地征用、拆迁安置、人员培训、工程质量监督、监理工作、工程定额测定、施工机构迁移等。

二、基本建设项目的划分

基本建设项目的规模各不相同，有些工程体量较大，而有些较小。然而，无论规模大小，每个工程项目都具有自身的复杂性，需要完成一系列技术、经济和物质形态上的工作。为了更有效地管理基本建设工作，同时方便设计文件、概预算文件以及施工组织设计文件的编制，并为工程招投标与施工管理提供便利，必须对基本建设项目进行科学的分解和合理的划分。基本建设项目通常可细分为建设项目、单项工程、单位工程、分部工程和分项工程五个层次。

（一）建设项目

建设项目，又称基本建设项目，是指经批准的，在一个设计任务书范围内按统一总体设计进行建设的全部工程内容。建设项目通常由一个或多个单项工程组成，其经济核算实行统一管理，行政管理也统一归属。一般情况下，一个企业（或联合企业）、事业单位或某个独立工程可以作为一个建设项目。例如，在公路工程中，一段独立设计的公路路线或独立桥梁可以作为一个基本建设项目。

（二）单项工程

单项工程，也被称为工程项目，是指在建设项目中，具有独立设计文件，且建成后能够单独发挥生产功能或使用价值的工程。例如，在工业建筑中，生产车间、办公楼、仓库属于单项工程；在民用建筑中，教学楼、图书馆、实验室和住宅属于单项工程；在公路工程中，一个独立合同段的路线、大桥或隧道也属于单项工程。

（三）单位工程

单位工程是单项工程的组成部分，指的是单项工程中具有独立设计文件和施工条件，且能够单独作为施工对象的工程。例如，在生产车间的建设中，厂房的修建和设备的安装属于单位工程；在公路工程中，同一合同段内的路基、路面、桥梁、互通式立交以及交通安全设施等，也可划归为单位工程。需要注意的是，单位工程通常不能独立实现生产功能或使用效益，它更多是作为单项工程的具体实现部分。

（四）分部工程

分部工程根据工程结构、构造特点或施工方法的不同进行划分，属于单位工程的组成部分。例如，在房屋建筑中，基础、地面、墙体、门窗等属于分部工程；在公路建设中，路基施工中的土石方、排水工程、涵洞和大型挡土墙属于分部工程；在桥梁工程中，上部结构、下部结构和引道也属于分部工程。

（五）分项工程

分项工程是指通过较为简单的施工过程即可完成，并能用具体计量单位计算的"假定"建筑或安装产品。例如，10 m³块石基础、100 m³水泥混凝土路面，一台某型号龙门吊的安装等。需要指出的是，分项工程只是建筑或安装工程的一种基本构成要素，其独立存在并无实际意义，而是作为分部工程的组成部分被划分出来，以便明确施工资源的消耗情况及工程费用的计算。

三、公路基本建设程序

基本建设程序是指在基本建设全过程中，各项工作所需遵循的科学顺序。这一顺序由固定资产建设的客观规律决定，即基本建设的发展进程需要按照特定的逻辑展开。科学合理的基本建设程序能够有效协调建设工作中各阶段和环节的关系，包括制定建设规划、确定建设项目、开展勘察设计、组织施工以及竣工验收等，确保建设工作有序推进。

公路基本建设程序是指公路基本建设项目从规划立项到竣工验收的整个过程所需遵循的工作顺序。在公路基本建设中，由于涉及面广，其实施既受到地质、气候、水文等自然条件的制约，也受到物资供应、技术水平等物质技术条件的影响。同时，公路基本建设项目还需要建设单位与设计、施工、监理、质量监督等多方单位密切协作。因此，严格按照规定程序实施建设工作尤为重要，只有依次完成各项工作，才能保证项目达到预期目标；否则，不仅可能造成国家经济损失，还可能导致工程出现无法弥补的缺陷。

我国的公路建设必须严格遵守国家规定的建设程序和相关政策法规。在政府投资的公路建设项目中，通常实行审批制，而企业投资的公路建设项目则实行核准制。

政府投资公路建设项目的实施需严格按照以下程序进行：首先，根据国民经济中长期规划及公路网建设规划，开展预可行性研究并编制项目建议书；在项目建议书获批后，进行工程可行性研究，编制可行性研究报告，并依据可行性研究报告及其批复编制项目设计招标文件；接着，根据批准的项目设计招标文件、资格预审结果以及公路建设计划，组织项目设计招标和投标活动；随后，依据可行性研究报告及其批复，编制初步设计文件；初步设计文件获批后，再编制施工图设计文件；依据批准的施工图设计文件，编制项目施工招标文件；根据批准的项目施工招标文件、资格预审结果及公路建设计划，组织施工招标和投标活动；按照国家有关规定，进行征地拆迁等施工前的准备工作，编制项目开工报告，并向交通主管部门申请施工许可；获批后，根据批准的开工报告组织项目实施。项目完成后，应编制竣工图表、工程决算及竣工财务决算，并办理交工验收、竣工验收及财产移交手续。竣工验收合格营运一段时间后，组织项目后评价。

企业投资公路建设项目的基本建设程序如下：根据规划要求，编制工程可行性研究报告；随后，依法组织投资人招标工作，并确定具体的投资人；投资人需编制项目申请报告，并按规定报送项目审批部门核准；在项目申请报告核准后，编制项目设计招标文件，组织项目设计招标工作，并完成初步设计文件的编制。其中，涉及公共利益、公众安全以及工程建设强制性标准的内容，应根据项目隶属关系报交通主管部门进行审查；根据审查通过的初步设计文件，编制施工图设计文件；依据批准的施工图设计文件，编制项目招标文件；依据已获批准的项目招标文件、资格预审的最终结果以及公路建设的整体规划，开展施工招标与投标的相关活动；遵循国家相关法规要求，进行施工前诸如征地拆迁等各项准备工作，并向交通运输管理部门提交施工许可的申请；获得施工许可后，正式组织项目实施。项目竣工后，需制作竣工图纸和资料、进行工程造价结算及财务最终结算的编制，并完成交接验收和正式竣工验收的各项手续。竣工验收合格后，应对项目进行后评价。

为规范和加强公路基本建设项目管理，公路建设应严格按照国家和交通运输部的相关要求，全面实行项目法人制度、招标投标制度、工程监理制度以及合同管理制度（即"四项制度"）。以下将详细介绍公路基本建设程序各阶段的主要内容。

（一）前期阶段

1.项目建议书阶段

项目建议书是建设单位（业主）向国家提出建设某一项目的正式建议文件，也是对建设项目初步构想的具体呈现。这一构想可能来源于国家、部门或地方的发展规划与计划安排，也可能源于市场调查或某种资源的发现。项目建议书需要对拟建项目的社会需求进行分析与研究，明确为满足该需求所需要实现的建设目标，包括经济目标、社会目标和环境目标，同时还需评估可能面临的风险。

2.可行性研究阶段

项目建议书获得批准后，政府交通主管部门会组织开展项目的可行性研究。可行性研究的核心任务是从技术和经济两方面对拟建项目的可行性进行科学论证，为项目决策（是否继续推进项目或放弃）提供可靠依据。通过方案比较，可行性研究将提出评价意见并推荐最佳方案。

根据研究深度，可行性研究分为预可行性研究和工程可行性研究两个阶段。预可行性研究重点说明建设项目的必要性，并通过初步勘察和调查研究，提出项目的规模、技术标准，同时进行简要的经济效益分析。工程可行性研究则需在充分调查、测量（如高速公路和一级公路需进行精确测量）以及地质勘探（针对大桥、隧道及不良地质路段）的基础上，对不同建设方案进行全面的技术和经济论证，并提出推荐方案。

报告经审查批准后，项目方可正式"立项"。对于大中型或限额以上的项目，可根据实际需要成立筹建机构，即组建项目法人；而一般的改建或扩建项目则无需单独设立机构，仍由原企业负责筹建工作。

（二）设计阶段

1.设计招投标及任务书阶段

设计招投标是依据可行性研究报告及其批复意见编制项目设计招标文件，通过招标程序确定项目设计单位。设计任务书是决定建设方案的关键性文件，也是编制设计文件的主要依据。设计任务书可以由建设单位自行拟定，也可委托工程咨询公司代为编制，或者由建设单位与设计单位协商制定。

设计任务书的主要内容包括：项目建设依据与规模，路线走向及主要控制点，独立大桥的桥址及主要特点，地理位置、自然条件与社会经济现状，工程技术标准及主要技术指标，设计阶段及完成时限，环境保护、城市规划、抗震、防洪、防空和文物保护等方面的要求与措施，投资估算与资金筹措，经济与社会效益分析，以及建设期限与实施方案等。

2.公路设计阶段划分

公路基本建设项目通常采用两阶段设计模式，即初步设计和施工图设计。对于技术简单、方案明确的小型项目，可采用一阶段设计，即一阶段施工图设计。而对于技术复杂、基础资料不足的项目，或者涉及特大桥、互通式立交枢纽、地质复杂的长大隧道、高速公路及一级公路的交通工程与沿线设施（如机电设备）等项目，必要时可采用三阶段设计，即初步设计、技术设计和施工图设计。

3.施工图设计文件组成

无论设计过程分为几个阶段，施工图设计文件均包括以下内容：总说明书、总体设计、路线设计、路基设计、路面及排水设计、桥梁设计、涵洞设计、隧道设计、路线交叉设计、交通工程及沿线设施设计、环境保护设计、渡口码头及其他工程设计、筑路材料说明、施工组织计划、施工图预算，以及相关附件等。

（三）施工阶段

在项目开工建设前，需要完成以下前期准备工作。

1.预备项目

初步设计获批的项目可列入预备项目范围。国家预备项目计划是指对部门和地方提交的年度建设预备项目计划中符合要求的大中型项目和限额以上项目，经综合平衡建设总规模、生产力布局、资源配置及外部协作条件后予以安排和下达的计划。

2.建设准备内容

建设准备的主要工作包括以下内容：完成征地、拆迁和安置工作，建设施工所需的水、电、道路等基础设施，设备及材料订购，施工图纸准

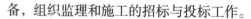

备，组织监理和施工的招标与投标工作。

3.申报项目施工许可

在完成规定的建设准备工作并具备开工条件后，需申报项目施工许可。年度内的大中型项目和限额以上项目须经国务院批准，并由国家发展和改革委员会下达计划；其他项目则由相关部门或地方政府审批。

当建设项目的开工报告获批后，项目正式进入施工阶段。这一阶段是项目从决策实施到建成投入使用并发挥效益的关键环节。因此，建设单位、施工企业和监理单位必须认真履行各自职责。

公路项目的开工日期以开始土石方施工的实际日期为准，分期建设的项目按各阶段工程开工日期分别计算。施工过程需严格遵守设计要求、技术规程、合同条款、预算投资及施工程序，在施工组织设计的指导下完成施工，确保质量、工期和成本目标符合计划要求。项目竣工后，经验收合格方可移交使用。

（四）竣工验收及后评价阶段

1.竣（交）工验收交付使用阶段

竣（交）工验收是公路基本建设程序中的最后环节，是将投资成果正式转入使用的标志，也是建设单位、设计单位和施工单位向国家汇报项目建设成效、质量、造价等综合情况，并交付新增固定资产的过程。验收工作在建设项目按照施工合同文件要求的全部内容完成后进行。

公路项目验收分为两个阶段：单项工程交工验收和整体项目竣工验收。在工程验收前，建设单位需做好以下准备工作：组织设计、施工等单位进行工程初步验收，并向主管部门提交验收申请；完善技术资料，包括各种文件整理；绘制竣工图，确保其准确、完整并符合档案管理要求；编制竣工决算。验收合格的工程需正式移交使用，并按照相关规定办理交接手续。

2.项目后评价阶段

公路建设项目正常运营一段时间后，需要对项目从立项决策到竣工验收、生产运营的全过程进行系统评价，这一技术经济活动被称为项目后评价。后评价是固定资产投资管理的最终环节，通过后评价可以总结成绩、归纳经验、发现问题、吸取教训，并提出改进建议，为未来的投资规划、评估及管理提供参考依据。

项目后评价分为建设单位自评和投资方评价两个阶段，主要包括以下内容：评估项目的实际成效，判断是否达到了预期目标和设计要求；检查设计、施工各环节的实际质量；重新计算项目的实际财务效益和国民经济效益。

第二章　市政道路工程建设基本理论

第一节　城市道路网的规划

一、城市道路网规划的基本要求

影响城市道路网布局的因素主要包括城市的用地布局形态、自然地理条件、对外交通联系、市内交通需求等。具体而言，城市道路网规划应考虑如下几个方面的基本要求。

（一）满足城市用地规划布局的要求

城市道路网规划应紧密结合城市用地布局，引导城市用地合理发展。城市各功能区借助干路系统与交通枢纽构成有机联系的整体。城市道路网规划应结合地形，尤其在自然地形起伏较大或丘陵洼地地区，通常道路沿等高线布置较为合理。这既可节省土方量，又可满足行车要求。

城市各级道路应成为划分城市各分区、组团、各类城市用地的分界线。例如：支路和次干路可能成为划分小街坊或小区的分界线；次干路和主干路可能成为划分大街坊或居住区的分界线；主干路和快速路及两旁绿带可能成为划分城市分区或组团的分界线。

城市道路的各个级别应当起到连接城市不同区域、组团以及各类城市用地之间的桥梁作用。例如：支路可能成为联系小街坊或小区的通道；次干路可能成为联系各分区、组团内各大街坊或居住区的通道；主干路可能成为联系城市各分区、组团的通道；公路或快速路又可把郊区城镇与中心城区联系起来。

（二）满足城市交通运输的要求

城市道路的功能必须同毗邻道路的用地（道路两旁及两端用地）性质相协调。道路两旁的土地使用决定了联系这些用地的道路上将会有什么类型、性质和数量的交通，决定了道路的功能；反之，一旦确定了道路的性质和功能，也就决定了道路两旁的土地应该如何使用。交通性道路两侧及两端不应安排可能产生或吸引大量人流的生活性用地，如居住、商业服务中心和大型公共建筑等；生活性道路两侧则不应安排会产生或吸引大量车流、货流的交通性用地，如大中型工业、仓库和物流中心等。

城市道路网规划应与城市用地规划相结合，以尽量减少不必要的往返运输和迂回运输。要尽可能把交通组织在城市分区或组团的内部，减少跨越分区或组团的远距离交通，并做到交通在道路网上的均衡分布。

城市道路网系统应主次分明、功能明确、快慢分离、各行其道，满足不同类别交通的要求，逐步形成不同的系统，如快速车行系统、常速混行系统、公共交通系统、自行车系统和步行系统等，使每个系统都能高效率地为不同的使用对象服务。

（三）满足城市对外交通的要求

城市内部的道路系统与城镇间道路（公路）系统既要有方便的联系，又不能形成相互间的冲突和干扰。公路兼有担负过境交通和出入城交通双重作用，不能和城市内部的道路系统相混淆，而要根据交通的性质和功能要求与城市道路系统有合理的匹配关系。

城市道路网要与铁路站场、港区码头和机场有方便的联系，以满足对外交通的客货运输要求。同时，应处理好铁路和城市道路的交叉问题。对于铁路两旁都有城市用地的城市，铁路与城市道路的立交设置至少应保证城市干路无阻通过，必要时还应考虑设置人行立交。

（四）满足城市环境的要求

城市道路布局应尽可能使建筑用地取得良好的朝向，道路的走向最好由东向北偏转一定的角度（一般不大于15°）。城市道路是城市的风道，要结合城市绿地系统规划，把绿地中的新鲜空气通过道路引入城市。因此，道路的走向既要有利于通风（一般应平行于夏季主导风向），又要考虑抵御冬季寒风和台风等灾害性风的正面袭击。交通噪声是城市交通带给城市环境的一大危害，应采取一系列措施降低噪声危害，如设置环路限制过境车辆进入市区、保证道路横断面中必要的防护绿地等。

（五）考虑城市景观的需求

城市道路景观是反映城市风貌的重要标志之一。城市道路与自然环境、沿街建筑群体、绿化布置及广场的有机结合，对城市的景观起着重要的作用。城市道路的景观不仅通过平面和纵断面线形的柔顺以及横断面各组成部分恰当的比例体现，还与绿化设施、沿街建筑的形式、道路附属设施、街道小品等有密切的关系。

（六）满足工程管线布置的要求

城市市政工程管线，如给水管、雨水管、污水管、电力电缆、照明电缆、通讯电缆、供热管道、煤气管道及地上架空线杆等一般都沿道路敷设。城市道路应根据城市工程管线的规划为管线的敷设留有足够的空间。

（七）满足城市防灾的要求

城市可能遭受的灾害包括地震、水灾、火灾、风灾和其他突发性事故等。灾害一旦发生，需要尽快消灭次生灾害和抢救受灾人员。城市道路在这紧急时刻是否能确保交通畅通，对抢险救灾和防止次生灾害蔓延起着极大的作用。城市道路的规划、建设和管理必须考虑灾后救援、疏散交通的需求。

二、城市道路网规划指标

（一）道路网密度

城市道路网密度是指在城市建成区或城市某一地区内平均每平方千米城市用地上拥有的道路长度，单位千米/平方千米。我国城市道路不包括居住区、工业区及大院内部道路。

尽管存在统计口径问题，但我国城市道路网密度普遍偏低。一般而言，确定城市道路网密度规划指标的主要依据是道路网总体布局要求、是否需要组织单向交通、居住区的规模和安排、道路交通自动化控制要求、公交线网密度、原有道路网状况等。

（二）道路面积率

道路面积率是指城市道路用地面积占城市建设用地面积的比例。道路面积率为城市道路宽度与密度的综合指标，是城市道路网规划的一个重要技术指标。城市道路用地面积一般应占城市建设用地面积的8%～15%；对规划人口200万以上的大城市，宜为15%～20%。

我国大中城市的现状道路面积率普遍偏低。道路面积率的确定是百年大计，一经确定就很难大幅度地改变。高道路面积率有利于改善城市交通状况，但过高的道路面积率不利于城市景观建设。当道路面积率达到20%以上时，若路网密度合理，城市可避免建设高架路、立交等大型工程，通过平交路口管理即可使城市交通运转处于较合理水平。

（三）人均道路面积

人均道路面积为城市人口的人均城市道路面积，单位平方米/人。道路面积包含了道路、广场和公共停车场的用地面积。城市人口人均占有道路用地面积宜为7～15平方米。其中：道路用地面积宜为6.0～13.5平方米/人；广场面积宜为0.2～0.5平方米/人；公共停车场面积宜为0.8～1.0平方米/人。

（四）道路网等级结构

城市道路网等级结构是指城市道路网中，各类城市道路长度的比例。城市道路网络系统必须是一个有机协调的系统，必须具有合理的等级结构，以保证城市道路交通流由低一级道路向高一级道路有序汇集，并由高一级道路向低一级道路有序疏散。各类道路应各司其职，有机结合，实现道路功能结构与等级结构的协调统一。

国外城市的干路网密度指标大致处于同一水平，干路网密度为2.5～

3.5千米/平方千米。国外城市的支路网密度指标也处于同一水平，支路长度约占道路总长度的80%。从快速路到支路，路网密度应随道路等级下降而提高，其级配应当为正金字塔形。而我国大中城市路网结构却为"倒三角""纺锤"形，普遍缺乏支路和次干路，支路严重不足，不少大城市支路网密度不足1.5千米/平方千米，离国家相关规范要求相差甚远。我国城市道路网规划应重点提高支路及次干路的路网密度，大城市规划道路网的级配结构，即快速路、主干路、次干路、支路的长度比值宜为1:2:3:6。

三、城市道路网布局规划

（一）布局形式

根据国内外城市发展的实践经验，城市干路网的平面几何图式可以归纳为方格网式、环加放射式、自由式、混合式、组团式五种。前三种为基本类型；混合式是由几种基本图式综合成的系统；组团式是由多中心的路网系统组合而成，每个中心的路网图式可以是前四种中的一种。

路网的非直线系数是指道路起讫点间实际距离与其空间直线距离之比，是衡量路网便捷程度的一个指标。方格网式路网平均非直线系数为1.15，环加放射式为1.08，而单纯放射式为1.49。一般来说，非直线系数小于1.15的路网为优良形式；1.15～1.25之间为中等；大于1.25为不佳。

1.方格网式

方格网式又称棋盘式，是最常见的道路网类型，适用于地形平坦的城市。按此图式，在城区相隔一定距离，分别设置同向平行和异向垂直的交通干路，在主干路之间再布置次干路，从而形成整齐的方格形街坊。

这种图式的优点为：交通组织简单，整个道路系统的通行能力较大。由于相平行的道路有多条，使交通分散、灵活，大多数出行者都有较多的可选路径；当某条道路受阻或施工时，车辆可绕道行驶。同时，有利于建筑物的布置和方向的识别。

这种图式的缺点为：对角线方向交通不便。在交通流量大的方向，如果增加对角线道路，则可保证重要吸引点之间有便捷的联系，但因此形成三角形街坊和复杂的多路交叉口，不利于交叉口的交通组织。故而，一般城市中不宜多设对角线道路。方格网式道路系统不宜机械划分方格，应结合地形与分区布局进行。

例如：应注意与河流的夹角，不宜建造过多的斜桥；新规划的方格路网与原有路网形成夹角时，应减少或避免形成K形交叉口。方格网式干路间距宜为800～1200米，由此划分成"分区"，分区内再布置生活性道路或次要道路。

在我国历代城市道路网布局中，方格网式道路系统体现的是"皇权至上"的城市规划思想。在现实生活中，历史遗留的路幅狭窄、密度较大的方格路网，不能适应现代城市交通的要求，但可以考虑组织单向交通，以提高道路通行能力。

2.环加放射式

环加放射式路网由环形干路和放射干路组成，通常均由旧城中心区逐渐向外发展，向四周引出放射道，而内环路则沿着拆除的城墙要塞旧址形成。随着城市向外拓展，逐渐形成中环路、外环路等组成的连接中心区、新发展区以及与对外公路相贯通的干路系统。环形干路可以是全环、半环或多边折线形，放射干路可以由内环干路放射，也可以从二环或三环干路放射，大多宜顺应地形和现状发展建设而成。

环加放射式路网便于市中心与外围市区和郊区的直接快速联系，常用于特大城市的快速路系统。为避免市中心地区交通负荷的过分集中，放射干路不宜均通至内环，以严禁过境交通进入市区。

单纯放射式又称"星状"，是由城市中心向四周引出放射形道路，通常是城郊道路或对外公路的形式。单纯放射式道路系统不如环加放射式方便。但市内道路若只有环路，则不便于各圈层之间的联系。

目前，环加放射式基本成为我国大城市最常采用的道路网络布局形式。环路的基本作用为：穿越截流，即将起点终点均不在环线以内的交通吸引到环线上；进出截流，即对进出市中心的交通起到分流的作用，一方面减少这些交通对环内道路的使用，另一方面将这些交通分散到多条射路上；内部疏解，即将环内长距离的交通吸引到环线上。多层环线由内而外的服务水平应逐步提高。

射路的基本作用为：有助于满足车辆的直达要求，减少绕行距离。

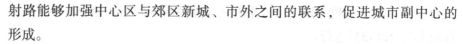

射路能够加强中心区与郊区新城、市外之间的联系，促进城市副中心的形成。

在环加放射式路网规划中，应避免环路系统诱导城市摊大饼式外延。城市每新建一条环路，相当于城市肥胖一圈。人体肥胖可导致高血压、高血脂等富贵病，同样城市肥胖将导致车速降低、居民出行时间拉长等城市富贵病。因此，在城市道路网规划中，应合理规划城市环路的数量。

3.自由式

在我国历史各个时期的城市道路网络布局里，自由式道路体系展现了以自然为主导的城市规划理念。由于地形起伏变化较大，道路网结合自然地形呈不规则形状。我国山城重庆、青岛等城市的干路系统均属于自由式，干路顺沿山麓地形或河岸自由延伸，灵活采用直线或不规则的曲线线形，干路围合的区域内部的街道呈不规则的几何图形。

4.混合式

混合式是由上述三种基本图式组成的道路系统。这种类型的道路网大多是受历史原因逐步发展形成的。有的在旧城区方格网式的基础上再分期修建放射干路和环形干路（由折线组成）；有的是原有中心区呈环加放射式，而在新建各区或环内加方格网式道路。我国大中城市，如北京、上海、长春、南京、合肥等均属这种类型。

5.组团式

河流或其他天然屏障的存在，使城市用地分成若干系统，组团式道路系统为适应此类城市布局的多中心系统。我国城市用地大多为集中式布局，多中心组团式城市约占10%。我国大中城市规划的模式是由市中心、区中心、居住区中心、小区中心的分级结构组成；对于大城市，宜从单中心向多中心发展，以适应限制中心区交通的战略，减少不必要的穿越中心的交通量。

为缓解我国特大城市的交通堵塞问题，组团式路网是合理的模式。组团与组团间应加强生态隔离，避免"摊大饼"。组团间的长距离交通应通过轨道交通来运输，单纯修建道路仅是治标之举。

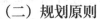

（二）规划原则

城市道路网布局规划必须突出人在城市交通系统中的重要作用，应当考虑各阶层，尤其是老人、儿童、低收入阶层的出行需求，为广大居民提供出行的多种选择。应倡导选用高效率的交通工具，使单位道路断面通过更多的人和物，而不是小汽车。具体而言，城市道路网规划应当遵循如下原则。

1.整体协调原则

城市道路网是一个由各等级道路及各类交通设施组成的有机统一的系统。各组成部分需密切配合、协调运作，才能充分发挥各自的交通功能，保障路网的整体运输效能。

（1）路网布局完善

城市道路网的布局形态应当均衡、完善，道路网需达到一定的密度。城市道路的规划成效不在于宽大，而在于通畅。在相同的道路用地面积条件下，道路"窄而密"的效果胜于"宽而疏"。因此，在规划中，不能单靠修建宽大道路、拓宽道路疏解交通，应当集约利用土地资源，合理控制道路宽度，有效提升道路网密度，从道路网络、断面设计和交通管理等方面综合缓解交通堵塞问题。

我国多数城市路网布局尚未完善，在提升道路网密度的同时，还应注重道路网的布局均匀，避免在路网稀疏地区形成"蜂腰"，造成局部关键地区的交通堵塞，导致城市整体交通运行不畅。组团间联系区域，受河流、山体、铁路等屏障影响的区域等地区尤其容易形成"蜂腰"。规划时应通过提高"蜂腰"地段道路技术标准、增加片区联系通道数量等手段，解决道路网的"蜂腰"问题。城市道路网的规划还应与城市停车设施规划结合起来考虑，城市停车场的数量、规模和分布，出入停车场的车流都会影响道路交通的通畅。停车场泊位的使用情况，应由信息标志系统提示停车使用者，以免停车者在道路上漫无目标地寻找停车位，增加道路交通负荷。

（2）等级结构合理

城市道路网规划应当做到功能明确、等级清晰。路网是不同等级道路组成的体系，合理的道路等级划分和组织结构是发挥路网运输效率的关键。快速路的主要作用是"通"；主干路的主要作用兼有"通"和"达"，以"通"为主；次干路"通""达"并重；支路以"达"为主，兼顾近距离出行的"通"。城市客货运交通具有近距离出行多、远距离出行少的频率分布特性，以及远距离要求速度快、近距离要求便捷的特点。在路网规划中，应区分不同性质的交通，为不同类型的交通需求提供便利的路网体系。我国各城市应当改变长期以来偏重快速路和主干路网规划建设、忽视次干路和支路网规划建设的局面，大力加强次干路与支路的建设力度，改善城市道路网等级级配，实现道路功能结构与等级结构的协调统一。

（3）交通方式协调

在路网的使用过程中，包含着对多种交通方式的组织，可以将这些交通方式组织在同一条道路的不同空间上，也可以组织在不同的道路上。

交通分流对应的概念是交通混合。交通混合是指：一条路上行驶着不同类型的机动车，机动车的大小、快慢、性能差异较大；一条路上行驶着机动车和非机动车；机动车与行人、非机动车与行人的混合，或机动车、非机动车、行人三者混合。若一条道路上分布的交通方式各行其道，称为断面分流；若一条道路上只有一种交通方式，则称为路网分流。

断面分流可以通过三幅路或四幅路的形式实现，是我国城市经常采用的快慢分流方法。在路段上，由于物理隔离使机动车与非机动车分流，保障了交通安全，提高了行车速度。但到了交叉口，机动车与非机动车之间的矛盾会集中暴露出来。路网分流与断面分流的最大区别在于机动车和非机动车组织在不同的道路中，而非在同一条道路上。如果城市中有许多畅通平行的支路，可以分担大量的自行车流，则每个交叉口所汇集的交通量就不至于到必须建多层立交的地步。因此，在道路网规划中，必须着重考虑交通分流对策，协调各种交通方式。

2.生长发展原则

城市道路网要能随城市用地的扩展而生长、向外延伸，城市干路不能机械地追求轴线及建筑对景，不应将主干路建设成尽端式道路。

河网地区城市道路宜平行或垂直于河道布置，有利于架设桥梁。即使河道上的桥梁将来建设，河道两侧的交叉口也应相对，并且需严格控制交叉口用地，以利于城市道路网的延伸和发展。当城市河道多，并且十分曲折时，应力求理顺道路。即使为了照顾道路日照通风的要求，需要与河道保持一个角度时，也要使新规划的道路网走向与原有的道路网走向有个渐变段；否则会产生大量畸形交叉口，使交通组织极其困难。

在进行道路规划时，应深入研究快慢车道的合理分配以及断面形式的近远期结合，使现状道路设施在远期能够合理地进行断面车道数及功能的重新分配，适应城市交通流构成的转变，满足城市道路交通可持续发展的要求。

3.衔接顺畅原则

交叉口是路网的节点，交叉口交通运行状况是影响城市交通运行效率的关键因素。在城市内部由于受自然、人文、环境、经济等因素制约，进行道路大幅度加密及现状道路全线拓宽已不太现实，所以只有通过增大交叉口空间资源的利用，才能弥补时间资源的损失。因此，为合理使用道路时空资源、最大限度地发挥道路设施潜能，我国城市应加强交叉口渠化管理。

我国城市应当转变将建设立交作为城市交通现代化标志的观念，应深入研究立体交叉口与邻近交叉口间的通行能力匹配问题，合理选择交叉口形式，制定相应的交通管理措施。

水网城市、经济新兴城市受河道水系、城市拓展等原因影响，现有道路网络存在不少畸形交叉口，如大量的T形交叉口。在两个T形交叉口错位的一段内，道路上的交通量是两条道路的叠加，易造成交通拥堵和瘫痪。因此，在道路网规划中，应注意疏通路网的关键结点，尽量减少道路网中的错位T形、Y形交叉口，畸形交叉口和复杂交叉口。在错位交叉口处，应增加错位段道路的宽度，提高错位交叉口节点的交通运转效率。

4.公交导向原则

城市干路网尤其是快速路网系统规划建设应当以公共交通为前提。城市道路交通规划建设首先应当从规划层面贯彻公交优先思想，通过分析市土地利用布局锚固城市客运交通枢纽位置，依据客运换乘枢纽确定轨道交通或快速公交线网，依据公交线路和沿线土地利用确定公共交通站点，优先考虑公交专用道、港湾公交站、路外公交站设置，而后考虑小汽车道设置，将高效率运输方式和广大人民群众利益放到第一位，在汽车化到来前夕使居民养成乘公交习惯，将居民出行引导到公共交通上。

我国城市人口密度大，具备发展公共交通的先天条件。并且目前许多大城市正在规划、建设快速轨道交通，轨道交通将进一步引导站点附近的土地高强度开发。我国城市应在功能分区的基础上，沿轨道交通站点或公共交通站点发展以公交为导向的土地开发。

5.因地制宜原则

城市道路网的形式和布局，应根据土地使用、客货交通源和集散点的分布、交通流量流向，并结合地形、地物、河流走向、铁路布局和原有道路系统，因地制宜地确定。

团状路网与城市布局是我国最常见的路网与用地布局模式。对置模式是城市跨越发展（如跨河）的一种典型布局。其他路网结构还包括平行、带状、哑铃状、星状、组团状等形式。

河网地区城市道路宜平行或垂直于河道布置，对跨越通航河道的桥梁，应满足桥下通航净空要求，并应与滨河路的交叉口相协调。城市桥梁的车行道和人行道宽度应与道路的车行道和人行道等宽，在有条件的地方，城市桥梁可建双层桥，将非机动车道、人行道和管线设置在桥的下层通过。客货流集散码头和渡口应与城市道路统一规划。码头附近的民船停泊、岸上农贸市场的人流集散和公共停车场车辆出入，均不得干扰主干路的交通。

山区城市的道路网应平行于等高线设置，并应考虑防洪要求。主干路宜设在谷地或坡面上，双向交通的道路宜分别设置在不同的标高上。地形高差特别大的地区，宜设置人、车分开的两套道路系统。山区城市道路网的密度宜大于平原城市。

6.安全可靠原则

城市在每个方向至少应有两条与外界相联系的道路；分片区开发的城市，各相邻片区之间至少应有两条道路相贯通，以保证城市受地震等灾害后，外来救灾交通的畅通，或平时发生交通事故、道路施工维修时，交通不致受阻。

对于地震设防城市，干路两侧的建筑物自道路红线后退5~10米；高层建筑应由道路红线后退10~15米；新规划的压力主干管不宜设在快速路和主干路的车行道下；路面宜采用沥青路面；道路立体交叉口应采用下穿式；道路网中宜设置小广场和空地，并应结合道路两侧的绿化，划定疏散避难用地。

对于山区或湖区定期受洪水侵害的城市，应设置通向高地的防灾疏散道路，并适当增加疏散方向的道路网密度。

（三）规划方案评价

不同层次的道路网规划方案评价的主要指标是不同的。网络层面的规划方案评价，主要分析总体交通质量指标；针对某条道路的规划方案评价，主要分析技术性能指标。

1.城市道路网规划方案的综合评价

城市道路网规划方案的综合评价内容主要包括技术性能、经济效益和社会影响三个方面。

（1）技术性能评价

从道路网系统整体出发，从城市总体规划和综合交通规划的角度分析评价道路网的整体建设水平、路网布局质量、路网总体容量等，也可以对局部道路或节点的质量性能进行评价，如某条路、某个交叉口的通行能力服务水平等。

（2）经济效益评价

经济效益评价从成本和效益两个方面进行分析，两者均包括直接和间接两部分。成本中的直接费用包括初次投资费用以及有关的交通设施、交通服务的运营和维修费用等；间接成本主要指道路交通设施给其使用者以及全社会造成的额外费用，如因防治交通公害而造成的社会费用、交通事故造成的直接和间接经济损失、能源消耗费用等。效益中的直接经济效益包括出行时间的节省、运输成本的降低、交通事故减少等；间接经济效益包括改善大气质量、减少交通公害、改善投资环境、提高生活质量等给其使用者以及全社会带来的效益。

（3）社会环境影响评价

道路交通系统对社会环境的影响体现在正负两个方面。正面效应包括可达性提高、促进生产、扩大市场、提高地价、改善景观等；负面影响包括交通公害、交通安全社区阻隔、对视线视觉的影响、对日照通风的影响等。

2.城市道路网规划方案的质量评价

针对道路网络的总体交通质量评价，可从路网运行质量和建设水平两方面进行。反映交通运行质量的指标包括全网络的平均交叉口交通负荷、平均交叉口服务水平、交叉口各级服务水平的百分率，平均路段交通负荷、平均路段服务水平、路段各级服务水平的百分率，各类交叉口的平均延误，主、次干路路段平均车速，全网络平均车速，公交平均运行车速，全网络平均出行时间、平均出行距离，等等。

反映路网建设水平的指标主要有道路网络的几何指标和数量指标。前者包括道路网密度、主干路网密度、次干路网密度、支路网密度、公交线网密度，各类交叉口的数量与百分比，网络的可达性、通达性等；后者包括人均道路面积、道路面积率等。

第二节　道路总体规划设计方法

道路（主要包括铁路、公路、城市道路等）建设耗资巨大，牵涉面广，工种甚多。一条铁路或公路干线可能要经过许多山脉、河流、城市、农村及工矿企业，必须修建路基，铺设轨道或路面，修建桥涵、隧道、车站等。为了保证道路的投资效益，必须经过详细的勘测设计，提出质量可靠的设计文件。

一、道路总体规划设计的意义

道路工程勘测设计是道路基本建设的一个重要环节，是一项政策性强、涉及面广、设计专业多、技术复杂的系统工程，它是一项综合性的整体工作。而总体设计是勘测设计工作的主轴，贯穿勘测设计全过程（从预可行性研究至技术总结），是开展各项工序与设备设计的先行工序与"总开关"。总体设计工作质量的优劣不仅涉及项目研究结论的可行性、经济性、合理性、完整性和施工技术的难易以及运营行车的安全性，同时也直接影响到建设规模的适度、主要技术标准的匹配、设计原则的正确、重大方案的比选、工程投资的大小以及经济效益的评价等一系列重要技术问题的决策是否合理、协调，能否实现限额设计，以及经济效益的可靠性。

道路勘测工作主要是对设计线进行综合的经济和技术调查，搜集设计所需要的一切资料，其中包括：经济资料，如设计线在国家政治、经济、国防上的意义，在交通运输系统中及在铁路网、公路网、城市道路网中的地位和作用，设计线的客货运量、交通流量，各车站的货物装卸量客流运输量等；技术资料，如地形、地质、水文、给水、建筑材料产地等。

道路设计工作主要包括：综合性的铁路选线设计；建筑物和设备的单项设计；施工组织设计与财务概预算。

二、道路总体设计的主要内容

（一）编制项目设计计划

1.编制质量计划

对于大中型工程建设项目、技术复杂或业主对质量有特殊要求的工程咨询、工程勘察、工程设计项目，是否需编制质量计划宜由设计院总工程师决策。若需制定，则交项目总体设计负责人（简称总体，实行设计项目经理负责制的是设计项目经理）负责编制，并报设计院总工程师审批。

质量计划的主要内容包括：明确勘察阶段和设计阶段的工作范围，以及内外部组织的技术接口；明确总体组及其成员的职责与分工；明确要达到的质量目标及采取的技术措施；初拟勘察资料的自检、初检与验收以及设计阶段的中间检查与设计评审的时机与方式；规定设计输入的主要内容；明确设计输出的主要内容与完成时间。经处（分院）总工审查、总体设计负责人汇总审核、院总工审定后，再交院计划部门行文作为"外业勘察任务书"的附件下达给勘测、地质勘察队执行。其主要内容可分为"总

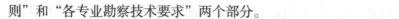

则"和"各专业勘察技术要求"两个部分。

2.编制外业勘查技术要求

外业勘察技术要求系由各专业技术设计负责人（如经济调查、行车组织、线路、地质、路基、桥涵、隧道、站场、施工预算等）分别编写，供指导勘察用。

3.编制设计文件组成内容大纲

设计文件组成内容大纲的编写，应由总体（或设计项目经理）组织各外业设计负责人共同编写。其中：总说明书大纲由总体执笔，其余皆由各专业设计负责人负责本专业大纲的编写工作。设计负责人完成后，经处（分院）总工审查，总体汇总审核、院总工审定后交科技处行文下达有关单位及总体组执行。

设计文件组成内容大纲，一般情况下应根据建设项目的性质（新建或改建）和项目进行的设计阶段，按照国家各部委（铁道部、交通部、住房和城乡建设部等）颁布的相关文件进行编写。但在具体应用时，各篇、章的组成与内容在不影响文件编制深度的原则下，可根据建设项目的实际情况酌情增减，增减后的篇、章、条号按新的顺序连号编制。

4.编制设计原则

设计原则是设计标准与统一设计的基本准则。应根据铁路等级、设计行车速度、主要技术标准、管理模式等因素，本着总体规划、分步实施的原则，结合修建线路自然、经济实体条件进行编制。其评审程序与"设计文件组成内容大纲"相同。

（二）技术接口的管理与协调

1.内部技术接口

内部技术接口系指设计单位内部参与项目设计的有关生产处（所）、分院、科（室）等有关部门之间的工作接口。总体首先应根据院颁布的设计综合进度表和工程勘测设计分工的规定，召开总体组会议，结合项目设计实际，提出控制设计质量和设计进度的关键工序和接口组织，明确各专业具体分工内容与技术资料传送的时间要求，以及需要协调、解决的主要技术问题，并做出书面记录，由总体签署、保存和分发至相关负责人。对设计院颁布的"专业分工"文件中覆盖不到的内部技术接口问题，总体应会同院科技处（或科学技术中心）召开有关专业负责人协调研究解决，并形成专题会议纪要，报院总工审批后，由科技处行文下发有关单位执行。

2.外部技术接口

外部技术接口系指政府主管部门或业主以及设计分包单位。总体是外部技术接口的联络人。通常以文电往来或召开会议的形式进行外部技术接口组织间的信息传送与意见交流。

外部技术接口的主要内容有：政府主管部门或业主给设计单位提供的设计任务书、设计合同、设计鉴定意见，以及项目设计有关的设计基础资料；与业主进行技术谈判并可作为设计依据的会议纪要；与设计分承包方签订的设计合同（双方职责、分工范围、设计进度、互相提供资料内容以及技术要求等）内容。以上内容均作为设计单位进行项目设计输入的设计依据资料。

（三）规定设计输入与设计输出

1.设计输入

设计任务书、合同委托书（或合同协议书）、政府主管部门或业主提供的设计文件鉴定、审查意见，以及作为设计依据的设计基础资料。

国家、部委颁布实行的有关设计规程、规范、规则等。

设计单位自行实施的质量手册、程序文件及作业指导书、专业分工规定、文件审查签署规定、技术岗位责任制以及总体工作手册等。

设计单位颁发的本设计项目的勘察技术要求、外业勘察资料验收报告、设计原则、设计综合进度表、设计文件组成内容大纲，以及可作为设计依据的专业互提资料（处处互提资料需经提供单位的处总工签署）与设计评审意见（含方案会审记录）。

2.设计输出

设计输出指预可行性研究、可行性研究、初步设计和施工图阶段形成的设计输出文件。设计输出文件一般由设计图册、设计说明书及设计概（预）算表组成。其内容、深度及格式应满足设计输出的要求和部门规定的设计文件组成与内容的要求。

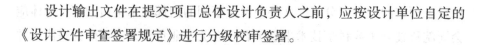

设计输出文件在提交项目总体设计负责人之前，应按设计单位自定的《设计文件审查签署规定》进行分级校审签署。

（四）各阶段总体设计中的主要技术工作

1.勘察阶段（初测与定测）

（1）技术交底。在勘察地质队开工前，总体组有关人员应到现场向勘地队交代任务，讲清勘察要求及注意事项，解答勘地队提出的技术问题。

（2）中间检查。由勘地队组织自检一次，抽检数量不应少于本月勘察总量的5%。分院及总体组应视勘察任务具体情况和工程复杂性确定其中间检查的频次与时机。各级中间检查均以勘察技术要求及有关规范、规则、细则等为依据，检查资料的完整性、正确性与统一性。对发现的不合格或缺陷均应提出书面处置意见，责成有关组织进行修改补充直至达到合格要求。

（3）外业勘察资料的验收。勘察成果是内业设计的基础资料，其优劣直接影响到设计图的正确性与合理性。因此，外业勘察资料的检查与验收是总体设计中的一项重要工作。总体组代表设计院验收外业勘察资料是在勘地队自检与分院初检合格后的基础上进行的。最终检查的主要内容包括：各专业要求的勘察范围、作业方法、精度及其内容是否满足项目勘察技术要求；地质测绘及调查资料是否齐全、准确，方案有无遗漏；工程措施是否安全与经济；线路平纵面设计是否合法与合理，以及外部技术接口处理情况等。对量大、数据多的地形底图、钻探日志、路基横断面等项资料可采用5%随机抽样检查。检查的标准是设计单位颁布的项目勘察技术要求、勘测作业细则、相关专业的规范规则以及勘测资料检查验收和质量评定标准。验收合格后，总体组写出外业资料检查验收报告，并做出质量评价。报设计院总工审定后，由计划部门行文下达有关单位。

2.投资决策阶段、技术阶段及设计后阶段总体设计中的主要技术工作

（1）预可行性研究总体设计要点

①建设项目的必要性论证。路网中的作用；对大型工矿、水电工程、国防建设、发展地方经济、开发资源，以及扶助贫困地区脱贫致富等方面的作用与意义；替代方案的比选：如与新（改）建公路坑口电站、既有铁

路技术改造、水运以及管道运输等替代方案的比选。

②技术上的导向性意见。客货运量及其流向的研究；根据国家要求的年输送能力和线路意义及作用，确定铁路等级，经比选后，提出初拟的铁路主要技术标准；结合设计线自然条件、初拟的主要技术标准与要求的运能，经综合比选后，提出线路基本走向的推荐方案与主要比较方案；主要工程与运营设备的设计原则、主要工程量、投资预估算及施工工期。

③经济评价。建设项目经济评价一般由财务评价、国民经济评价、不确定性分析和综合评价四个部分组成。

④研究结论。从修建的必要性、技术的合理性、经济效益的有利性及外部条件（施工技术水平、资金筹措、相关厂矿建设等）的可靠性等方面阐明修建线路的意义及作用，说明设计运能、初拟的主要技术标准及线路走向、主要工程量、投资预估算、经济评价指标及抗风险能力、管理模式、建设时机以及通车年限等项研究成果，最终提出建设项目是否可行，或在什么条件下才可行的研究结论。

（2）可行性研究总体设计要点

①主要技术标准的选定：铁路主要技术标准是铁路设计的核心，是确定铁路能力、建设规模、建筑物和设备类型的基本标准。它直接关联到建设项目的工程投资、运输能力、行车速度、运行安全和经济效益。

②抓好重大线路方案比选与优化。根据项目建议书审查意见或合同要求，以及验收合格的初测成果，对重大线路方案进行认真研究，组织方案会审，并做好书面记录。经综合研究比较后，提出线路推荐方案与主要比较方案的评价意见，呈报上级审批。

③设计图件评审。设计图件是设计部门的最终产品，其产品质量的优劣关系到单位的声誉、效益、生存与发展。设计图件的评审按设计院下发的项目建设综合进度表的时间安排与"设计评审、验证和确认程序"要求办理。对重大线路方案与技术复杂的工程设计评审应由处总工或院总工主持，召开有关专业设计负责人及科室负责人参加的方案会议，分析研究存在的问题，提出方案决策的实施性意见，作为下一步设计输入和设计输出文件的依据。

④设计图件的"四性"检查，即合法性检查。主要受控于下列文件规

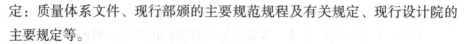

定：质量体系文件、现行部颁的主要规范规程及有关规定、现行设计院的主要规定等。

（3）初步设计与施工图总体设计要点

在初步设计或施工图中要认真研究、贯彻执行部或业主对项目可研或初设审查意见，并要逐条进行深化分析论证，将设计成果科学、公正地反映到初设或施工图设计文件中。初设总概算不能突破可研投资估算的10%。施工图的投资检算不能超出初设总概算。

鉴于可研鉴定后，项目的设计行车速度、铁路等级、主要技术标准，线路推荐方案以及主要技术设备的重大设计原则等均已被部或业主确认，故而在初设或施工图工作中，主要应抓好部或业主鉴定意见中认为需进一步研究改善的线路方案，以及可研或初设遗留或新发现的线路方案。

（4）配合施工与竣工交接验收阶段的技术工作要点

①配合施工的目的。这是勘测设计全过程中衡量售后服务质量的主要阶段。为对服务的实施进行控制，以满足合同、法规、规范对服务的要求和为业主提供满意的服务，可按"服务控制程序"进行运作。配合施工的目的是及时研究、处理施工中或投产后设计方面存在的质量问题和将施工中发现的新技术成果和先进经验反馈于新的设计中去，使设计更加符合实际，达到技术先进、安全可靠、减少投资的目的；并为参加交验运营回访及编写技术总结积累资料做好技术上的准备。

②配合施工组的人员组成。配合施工组是设计院派驻施工现场的常驻工作机构。该组成员由处与总体组共同拟定，经分管项目院（分院）总工批准后，行文下达。人员的组成视项目各项工程量的大小、复杂程度及施工进度要求等确定。配合施工组通常设组长1人（由项目总体担任），副组长1～2人（由项目副总体担任），站前专业1～2人，站后专业视需要委派。

③配合施工组的职责及服务工作内容。其主要有：项目总体组织有关专业设计负责人参加业主组织的施工图技术交底会，向业主、施工单位介绍设计意图、设计文件中关于施工的注意事项及设计文件中有关的特殊施工要求等问题；负责施工图设计文件发出后至工程竣工期间按合同及基本建设变更设计办法的规定，解决施工中有关设计方面的技术问题；负责收

集业主、施工单位、监理单位、政府审计部门对勘察、设计文件的意见及评语；参加业主召开的与勘察、设计有关的会议，及时向设计院反馈有用信息，以改进设计，推广新技术新工艺等；配合施工组各专业工程师负责填写配合施工日志，配合施工组长填写"配合施工月报表"，每月向有关设计部门汇报；遇有重大技术问题和特殊情况时（包括设计的缺陷、施工单位及业主的需求或期望等）应及时向相关业务处报告；现场处理、解决施工问题时，要做好处理、解决问题的记录（施工日志、相关协议、会议纪要），按规定进行签署；遵守职业道德，维护国家利益，客观、公正地分析施工中出现的问题；参加由业主（建设单位）组织的单项工程、单位工程的竣工验收，并按规定签署验收报告；收集政府审计部门、业主（建设单位）、施工单位对勘察、设计文件（产品）的书面评价意见。

④变更设计的分类、分工及费用处理按照有关规定办理。

⑤交接验收。道路工程竣工验收是基本建设的一个重要程序，也是检验工程质量的重要环节。参加交验的单位有建设、设计、施工、接管以及地方等方面的代表，可以听取各个方面对设计的意见，也是对设计质量的检验。道路工程竣工交接验收工作，应按照部颁的《工程竣工验收交接暂行办法》等文件规定执行。交验分初验和正式验收两步进行。大量的验收工作是在初验阶段进行。一条道路建成，从初验到正式交验，往往需要很长时间。对运营线路改建就更加复杂，往往需要分期分批或按工程项目交验。初验时对道路工程逐个工点进行检查，遇到质量问题时，设计和施工双方往往各自陈述理由，进行论证。运营单位在增加设备和工程方面与设计单位有颇多争议。凡是在初验中能解决的问题，正式验收交接时就不再提出；初验中解决不了的问题，留待正式验收时，由验收领导小组解决。为此，总体组应根据规程、规范及有关规定和批准的设计文件，结合实际情况进行细致的解释，通过协商力争把意见统一起来，使问题在初验中得到解决。

（5）回访服务及技术总结

①回访服务。根据回访对象和具体内容，确定回访领队和回访人员组成，由领队负责召集回访人员，提出回访提纲、回访工作实施计划。回访对象包括业主（建设单位）、施工单位、产品的使用单位以及建设监理单

位等，必要时包括地方政府的主管部门和主管行政领导等。回访服务结束后，由回访领队组织编写回访报告。回访报告应包括业主/用户对服务质量提出的意见、期望、要求和对产品改进的建议、意见等，这些均可作为评审和纠正、预防措施的信息输入。

②技术总结。这是勘测设计全过程的一个组成部分。它不仅记载了建设项目的主要技术标准、设计原则和建设过程，也体现了建设者当时的技术水平和工作风貌。技术总结的目的就是为了提高产品（设计文件）的质量与建设者的技术、思想素质，增强企业知名度，提高经济效益。要总结先进经验，以利后人弘扬和发展，要找出负面教训，以免后人重蹈覆辙。

三、道路选线设计的基本任务

综合性的道路选线设计，即道路总体设计，是一项关系全局的总体性工作。它的基本任务主要包括以下几个方面：

（1）规划线路基本走向，选定设计线的主要技术标准，保证道路能力及经济效益。也就是说，在宏观层面上，根据国家政治、经济、国防上的需要及设计线在交通运输系统中和在铁路网、公路网和城市交通网中的地位和作用进行规划设计；在微观层面上，根据经济调查得到的客货运量资料并结合线路经行地区的自然条件和资源分布、工农业发展等情况进行规划设计。

（2）设计线路的空间位置（平面、纵断面、横断面）。也就是说，根据沿线的地形、地质、水文等自然条件和村庄、城镇、交通、农田、水利设施状况等具体情况进行规划设计，并在保证行车安全的前提下，降低工程造价，节约运营开支。

（3）与其他各专业共同配合，正确分布线路上各种建筑物及设备。也就是说，布设车站、桥梁、隧道、涵洞、路基、挡墙等，确定其基本位置、类型及规模，使其在总体上互相配合，全局上经济合理。

建筑物及设备的单项设计是在综合性道路选线设计的基础上，具体确定建筑物与设备的位置、类型、大小、构件的尺寸等。单项设计包括路基、路面、轨道、桥梁、涵洞、隧道、车站、机务设备、车辆业务设备、给排水设备、通信信号设备、动力供应等。

施工组织设计是编制切实可行、经济合理的施工组织方案，以指导全线施工。预算是编制设计线投资计划进行财务拨款的依据。

第三节　道路施工开工准备

一、建设单位为施工所做的准备工作

由于城市道路施工涉及多种管线的施工以及诸多配套工程需要实施，城市道路项目的复杂性和综合性是毋庸置疑的。很多问题单凭道路施工单位出面协调就会显得力不从心，也有勉为其难之嫌，而城市道路的建设单位（包括市、区级的建设项目）往往是政府的职能部门，其组织、协调的地位和作用是不可替代的。建设单位除完成项目的立项审批、设计施工招标、前期的征地拆迁工作外，在项目开工前还应做好以下几项工作。

（一）委托规划部门进行规划和设计

在完成道路项目的初步设计后，应及时委托规划部门进行管线的综合规划和设计，具体包括：

（1）根据城市建设的总体规划确定需要预埋的管线。

（2）与各管线单位沟通，结合工程所在区域的现状确定与道路匹配的管线走向。

（3）结合施工图设计的要求明确与道路性质相符的管线位置及高程等。

（二）组织召开各管线单位参加的专题协调会

在管线综合规划完成后，建设单位的工程负责部门要做细致的准备工作，并及时组织召开有各管线单位分管负责人及相关人员、管线设计代表参加的专题协调会，其目的是通报项目情况、提供相关资料、明确任务，具体工作包括：

（1）介绍项目规划、投资、设计、征拆情况，重点介绍项目计划开工时间、工程施工计划、竣工通车时间。

（2）提供立项的纸质文件、管线综合设计的电子版文件给各管线单位。

（3）对于已实施管廊同沟同井的单位，会议应确定牵头单位，以便统一高效管理。

（4）根据道路施工的开工竣工时间及项目施工总体计划，确定各管线单位完成管线设计、施工招投标及施工单位初步的进场时间。

（5）明确沟通机制，及时汇总参会人员的通信方式并及时分发。

（6）会后应尽快形成会议纪要，并将会议纪要及时转发各参会单位，同时报送各管线单位主管部门，寻求各主管部门的大力支持。

（三）及时进行交通组织方案的审查

根据施工单位的申报，凡是涉及影响既有道路通车的施工，必须编制交通组织方案并经公安交通主管部门审查通过，方可根据交通组织方案实施封闭分流、限流的措施。

（1）帮助施工单位完成交通组织方案的编制，并进行初步审查。

（2）敦促施工单位及时将交通组织方案上报公安交通主管部门。

（3）组织由公安交通主管部门设计、监理、施工单位参加的方案审查会。

（4）根据会议要求，施工单位修改完善方案并根据方案要求及时完成指路标志、标识等的施工。

（5）组织公安交通主管部门根据方案要求对各项交通组织设施进行验收，通过后办理相关手续（登报通告等），正式开工。

（6）提醒施工单位，将通告的组织方案归档。

（四）适时召开交警、照明、公交部门的专题协调会

协调好城市道路配套设施的管线预埋考虑到节省政府投资以及公交站台的亮化和信号指挥系统的同步实施，使得它们的通信管及供电管实现同沟，召开这样的协调会是必要的。会议将根据交警、公交部门各自的要求和规范，将预埋管的数量、种类和线路走向等放进照明系统的设计中，并由负责照明的施工单位统一负责预埋。

（五）其他工作内容

（1）定期组织有各管线产权单位及其施工单位、道路设计单位、道路监理单位、道路施工单位参加的管线施工协调会。各参建单位应在道路施工单位的统一组织安排下按序展开施工，但建设单位不能因此而不参与协调。事实上，在施工过程中还是会有许多矛盾，有些问题必须有建设方参与才能解决。

（2）加强与道桥施工项目经理的沟通。一个合格的参与城市道路建设的项目经理必须有更强的大局意识，更加细致、踏实的工作作风和顽强的意志品质。一条城市道路能保质保量、完美地按时通车将意味着工完料清，没有返工现象发生，而要达到这个境界，建设方需做的工作将贯穿工程的全过程。

二、施工单位为施工所做的准备工作

（一）道路沿线障碍物排查

施工单位进场以后首先要组织人员对照施工图纸，对施工区内的地下管线、地上杆线和影响施工的未拆迁建筑物进行排查。

地下既有管线包括雨水管、污水管、自来水管、燃气管、热力管、光缆、地埋电缆等。施工单位要及时和管线所属产权单位沟通，咨询管线有关单位，查看原有管线竣工图纸。由于竣工图纸与现场实际埋设的管线位置会有较大出入，所以应结合原有图纸和露出地面管井位置，在现场根据实际情况进一步沿垂直线路方向挖探测坑，沿线路方向挖探测沟，并在管线图纸上进行详细标注，特别是原有管线横穿施工路线的位置必须认真查明。

地上杆线包括电力、通信等种类，施工单位应查明线路的性质，如电力线的电压等级及杆路编号、通信线的光缆芯数等，并在图上标注清楚，通知相关单位开协调会，确定迁移废除方案。随着城市道路建设标准的不断提高，为使建成道路景观协调、美观，现在一般都会要求电力通信杆线由架空改为地埋，对于在施工期间要保持运营的电力、通信线路政地埋，要通过杆线的二次迁移（先完成一次外迁，待电力管、通信管做通后再二次回迁）或调整施工顺序的方法来解决。

道路红线范围内须拆迁障碍物的排查，应查明影响施工的障碍物类型、影响范围，比如障碍物是影响主车道、辅道、绿化带，还是管线施工。对于排查结果，施工单位应及时上报建设单位，配合设计单位对设计图纸进行调整，应因地制宜予以处理，以尽量减小拆迁量，节约建设成本。

（二）障碍物处理措施

所有障碍物调查清楚后，在业主的统一安排下及时和产权单位沟通，分成两类处理：一类是废弃迁建、重建的；另一类是不废弃照常使用的。

对于废弃迁建的障碍物应通知产权单位按照施工工期的要求排定停用计划，产权单位停用后通知业主，再由业主通知施工单位处理。

对不废弃的管线应在每次开挖前组织施工人员进行施工交底，明确管位及开挖注意事项。开挖时应通知管线所属单位进行监护，防止误挖。对于燃气、热力、自来水等有安全风险的管线开挖，应编制抢修应急预案，制定安全应急预案。对管线薄弱位置或开挖比较频繁的部位，要根据现场情况对原有管线进行防护、加固。应在项目部设置值班抢修电话，明确联系人，以便在发生管线损坏时及时抢修。

（三）交通组织方案编制

城市道路的施工都会对原有车辆及行人的出行产生影响。新建道路仅在与原有道路的交叉口产生影响。改建道路因为施工类型的不同产生的影响程度有大有小，但科学合理的交通组织方案对减少施工对车辆、行人出行的影响，保障施工车辆的出入安全尤为重要。施工单位应根据现场道路施工情况及通行道路交叉情况编制临时交通组织方案，报交警部门审批。

编制原则如下。

1.社会车辆通行

尽量安排绕行，提前一个月在市政主要媒体发公告告知市民，在主要路口提前设置绕行告示，设置绕行标志。

2.公交线路

尽量调整公交线路和站点设置，确实无法避让的要在施工现场设置临时社会便道，或安排半幅通车、半幅施工。

3.沿线居民聚集区（居民小区）

提前通告，并在小区附近设置施工告示牌，设置必要通道（人车混行）沟通小区与主要道路，并在沿线位置设置减速标志。

4.沿线厂矿企业

因出入货车或超长车辆多，根据具体需要设置社会便道，应考虑车辆转弯、超限需要。

（四）施工围挡及防护设施

施工区及道路交叉口应设置施工围挡，隔断施工区和人车联系，保障行人和社会车辆安全。临近人车通行道路的基坑开挖应设置防护围栏，深基坑要采取牢固的基坑防护措施，防止可能的基坑塌陷，影响人车安全。

（五）防治环境污染的措施

除建立环境保护管理制度及考评制度外，应在施工车辆的出入口设置临时洗车点防止车胎带泥污染路面；运土车辆不应装载太满或应加装围挡板以防止抛洒滴漏；施工便道、施工现场每天安排不定期的洒水，尽量减少扬尘；高噪声的工作避免安排在夜间施工；施工产生的建筑垃圾应运到政府指定的弃土场，严禁乱堆、乱倒；废水及生活污水应引流到污水管道。

（六）项目部建设

1.新建项目的设置原则

新建道路施工组织及施工管理相对简单，项目部建设可以按照文明施工的要求临时征地搭建项目部。为方便管理，一般选择将项目部设置在标段中点，最好是临近既有道路以方便出行。沿道路两侧红线外临时征地搭设施工队临时营地，用于现场施工工人生活及施工、机械停放，一般来说，临近水源地或既有道路属于较理想的设置。

2.改建项目的设置原则

旧城区的规划道路及老路改造项目，施工组织和施工管理相对复杂，在老城区一般很难找到现成的空地用于搭建项目部，一般在道路沿线寻找租用废弃的村镇办公地、工厂办公区，停业的小酒店，空置的门面房等，但不到万不得已尽量不在居民聚集区内设置项目办公区，以减少对居民生活的干扰。现场施工工人生活及施工机械停放，可因地制宜采用租用民房或在征地红线内绿化带位置搭建或设置。

（七）项目临建设置

城市道路工程的临时设施建设大部分不需要设置在现场，混凝土可以采用商品混凝土，水泥稳定碎石、二灰碎石、沥青料均应采取厂拌方式运抵现场施工。不建议将旧城区的规划道路及老路改造项目的石灰消解场放在现场，以免对城市环境造成危害。建议将石灰消解场设置在取土场附近，消解好的石灰按照掺灰量的70%～80%先行掺好，运抵现场后翻拌时补掺到设计用量。建议加快施工进度以降低对城市环境的影响。

第四节　路面结构组成

行车荷载和自然因素对路面的影响，随深度的增加而逐渐减弱。因此，对路面材料的强度、抗变形能力和稳定性的要求，也随深度的增加而逐渐降低。为了适应这一特点，路面结构通常是分层铺筑，即按照使用的要求、受力状况、土基支撑条件和自然因素影响程度的不同，分成若干层次。

路面结构图中的分层排列顺序是一定的，但按照不同的公路等级及通行交通量，沿线分段典型断面的路基（含地基）的土质、水文状况等条件，综合考虑对各个层次功能的具体要求及层次间的配合，组合而成设计的路面结构。

各结构分层的作用介绍如下。

面层：面层是直接承受车轮荷载反复作用和自然因素影响的结构层。

它承受较大行车荷载的垂直力、水平力和冲击振动力的作用，同时还受到降水的侵蚀、气温变化及风化的影响。因此，面层应具备较高的结构强度和抗变形能力，较好的水稳定性和温度稳定性，而且应当耐磨、不透水（目前，我国高等级公路所采用的结构特点），其表面还应有良好的抗滑性和平整度。

联结层：一、二级公路有时从经济角度考虑，在满足力学指标的前提下，设法减薄沥青路面的面层厚度（因为面层的造价相对其他层次比较昂贵），尽管车轮荷载通过面层应力扩散，但传递到下面基层的垂直应力仍然很大，有时往往超过基层的极限应力。同时由于面层较薄，行车过程中启动制动引起的较大水平力，直接作用在面层上，尽管通过面层有一定的扩散传递，但此时对基层仍有影响作用。另外，目前常用在沥青混凝土面层下的是由无机结合料稳定材料制作的（如水泥稳定粒料等）基层，上下两层层面的接触形式对水平力的传递不是很好。因此，此时可以在面层与基层之间加设一个联结过渡的层次，这就称为联结层。

基层：基层主要承受由面层或联结层传来的车轮荷载的垂直力，并将其扩散到下面的垫层或路基中。对于沥青类路面结构而言，基层是路面结构中的承重层，它应有足够的强度和刚度，并有良好的扩散应力的能力。基层遭受自然因素的影响虽然比面层小，但仍然有可能经受地下水和通过面层渗入的雨水浸湿，所以基层结构应具有足够的水稳定性。尤其是水泥混凝土面层下的基层，由于水泥混凝土面板板块缝隙中渗入的水，对其下的基层浸湿危害极大，因此，基层的水稳定性尤为重要。基层表面虽不直接与车轮接触，但为了保证面层的平整性和面层铺筑厚度的均匀性，其表面应有较好的平整度。

底基层：高等级公路的基层厚度根据力学计算往往需要设计得比较厚（约40 cm），而目前使用的碾压机具的压实厚度以不超过20 cm为宜，所以需要分层；同时从不同层位功能要求的差异，以及技术和经济角度考虑，即当基层设计和施工中需要分为两层时，其上层仍称为基层，下层称为底基层。基层与底基层可以采用不同的结构形式，如目前常用的水泥稳定粒料基层和石灰稳定土底基层等；也可以用不同质量的材料填筑，相对而言，底基层对材料质量的要求较低。

第五节 路面机械化施工准备

一、施工技术准备

路面施工前的技术准备工作包括设计文件熟悉和核对、补充资料调查、实施性施工组织设计和施工预算编制、路面施工测量放样、原材料试验与混合料配合比设计、路面施工技术交底等。对于高速公路和一级公路或采用新技术、新工艺及新材料的其他等级公路的路面施工，除做好上述准备工作外，还应在路面大规模施工前铺筑试验路段，为路面正式施工提供技术指导。

二、施工现场准备

路面施工现场准备包括驻地建设，拌和场及料场选址，施工便道修建，施工用水、电、通信等各种生产及生活设施准备。在路面工程正式开工前充分建造好相应的临时设施，如工棚、仓库、供水、供电、通信设施等。

拌和场、料场的选址，根据合同段的实际地形情况，结合工程特点，本着实用、方便的原则，并应充分考虑工期、材料需要量、拌和设备的生产能力等诸多因素进行布置。根据工程规模可设置一个或多个预制场、搅拌站、材料库房等。大型沥青混凝土或水泥混凝土搅拌设备的场地面积，根据设备说明书的要求确定。

三、施工机械和机具准备

不同类型的路面结构层，所用的施工机械设备也不尽相同。在施工时，应根据项目具体情况对施工机械设备进行选择。按照施工合同规定，配备足够的施工机械、设备及器具，并保证均处于良好的技术状态及满足施工的需要，并应有相匹配的维修措施。机械、机具的添置，根据路面实施性施工组织计划，一次或分批配齐足够的施工机械和相关的工具。常使用的机械设备可以采用租赁方式，施工单位只要向租赁者按合同规定定期交付一定的租赁费，便可取得设备的使用权，从而可以减少或根本就不需要购买那些不常使用的设备。在租赁设备调查中，首先要了解出租设备的型号、功能、数量等能否满足施工时的要求，同时要将租赁与自购作比较，以便择优选用。如选择租赁设备，要签订租赁合同。机械设备的放置，应考虑到施工的要求。

（一）稳定土材料拌和机械

（1）路拌机械：稳定土拌和机可以按施工配合比在路上直接拌和土、无机结合料、细集料、粗集料等材料。根据不同的分类方法，可以对其进行如下分类。

按照行走方式，稳定土拌和机可分为履带式和轮胎式两种。履带式的特点是附着力大，整机稳定性好，但其机动性差，不便于运输。轮胎式在应用了低压宽基轮胎后，整机稳定性和附着力有很大的提高，因其机动性好，在施工中应用较为广泛。

按照工作装置，根据稳定土拌和装置在拌和机上的位置可分为前置式、后置式和中置式三种。前置式因在作业面上产生轮迹，目前已逐渐被淘汰。后置式的特点是不产生轮迹，维修、保养方便，转弯半径小，在目前应用较为广泛。中置式的特点是稳定性好，但维修、保养不方便，转弯半径较大。

按转子的旋转方向，稳定土拌和机可分为正转和反转两种。前者的切削方向是转子由上向下切削（顺切），拌和阻力小，拌和宽度和深度较大，但只适用于拌和松散的稳定材料。后者的切削方向是转子由下向上切削（逆切），其拌和质量较好，但由于拌和阻力大，消耗的功率也大。

国产稳定土拌和机功率为200～300 kW，拌和宽度为2.0～2.4 m，拌和深度为200～400 mm，工作速度为0～35 m/h。国外生产的稳定土拌和机最大功率达550 kW，最大工作宽度为4.2 m，最大拌和深度达400 mm。

（2）厂拌设备：稳定土厂拌设备是将土、碎石、砾石小水泥、石灰、粉煤灰、水等材料按施工配合比在固定地点拌和均匀的专用生产设备。稳定土厂拌设备的优点是级配精度高，拌和质量好；缺点是由于作业地点固定，现场转运量大，成本较高，占地面积大。在高等级公路施工中，为保证工程质量，多采用厂拌设备施工。

（二）水泥混凝土设备

在高等级公路施工中，常用的水泥混凝土设备有混凝土搅拌机、混凝土浇筑成型机械等。

（1）混凝土搅拌机：混凝土搅拌机按搅拌原理分为自落式和强制式两类。

①自落式搅拌机：排、自落式搅拌机按搅拌筒的形状和出料方式的不同，可分为鼓筒式、锥形反转出料式和双锥形倾翻出料式。（a）鼓筒式搅拌机：鼓筒式搅拌机的搅拌筒呈鼓形。由于它只靠物料的自落作用进行拌和，搅拌作用不甚强烈，对于坍落度小于3 cm的混凝土不易搅拌均匀，且易产生黏罐和出料困难现象，故一般只适用于搅拌流动性较大的混凝土。鼓筒式搅拌机不能做成大型的，也不宜用来搅拌含有大粒径集料（粒径大于80 mm）的混凝土。此外，它还存在卸料时间长、搅拌筒利用系数低（一般仅为0.22~0.25）等缺点。但由于它结构简单，耐用可靠，制造与维修容易，在我国公路施工现场仍得到广泛应用。（b）锥形反转出料式搅拌机：其搅拌筒为双锥形，搅拌叶片按一定的角度呈交叉配置。搅拌时，物料一方面被叶片提升自落做垂直位移，另一方面又被叶片迫使沿轴向做左右窜动，故搅拌作用比较强。它不但能搅拌流动性大的混凝土，还能搅拌流动性低的混凝土。搅拌筒正转时进行搅拌，反转时靠搅拌筒、出料筒出料端的螺旋出料叶片将混凝土推出进行卸料。由于搅拌筒正、反转交替进行，叶片正反面都能受到物料的撞击，因而不易产生黏罐现象。这种搅拌机构造简单，质量轻，搅拌效率较高，出料干净、方便。但搅拌筒利用系数低，反转出料时，是在负载的情况下启动，功率消耗大，故这种机型一般只适用于中、小容量的搅拌机。（c）双锥形倾翻出料式搅拌机：搅拌筒由两个截头圆锥组成，两圆锥筒内装有向内倾斜的叶片。搅拌筒转动时，由于叶片向内倾斜，故物料被左右两圆锥筒上的叶片提升不甚高时便沿叶片滑下。从左右叶片上滑下的物料相向运动，在搅拌筒中部形成交叉料流。

搅拌筒每转一周，物料的搅拌可循环多次。因此，这种搅拌机搅拌效率高，可以搅拌高流动性和低流动性混凝土。由于物料在搅拌筒内提升的高度不大，所以叶片不易撞坏，可以制成大容量的搅拌机，搅拌含有大粒径集料的混凝土。卸料时它是依靠搅拌筒倾翻的装置，使搅拌筒倾斜，将料卸出。

②强制式搅拌机：强制式搅拌机按其构造特征可分为立轴式和卧轴式两类。（a）立轴式强制搅拌机：立轴式强制搅拌机搅拌筒是一个水平放置的圆盘，搅拌叶片绕立轴旋转，强迫拌盘内物料颗粒做多方向运动，形成复杂的交叉料流，将物料搅拌均匀。这类搅拌机按搅拌盘和叶片的旋转方式不同，可分为涡浆式和行星式。涡浆式是搅拌盘固定，叶片绕盘中心的立轴旋转。行星式又分为定盘式和转盘式。定盘式是搅拌盘固定，搅拌叶片除绕位于盘中心的主立轴旋转外，还绕它本身的立轴旋转。转盘式则是搅拌盘绕中心旋转，而搅拌叶片立轴的位置固定，叶片的旋转方向与搅拌盘的旋转方向或者相反，或者相同。（b）卧轴式强制搅拌机：卧轴式强制搅拌机可分为单卧轴式和双卧轴式。单卧轴式的水平搅拌轴通过机壳中心，轴上装有螺旋搅拌叶片和铲刮叶片。工作时两种叶片迫使物料做强烈的对流运动，使物料在短时间内便搅拌均匀。双卧轴式有两个相连的圆槽形搅拌筒，两根水平搅拌轴相互做反向旋转。两轴上的叶片搅拌作用半径是相互交叉的，叶片与轴中心线成一定的角度。故叶片转动，不仅使物料在两个搅拌筒内轮番地做圆周运动，而且使它们沿轴向做往返窜动，因而有很好的搅拌效果。各种类型的强制式搅拌机与自落式相比，其搅拌作用强烈，搅拌时间短、生产效率高，适宜于搅拌坍落度在3 cm以下的普通混凝土与轻集料混凝土。所以，在大面积的路面施工中应用较为广泛。

（2）混凝土捣实机械：路面混凝土捣实机械类型，按其工作方式的不同可分为：插入式振动器、附着式振动器、台式振捣器。

①插入式振动器：又称内部振动器，由电动机、软轴和振动棒三部分组成。振动棒是工作部分，它是一个棒状空心圆柱体，内部安装着偏心振子，在动力源驱动下，由于偏心振子的振动，使整个棒体产生高频微幅的机械振动。工作时，将它插入混凝土中，通过棒体将振动能量直接传给混凝土。因此，振动密实，效率高。

按振动棒激振原理的不同，插入式振动器可分为偏心轴式和行星滚锥式（简称行星式）两种。由于行星式振动器是在不提高转轴转速的情况下，利用振子的行星运动，即可使振动棒获得较高的振动率，与偏心式振动器比较，具有振动效果好、机械磨损少等优点，因而得到普遍应用。

②附着式振动器及平板式振动器：附着式振动器又称外部振动器。它在电动机两侧伸出的悬臂轴上安装有偏心块，故当电动机回转时，偏心块便产生振动力，并通过轴承基座传给模板，通过模板将振动能量传递给混凝土，达到使混凝土密实的目的。

将附着式振动器固定在一块底板上则称为平板振动器，又称表面振动器。它的振动力是通过底板传递给混凝土的。故在使用时，振动器的底部应与混凝土面保持接触。在一个位置振动、捣实到混凝土不再下沉、表面出浆时，即可移至下一位置继续进行振动、捣实。

③台式振捣器：也是外部振捣器，它的激振是由两行频率相等、转向相反的偏心锤装置产生的，因此，只有上下的单向振动而无前后左右的振动。振动台主要由支承架、消振弹簧、工作台、偏心装置以及传动轴等组成，并由电动机驱动，通过偏心销不同数量的配置，可得到大小不同的振幅，以适应各种不同的振捣需要。它的最大优点是产生的振动与混凝土的重力方向正好一致，振波正好通过颗粒的直接接触由下向上传递，能量损失很少。而插入式的内部振捣器只能产生水平振波，与混凝土重力方向不一致，振波只能通过颗粒间的摩擦来传递。

（3）混凝土浇筑及配套机械。

①真空泵：按性能分为混凝土专用真空泵和可调式混凝土专用真空泵两类。

混凝土专用真空泵所有部件均安装在轻便的小车上。混凝土专用真空泵具有结构简单、可抽吸含有灰尘的气体、体积小、质量轻、使用灵活、功率消耗小等优点。缺点是不能根据工艺要求调节真空度。

可调式混凝土专用真空泵的结构和工作原理与混凝土专用真空泵基本相同，其特点是备有真空度调节装置，能够任意调节真空度以满足工艺要求，目前已得到广泛应用。

②真空吸垫：它是直接与混凝土表面相接触的装置。其作用是在混凝

土表面制造一个真空空间（称为真空腔），使混凝土中的水分和空气在负压作用下进入这个空间，然后再被真空泵吸走。真空吸垫分柔性和刚性两种。路面工程常用的是前者，称为柔性真空吸垫。

③抹光机：真空处理后的混凝土表面硬度大，人工抹光十分困难，必须采用抹光机。目前采用的抹光机有叶片式（细抹）和圆盘式（提浆、抹平）两种。

④振动梁：振动梁是震实、刮平大面积混凝土的理想工具，为混凝土真空吸水工艺配套机具之一。按材质可分为铝质和钢质两种。铝质振动梁质量轻、刚度好、梁身拱度可调，适用于4 m以内的混凝土构件。

⑤压纹机：压纹机是为提高混凝土路面的摩擦力而设计的。压纹深度一般为0.6～0.8 cm。压纹机压出的凹痕均匀，不破坏表面的水泥浆层，具有节省人力、效率高等优点。

⑥锯缝机：混凝土凝结（强度达到10.0 MPa）后，要在尽早的时间内用金刚石或碳化硅锯片切缝。

（4）水泥混凝土路面摊铺机械：水泥混凝土路面摊铺设备按其施工方法可分为轨道式和滑模式两种。

①轨道式路面摊铺机：轨道式路面摊铺机支撑在平底型轨道上，它既可以固定在宽基钢边架上，也可以安放在预制的混凝土板上或补强处理后的路面基层上，摊铺机的水平调整由轨道的平整度控制，而垂直调整根据摊铺机类型，采用不同的调整控制方式。

轨道式路面摊铺设备的主要组成有进料器、摊铺机（包括刮板式、箱式和螺旋式）、振实机和修整机等部分。

②滑模式路面摊铺机：滑模式路面摊铺设备是安装在履带底盘上，行走装置在模板外侧移动，支撑侧边的滑动模板沿机器长度方向安装。在机器的宽度以内，机器的方向和水平位置靠固定在路面两侧桩上拉紧的导向钢丝和高强尼龙绳来控制。机器底盘的水平位置靠与导向钢丝相接触的传感装置来自动控制。附设的传感器也同时促动摊铺机的转向装置，以使导向钢丝和滑模之间保持一定的距离。滑模式摊铺机作业时，不需要另架设轨道和模板，就能按照要求使路面板挤压成型。这种摊铺机可实现多种功能的摊铺，如路肩、路缘石等。

第三章　市政道路工程施工

第一节　市政路基工程施工的主要内容

一、路基施工前的准备工作

（一）熟悉设计文件

设计文件是工程施工的主要依据，熟悉并审核施工图纸是理解设计意图、明确工程内容和分析工程特点的重要步骤。在施工人员充分熟悉图纸并做好准备后，由建设单位负责人组织设计方、施工方和监理单位的相关人员召开图纸会审会议。设计人员向承包方进行图纸交底，详细说明设计意图及施工的主要要求。施工人员应根据图纸内容和施工实际提出问题，由设计单位采纳合理建议，并按程序对图纸进行修改或补充设计。

（二）现场踏勘

路基施工前，需对施工现场进行实地勘查，以确保现场条件与设计图纸一致。如发现问题，应及时调整。现场踏勘的主要内容包括以下几点：

（1）核查施工范围内需要拆除的建筑物、构筑物、公用设施（如杆线、管道）及其他影响施工的树木、农作物、坟墓等；

（2）确定因施工可能影响的建筑物、构筑物、公用设施（如杆线、管道）的加固保护需求及具体位置；

（3）识别沿线需重点保护的历史文物、古迹、测量标志和军事设施；

（4）了解沿线填方和挖方的区域与数量，以及借土或弃土地点的具体情况；

（5）调查沿线可利用的排水沟渠、下水道，以及暴雨后可能积水的区域，以便制定施工排水措施；

（6）核实施工区域附近的供水、供电、通信设施、运输路线和场地等基本条件；

（7）对现场的检查井、消防栓、人防通气孔等设施进行标注，确保施工期间不被堵塞或埋没；

（8）调查施工对沿线单位和车辆交通的影响，并制定相应的协调与安排方案。

（三）编制施工大纲与施工组织

结合设计图纸与现场踏勘结果，编制施工大纲，明确施工顺序、施工方法、施工进度及人工和材料计划。

施工组织设计是指导整个施工过程的综合性文件，具有全局性、计划性和技术经济性，是施工准备工作的重要组成部分。通过施工组织设计，可以为施工企业编制计划、实施准备工作提供依据，确保工程顺利推进。

（四）编制施工图预算和施工预算

1.预算编制基础

在设计交底和图纸会审完成后，施工组织设计获批后，预算部门开始编制单位工程施工图预算和施工预算，以确定人工、材料及机械费用的支出，明确人工数量、材料消耗和机械台班使用量。

2.施工图预算

施工图预算是施工单位在工程开工前的准备阶段编制的经济文件，用于确定建筑安装工程造价。它是施工企业签订工程承包合同、进行工程结算、申请银行贷款以及开展企业经济核算的重要依据。

3.施工预算

施工预算是在施工图预算基础上，根据施工图样、施工组织设计和施工定额等文件，结合企业实际和工程特点编制而成的。它是在工程承包关系确定后进行，是施工单位内部经济核算及班组承包的核心依据。

（五）物资准备工作

1.物资准备内容

物资准备是施工必需的劳动工具和施工对象的前期筹备工作，包括物资采购、运输和储备，以保障施工连续性，主要内容涵盖材料、机具设备的采购、运输与储存，以及临时便道、工程房屋、供水供电设施及生活设施的建设。

2.临时设施建设

在道路施工前，各类临时设施需按施工组织要求建设完成，包括仓库、搅拌站、预制构件厂、作业棚、办公用房、宿舍、食堂及文化设施等。其建设应符合数量、标准、面积及位置的具体要求。

3.物资供应计划

临时设施建成后，应按照施工组织设计确定的材料、半成品、预制构件的规格、数量、品种和机具设备需求，编制物资供应计划，并据此订货和组织进货。所有物资需按照施工平面图要求堆放或入库。

4.材料和设备的检验与调试

对沙子、碎石、钢材等材料，需提前进行试验，确保符合设计标准；混凝土标号需提前配比完成；施工机械和机具设备应按计划进场，并进行安装、检修和试运行。

5.施工队伍调整与培训

提前调整和充实施工组织机构，对特殊工种和稀缺工种进行技术培训，预先招聘临时工和合同工，并落实专业施工队伍及外包单位。

6.特殊条件施工准备

根据地理位置和气候条件，针对冬季和雨季施工，需制定相应的准备措施，以确保工程顺利进行。

（六）测量控制

1.导线复测

当原有中线的主要控制桩由导线控制时，施工单位必须依据设计资料认真完成导线复测工作，并对地面控制桩进行全面检查和复测。

导线复测要求精度较高，需使用现代化测量设备（如红外线测距仪等）进行测量，且测量精度必须符合相关规程的规定。正式测量前，应对使用的测量仪器进行严格检验和校正，以确保其精度符合要求。

当现有导线点不能满足施工需求时，应根据实际情况适当加密，确保公路施工全过程中相邻导线点间能相互通视。

导线的起点和终点数据应与设计单位的测量结果进行对比，精度须满足设计要求；若设计未明确规定，需符合《公路路基施工技术规范》中对导线测量技术的具体要求。

导线复测过程中，需确保与相邻施工段的导线形成闭合网络。对于妨碍施工的导线点，应在施工前进行固定，固定方式可采用交点法或其他有效方法。护桩应牢固可靠，桩位应便于架设测量仪器，并需设置在施工范围之外。其他控制点的固定方法可参照此方式进行。

2.水准点复测与加密

水准点的精度须符合技术标准要求，并沿线路每500 m设立一个水准点。在结构物附近、高填深挖路段、工程量集中区域及地形复杂地段，应增设水准点。临时水准点必须满足相应等级的精度要求，并与相邻水准点形成闭合网络；若水准点可能受到施工影响，需提前采取保护措施或重新处理。

3.中线放样

在路基施工前，需对全段中线进行放样并固定路线的主要控制桩。对于高速公路和一级公路，应优先采用坐标法进行测量放样。中线放样过程中，需确保路线中线与结构物中心线及相邻施工段的中线闭合。如发现问题，应及时查明原因并进行处理；若设计图纸与实际放样结果不符，必须核实原因后妥善解决。

4.横断面图核对

横断面图的准确性直接影响施工放样、工程量计算、施工标准、场地布置及工程结算等工作。在路基正式施工前，应仔细检查和核对设计单位提供的横断面图。如发现问题，需及时进行复测，并上报监理工程师和业主。如设计单位未提供横断面图，则需按照相关规定进行全面补测。

5.路基工程放样

在路基工程正式施工前，应根据恢复的路线中桩、设计图表、施工机械、施工工艺和有关规定，确定路基用地界桩、路堤坡脚桩、路堑堑顶桩、边沟、取土坑、护坡道、弃土堆等的具体位置。在距路中心一定安全距离处，还要设立控制桩，其间距一般不宜大于50 m。在桩上应注明桩号、相对路中心的填挖高，通常用"+"表示填方，用"－"表示挖方。

在放完边桩后，应进行边坡的放样。对于深挖高填地段，每挖、填5 m应复测一次中线桩，测定其标高及宽度，以控制边坡角的大小。

对于施工工期较长的公路工程，在路基工程施工期间，应至少每半年复测一次水准点。在季节冻融地区施工的路基，在冻融后也应对水准点进行复测。

在采用机械施工时，应在路基边桩处设置明显的填挖标志。对于高速公路和一级公路，施工过程中宜在不超过200 m的路段内，于距中心桩一定距离处埋设控制标高的控制桩，以确保施工的精确性。如果施工中控制桩被碰倒或丢失，应按规定及时补设，避免影响工程的正常进行。

在进行取土坑放样时，应在坑边设立清晰的标志，标明土场供应里程桩号及挖掘深度。对于排水用取土坑，当挖至距设计坑底0.2～0.3 m时，应根据设计要求修整坑底纵坡。

边沟、截水沟和排水沟放样时，可先制作样板架进行检查，或在沟的内外边缘每隔10～20 m钉设木桩，并标注里程和挖深数据。

在整个路基施工过程中，应注意保护所有设置的标志，尤其要妥善保护原始控制点，避免因标志损坏影响施工进度。

（七）试验

在路基施工开始前，应根据相关规定设立工地试验室，并对路基基底土进行试验。每千米至少应取2个采样点；当土质发生变化时，应根据实际情况增加采样点数。对于不同来源或性质的拟用路基填料，应及时进行复查和取样试验。试验内容包括天然含水量、液限、塑限、标准击实试验和CBR（土的承载比）试验等。必要时还需进行颗粒分析、比重、有机质含量、易溶盐含量、冻胀量和膨胀量的试验。

如使用特殊材料作为填料，应按照相关标准进行相应试验，必要时需开展环境影响评估，待批准后方可投入使用。

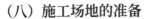

（八）施工场地的准备

1.搭建临时设施

施工场地内的生活及生产临时设施，应按照当地相关规定合理规划与布局。例如，房屋的间距和标准需符合卫生及防火要求，污水和垃圾的排放需满足环境保护标准。因此，施工单位应将临时建筑的平面图及主要房屋结构图提交给城市规划、市政、消防、交通及环境保护等相关部门审核批准后方可实施。

各类临时设施包括仓库、混凝土搅拌站、预制构件场、机修站、生产作业棚、办公用房、宿舍、食堂以及文化生活设施等，都需按照已批准的施工组织设计中的数量、标准、面积和位置要求修建。对于大中型公路工程，可以分批次、分阶段逐步修建，以确保施工和运营需求得到有效满足。

2.临时交通便道

施工场地临时交通便道的布设需要遵循以下原则。

（1）交通便利性。临时便道应以最短路径连接主体工程施工场所与主干道路，确保内外交通畅通。

（2）充分利用现有资源。优先使用现有道路；对于不满足使用要求的部分，可在尽量节约投资和时间的基础上进行改建。

（3）冲突与协调。当本工程施工与现有道路、桥涵发生冲突时，施工单位需在工程开始前完成改道或临时道路的修建工作。

（4）现有乡村道路利用。如需使用现有乡村道路作为临时便道，应对其进行修整、加宽、加固，并设置必要的交通标志。修整工作需经监理工程师验收合格后方可通行。

（5）养护要求。在施工期间，应安排专人对临时便道进行养护，确保道路处于正常通行状态。

（6）避开不利地形。布设便道时，应尽量避开洼地和河流，减少或避免修建临时桥梁的需求。

3.清理场地

场地清理是路基工程施工前的重要准备工作，直接关系到公路工程质量及施工进度。场地清理的具体工作如下。

（1）土地放样与征用。按照设计说明书的要求，进行公路用地的放样工作。同时，施工单位需与业主配合完成土地征用及相关手续的办理。对于施工过程中需要增加的临时用地，应向相关部门提交计划并进行测量，整理出平面图后报送相关部门，以便办理拆迁及临时用地的手续。

（2）构筑物拆迁与改造。如施工范围内存在房屋、道路、通信设施或电力设施，需在开工前与相关部门协商，完成拆迁或改造工作。如果施工区域附近存在危险建筑物，为确保施工安全与工程质量，必须对这些建筑物进行加固。

（3）文物保护。施工范围内如有文物古迹，应与相关部门沟通协商，采取尽量保护的措施，以免对文物造成损害。

（4）树木清理。施工范围内的树木需进行清理。可将树木移植至施工区域外，必要时进行砍伐，并妥善处理被砍伐的树木，避免引发火灾等安全事故。

（5）树根及植被清理。对于二级及以上公路或填方高度在1 m以内的路堤，应将路基范围内的所有树根挖除，坑穴填平，并用机械进行夯实；对于二级以下公路或填方高度超过1 m的路堤，可不完全挖除树根，但需确保树根不得露出地面。此外，取土坑范围内的树根需全部清除。

（6）表层土清理。施工范围内的植被、草皮及腐殖土需彻底清理。清理的深度以实际种植土厚度为准，清理出的种植土应集中堆放，妥善处理，避免影响施工或产生安全隐患。

（7）路基处理。填方路段在清理完表层后，应进行整平和压实，确保达到施工标准后方可开始填方工作。

二、填方路基施工

（一）路基填料的选择

1.路基填料的一般要求

（1）含有草皮、生活垃圾、树根、腐殖质的土不得作为路基填料使用。

（2）泥炭、淤泥、冻土、强膨胀土、有机质土及易溶盐含量超标的土不得直接用于填筑路基。如确需使用，必须采取技术处理措施，且经检验符合设计要求后方可使用。

（3）液限超过50%、塑性指数大于26、含水率无法满足压实要求的细粒土不得直接作为路堤填料。如需使用，需通过技术处理并检验合格后方可填筑。

（4）粉质土不宜直接用于路床填筑，尤其不能直接填筑于冰冻地区的路床或浸水路堤部分。

2.路基填料的工程性质

（1）石质土。石质土由粒径大于2 mm的碎石或砾石组成，含量范围为25%～50%及以上。此类填料空隙大、透水性强、压缩性低、强度高、内摩擦角大，是优质的路基填料。

（2）沙土。沙土不具有塑性，但透水性良好，毛细水上升高度较低，摩擦系数较大，因此路基强度高，水稳定性好。沙土黏性较低，易松散，易受水流冲刷和风蚀破坏，可通过掺入黏性土改良其质量。

（3）沙性土。沙性土是优质的路基填料，具备较大的内摩擦力及一定的黏聚力。沙性土不膨胀、遇水干得快、易于压实，且表面稳定性良好。

（4）粉质土。粉质土不适宜直接用于路床填筑。若需使用，需掺入优质土体进行改良，并严格控制使用范围。高等级公路中，粉质土只能用于距路槽底0.8 m以下的路堤下层。

（5）轻、重黏土。轻、重黏土并非理想的路基填料。规范要求，液限大于50%、塑性指数大于26、含水率无法直接压实的细粒土，不得作为路基填料。若确实需要使用，则必须先采取必要的技术手段进行处理，并通过检验确认其满足设计要求后，方可投入使用。

（6）黄土、盐渍土、膨胀土。黄土、盐渍土及膨胀土等特殊土体如不得已需用作路基填料，必须按照特殊施工要求进行严格施工。泥炭、淤泥、冻土、有机质土、强膨胀土、草皮土、生活垃圾、树根及含腐殖物质的土一律禁止用作路基填料。

（7）煤渣、高炉矿渣、钢渣、电石渣。满足最小强度（CBR）、最大粒径、有害物质含量等要求，或经过处理后达到标准的煤渣、高炉矿渣、钢渣、电石渣等工业废渣可以用作路基填料。但在使用过程中必须注意避

免环境污染。

（二）路堤填筑

1.土方路堤填筑

（1）填筑要求

不同性质的填料必须分开使用，不得混合填筑。应根据填料性质，分层、分段进行水平填筑，并逐层压实。压实后，每层厚度不得少于500 mm，最后一层的厚度不得少于100 mm。

路基的最上层需选用对潮湿或冻害敏感度低的材料进行填筑。强度较低的材料应填筑在底层。如果施工区域有地下水或靠近水体，应优先选用透水性良好的填料。

在透水性差的压实层上填筑透水性好的材料前，应在表面设置2%～4%的双向横坡，并采取防水措施。不得用透水性差的填料覆盖透水性好的边坡。填料的松铺厚度应通过试验确定，压实后每层宽度不得小于设计宽度。填筑施工应从最低处开始分层填筑，逐层压实。当原地面纵坡大于12%或横坡陡于1∶5时，应按设计要求挖台阶，或者设置宽度大于2 m、坡度向内且不小于4%的台阶。

当路堤填筑分作业段施工时，接头部位如无法交替填筑，先填的路段应按1∶1坡度分层留台阶；如能交替填筑，需分层交替搭接，且搭接长度不得少于2 m。

（2）一般填筑方法

①水平分层填筑。按照横断面全宽划分水平层，逐层向上填筑。如果原地面不平，应从最低处开始填筑，分层逐层压实，每层压实合格后再填下一层。此方法施工方便，压实质量容易保证且安全可靠。

②纵坡分层填筑。适用于推土机或铲运机取土距离较短的路堤填筑。沿纵坡方向逐层推土填筑，原地面纵坡小于20°的地段可采用此方法施工。

③横向填筑。从路基一端开始，按横断面全高度逐步推进填筑，适用于无法从下至上分层填筑的陡坡、断岩或泥沼地段。此法不易压实，容易产生不均匀沉陷，需采取技术措施，如使用振动压路机等高效压实设备进

行碾压，或选用沉陷量小的沙性土、废石方等作为填料。

④混合填筑。当高等级公路穿越深谷或陡坡地段，尤其是对上层填筑压实度要求较高时，可采用混合填筑法。下层施工采用横向填筑，上层施工采用水平分层填筑，以确保整体路堤的压实质量和施工效果。

（3）机械填筑路堤作业方式

推土机的作业流程主要包括切土、推土、堆斜和空返四个环节。其中，对推土机工作效率影响最大的环节是切土和推土。切土时的速度及推土过程中能量的合理利用，是决定推土效率的关键因素。推土机的作业方式多种多样，常见的有坑槽推土、波浪式推土、并列推土、下坡推土和接力推土等。

挖掘机同样可以用于路堤填筑施工，主要有两种作业方式：第一种方式是挖掘机直接从路基的一侧挖土，将挖出的土壤卸至另一侧，用于路堤填筑施工。通常，这种方式会采用反铲挖掘机完成作业。第二种方式是利用运土车辆配合挖掘机进行施工。挖掘机将土壤装载到运土车内，再由运土车将其运送至需要填筑的路段。这种方式较为常见，尤其适用于取土场地集中且运送距离较长的施工环境。此外，无论是正铲挖掘机还是反铲挖掘机，都能很好地适应这种作业方式。

2.填石路堤的填筑

（1）基底处理

①填方地段的基底需要经过严格处理。当地面坡度大于1∶2.5时，应先挖设台阶。

②若基底存在淤泥、地下水等特殊情况，必须采取相应的特殊处理措施。施工前，应向监理工程师报批，并在获得批准签字后方可进行施工。

③填石路堤所使用的填料较为坚硬，压实难度较大。此外，填石材料透水性较高，水容易通过路面或边坡渗入基底，导致路基潮湿，严重时可能引起不均匀沉降等问题。为避免上述问题，施工过程中需满足土质路堤表面处理要求，同时根据路堤不同填高确保地基承载力达标：

A.路堤高度在10 m以内，地基承载力应大于150 kPa；

B.路堤高度在10～20 m之间，地基承载力应大于200 kPa；

C.路堤高度超过20 m时，需在岩石地基面上进行填筑。

（2）填筑要求

①填石路堤填筑需按照试验路段得出的施工技术参数进行。根据运输车辆运量测算尺寸，用白灰标记卸填区域（方格尺寸不小于4 m×4 m），严格拉线施工，控制每层的松铺厚度。

②每填筑一层时，需对路堤宽度进行放样处理，标记清晰的设计边线，以便后续检查，避免填筑宽度不符要求。在白灰绘制设计边线时，碾压工作应从超填宽度的边缘开始，由外向内推进。

③使用大型推土机按松铺厚度将填料摊平，对于局部不平的区域，需人工找平。整修过程中，应清理超粒径石块，确保粗颗粒分布均匀，防止粗颗粒集中。

④填石路堤边坡需进行码砌。边坡石料的强度要求不低于30 MPa，码砌石块的最小尺寸不小于30 cm，且石块需规则排列。

⑤不同填高对应的边坡码砌厚度要求如下：

A.填高小于5 m时，码砌厚度不小于1 m；

B.填高5～12 m时，码砌厚度不小于1.5 m；

C.填高大于12 m时，码砌厚度不小于2 m。

⑥填筑需分层进行，并逐层压实。最后一层的碎石粒径不得大于15 cm，其中小于0.05 mm的细粒含量不得低于30%。若上层为细粒土，则需设置土工布作为隔离层。

⑦当填料岩性差异较大，尤其是岩石强度差异显著时，应将不同岩性的填料分层或分段填筑。

（3）填筑方法

①竖向填筑法。该方法主要适用于二级及以下低等级路面的公路铺设。尤其是在陡峭山坡上施工条件极为困难、需要大量爆破以挖作填的路段，以及陡坡、断岩、泥沼区域和水中填石路堤等无法自下而上分层填筑的场景，通常会采用该方法。

②分层压实法。该方法是目前应用最广泛且施工质量较高的一种填筑方法。这种方法按照从下至上的顺序，将填筑分为若干层次，逐层填筑并压实。一级公路、高速公路以及部分高等级路面的填石路堤施工大多采用这种方式。

分层压实法将填方路段划分为四级施工台阶、四个作业区段，并遵循八道工艺流程进行分层施工。第1级台阶为路基面以下0.5 m；第2级台阶为0.5~1.5 m；第3级台阶为1.5~3.0 m；第4级台阶为3.0 m以下。四个作业区段分别为填石区段、平整区段、碾压区段、检验区段。施工中，通过填方与挖方作业形成台阶状，每个台阶的间距视具体情况和机械化作业要求而定，一般长度约为100 m。

填石作业从最低处开始，逐层进行水平填筑。每层先由机械摊铺主集料，再进行平整作业并铺撒嵌缝料，将填石中的空隙用小石或石屑填满并铺平。随后，采用重型振动压路机进行碾压，直至填筑层的顶面石块稳定为止。

③冲击压实法。该方法是通过冲击碾的周期性大振幅、低频率，对路基填料进行冲击，从而压密填方。

3.土石路堤施工

（1）填筑要求

①材料要求。土石混填路堤是指采用卵石土、块石土、红砂岩等天然土石混合材料填筑的路堤。在填筑过程中，不允许使用倾填法，必须分层填筑、分层压实。每层松铺厚度一般为0.3 m，具体厚度需根据压实机械的类型和规格通过试验确定。石料的最大粒径不得超过压实层厚度的2/3。

②填料石料含量要求。一是当土石混合填料中石料含量小于70%时，应将土、石混合分层铺填、整平压实，避免大石块集中分布；二是当石料含量大于70%时，应按照填石路基的技术规范和设计要求进行施工。

③路床顶面填料要求。在路床顶面以下0.8 m的范围内，应填入具有适当级配的土石混合料，其最大粒径不得超过100 mm。

④特殊石料要求。一是天然土石混合料中，中硬或硬质石料的最大粒径不得超过压实层厚度的2/3；二是对强风化或软质石料，其CBR值应符合技术规范要求，且石料最大粒径不得超过压实层厚度。

⑤透水性处理。对于压实后透水性差异较大的土石混合材料，应采取分层或分段填筑的方法，不宜纵向分幅填筑。如需纵向分幅，应将透水性较好的填料填筑在路堤两侧。

⑥材料变更处理。当土石混合材料变更为其他填料时，混合料的最后

一层压实厚度应小于300 mm，最大粒径不超过150 mm。压实后，该层表面应保持无孔洞状态。

⑦边坡施工要求。一是中硬、硬质石料路堤的边坡石料应符合强度和尺寸要求，码砌厚度需满足实际施工条件，且边坡码砌与路基填筑应同步进行；二是软质石料路堤的边坡按土质路堤边坡处理。

⑧设备要求。土石混填压实必须使用18 t以上的羊足碾、重型振动压路机、大功率推土机和平地机进行分层组合压实。

（2）施工方法

①按填料渗水性能确定填筑方法。对于压实后渗水性能较强的土石混合填料，应采用分层分段填筑。如需纵向分幅填筑，应将透水性较好的填料铺筑在路堤两侧。

②按土石混合料类型确定填筑方法。当土石混合料的岩性或混合比差异较大时，应分层分段填筑。如无法分层分段，则需将硬质石块混合料铺筑于填筑层的底部，避免石块过度集中或重叠；上层铺设含软质石料的混合料后再整平碾压。

③按填料中石料含量确定填筑方法。当石料含量大于70%时，先铺大块石料，要求大面朝下，放置平稳；然后铺填小块石料、石渣或石屑进行嵌缝找平，再进行碾压；当石料含量小于70%时，可将土石混合铺筑，但需确保硬质石料（特别是尺寸较大的硬质石料）不会集中分布。

三、路基压实

（一）路基压实的意义与作用机理

1.路基压实的意义

在路基施工中，土体的天然状态被破坏，导致结构松散，颗粒需要重新组合。研究表明，通过压实处理，土体的密实度明显提高，透水性能降低，毛细水的上升高度也随之减少，从而有效避免了水分积聚和侵蚀对土基的软化作用，以及因冻胀引发的不均匀变形。同时，路基压实还能显著增强土基的强度和水稳定性。

因此，路基压实是施工过程中的关键步骤，更是提升路基强度和稳定性的核心技术措施。

2.路基压实的作用机理

路基土由土粒、水分和空气三部分组成，这三者相互作用，共同决定了土体的物理特性，如渗透性、黏滞性、弹性、塑性和力学强度等。当三者的比例或分布发生变化，土的物理性质也会随之改变。因此，要改善土的性能，需从其内部结构着手。

通过机械压实，可以改变土的内部结构，从而提升其强度和稳定性。在压实过程中，土中的空气被排出，土粒逐渐靠拢并重新排列成更加密实的结构。这种密实结构的形成使土体的内摩阻力和黏结力不断增强，从而显著提高强度。同时，土粒之间的距离减小，水分渗入土体的通道受阻，渗透性显著降低。

（二）土质路基的压实

1.影响土质路基压实的因素

（1）含水量对压实的影响

土中含水量对压实效果起着显著作用。当含水量较低时，由于土粒间引力较强，土体结构较为疏松，空隙大且相互连通，水分较少而气体较多。在一定的压实作用下，虽然气体容易被排出，密度有所增加，但由于水膜润滑作用不足且压实作用无法克服粒间引力，土粒难以发生相对移动，压实效果较差。随着含水量逐渐增加，水膜增厚，粒间引力减小，水膜的润滑作用开始显现，压实功能更容易使土粒发生相对移动，压实效果得到改善。然而，当含水量过大时，空隙中出现自由水，压实功能无法有效排除这些水分，一部分压实作用被自由水抵消，导致有效压力下降，压实效果反而变差。需要注意的是，当含水量较低时，虽然干密度较小，但土体强度可能高于最佳含水量条件下的强度。然而，由于密实度较低，空隙较多，在饱水状态下强度会急剧下降。因此，最佳含水量条件下的压实土体水稳性最佳，而最佳含水量和最大干密度是路基设计和施工中两个重要的技术指标。

（2）土质对压实效果的影响

不同土质具有不同的最佳含水率和最大干密度，因此压实效果也有所不同。土粒越细，其比表面积越大，颗粒表面水膜越厚。尤其在黏土中，由于含有高亲水性的胶体物质，土体的分散性（如液限和黏性）较高，其最佳含水率较高而最大干密度较低。对于沙土，由于颗粒较粗且呈松散结构，水分容易散失，因此最佳含水率对其实际意义不大。

（3）压实功能对压实效果的影响

压实功能是指压实机具的重量、碾压次数及作用时间等因素，对压实效果有重要影响。对于同一种土，随着压实功能的增强，最佳含水率通常降低，而最大干密度则会升高。因此，提高压实功能是提升土基密实度的重要方法。然而，当压实功能增加到一定程度后，土的密度增幅逐渐减小，说明该方法存在一定局限性。最经济的方法是严格控制现场土体的含水率，使碾压操作在接近最佳含水率的条件下进行，从而更容易达到设计规定的压实度。

2.压实工作的技术要领

根据压实原理，以最小的压实功耗获得最佳压实效果为目标，压实工作需科学组织，注意以下技术要点：

①在压实前，应将填土层整平，并在路基中线向路堤两侧设置2%～4%的横坡。

②压实机具应先采用轻型设备，再逐步使用重型设备，以适应土基强度的逐渐提升。

③碾压速度需从慢到快，避免松散土层被机械推移。

④压实机具的行进路线应先碾压路基两侧，再碾压中间，以便形成路拱，然后从中间向两侧顺序碾压。

⑤弯道处若设置超高，应从低侧边缘向高侧边缘碾压，形成单向超高横坡，且前后两次碾压的轨迹（或夯击范围）应重叠15～20 cm。

⑥在压实过程中，应保持碾压均匀，避免因不均匀操作引起沉降。同时，应定期检查土体含水量，并根据需要采取相应调节措施。

（三）填石路基的压实

填石路基压实前，需利用大型推土机摊铺并初步整平；对于局部不平处，需人工配合以细石料找平。压实施工的目标是通过改变石块之间的松散接触状态，使其紧密咬合。因此，应选择重型设备进行施工，例如工作质量12 t以上的重型振动压路机、2.5 t以上的重锤或25 t以上的轮胎式压路机。

压实时，应优先碾压两侧（即靠近路肩区域），再碾压中间。碾压路线需纵向平行并反复进行；对于夯锤，需按弧形路线作业，当压实达到要求密实度后，再移动至相邻的夯击位置。夯击行与行之间应重叠40～50 cm，前后相邻区段则需重叠100～150 cm。其他注意事项与土质路基的要求一致。

（四）土石路基的压实

土石路基的压实方法和技术要求需根据混合料中巨粒土的含量比例确定。当巨粒土含量超过70%时，应按照填石路基的方法和要求进行压实；当巨粒土含量少于50%时，应按照填土路基的方法和要求进行压实。

第二节　市政路面工程施工的主要内容

一、路面的结构

（一）面层

面层是路面结构的最上层，直接承受车辆荷载，同时受到天气变化的影响。为了适应这些作用，面层需要具备较高的强度、刚度、耐久性和抗滑性，并且还要有良好的水稳定性和温度稳定性。通常，面层由两层或三层组成。例如，高速公路的沥青路面厚度较大，通常采用三层结构；而水泥混凝土路面多为两层结构，并分别使用不同标号的水泥混凝土材料。此外，封闭表面空隙、防止水分渗入的封层，简易的沥青表面处理以及砂石路面上的磨耗层，均应视为面层的一部分。

（二）基层

基层位于面层之下，是路面结构中主要的承重层，由高质量材料铺筑而成。其下方的次要承重层称为底基层。基层的主要功能是承受由面层传递的车辆荷载的垂直应力，并将其控制在土基和垫层所能承受的范围内。基层需要具备足够的强度，良好的平整度、耐久性和稳定性。

（三）垫层

垫层是基层和土基之间的中间层，主要功能包括隔水、隔温、排水，以及分散和传递荷载等作用。在碎石基层上加铺垫层，还能起到隔离作用，防止土基进入基层，从而保证碎石基层的结构性能。施工时应根据垫层的功能选择合适的材料。透水性垫层通常使用砂、砾或炉渣等，稳定性垫层则采用水泥稳定土或石灰稳定土等材料。

（四）联结层

联结层设置在基层表面，其作用是增强面层与基层的结合力，或减少基层裂缝对面层的影响。联结层通常被视为面层的一部分，常用材料包括颗粒较大的沥青稳定碎石或大粒径透水性沥青稳定碎石等材料。

二、路面的类型

（一）柔性路面

柔性路面是指在柔性基层上铺筑沥青面层，或采用具有较强塑性能力的细粒土稳定集料而构成的路面结构。其强度和刚度较低，受车辆荷载作用时容易产生变形。因此，土基的强度、刚度和稳定性对整个路面结构的质量起到关键作用。荷载通过路面结构层逐级传递至土基，而土基需承受较大的单位压力，直接影响路面使用性能。

（二）刚性路面

刚性路面主要以水泥混凝土作为面层或基层材料。相比柔性路面，刚性路面的强度和刚度更高，具有良好的抗弯拉性能。水泥混凝土板在路面结构中通常以板体形式工作，依靠其抗弯拉强度来承受车辆荷载。荷载通过混凝土板的扩散作用传递至基础，使单位压力大幅减小，从而提高路面的稳定性和耐久性。

（三）半刚性路面

半刚性路面是指在半刚性基层上铺筑的沥青路面，其性能介于柔性路面与刚性路面之间。初期，半刚性路面表现出柔性路面的力学特性；后期则随着时间推移，其强度和刚度有所提升，但仍低于刚性路面。半刚性路面的主要材料包括炉渣、水泥土、石灰土及稳定粒料等。这类路面结构结合了柔性和刚性路面的优势，但也存在一定的裂缝敏感性。

（四）复合式基层路面

复合式基层路面是指在基层设计中，上部采用柔性基层，下部采用半刚性基层的一种路面结构。这种设计在结构受力上处于柔性基层和半刚性基层的中间状态，能够显著提升柔性路面的承载能力。当加铺沥青面层后，形成复合式路面。

复合式基层的优点在于，半刚性基层整体性较好，但其易形成温度裂缝和干缩裂缝，并通过反射作用导致沥青面层开裂。在水渗入后，车辆荷载作用下可能出现唧浆现象，进而引发路面早期损坏。通过将半刚性基层设置在下部，并在其上铺筑柔性基层，不仅可以提升基层的承载力，还能有效扩散半刚性基层裂缝产生的水平应力，从而切断反射裂缝向上传递的途径。此外，柔性基层多采用级配碎砾石结构，具有一定的排水能力。如果在设计中进一步优化基层边缘的排水系统，能够显著降低路面早期损坏的风险。目前，在交通流量较大以及多雨潮湿地区，复合式基层路面的应用研究与实践正逐步深入，显示出良好的发展前景。

三、路面的基本要求

（一）足够的强度

路面承受车辆行驶时产生的水平力和垂直力，同时还需应对车辆的冲击力、震动力以及车身后部真空吸力的综合作用。这些外力会在路面结构内部引发多种应力作用。如果路面结构强度不足，便会导致诸如磨损、开裂、沉陷、波浪等问题，最终引发路面的全面破坏，甚至可能中断交通。因此，路面必须具备足够的强度，以抵抗行车荷载的反复作用，确保其在设计寿命内保持功能性和安全性。

（二）足够的刚度

路面的刚度是指其结构整体或局部抵抗变形的能力。刚度与强度之间既有联系，又有区别。在某些情况下，即使路面的强度足够，但如果刚度不足，也会引发变形，影响行车舒适性甚至导致路面损坏。因此，设计路面时，需要分析荷载和变形的关系，确保路面结构整体及各组成部分的变形量控制在合理范围内。然而，刚度过高的材料（如水泥、石灰稳定类材料）可能会因缺乏柔韧性而产生裂缝。因此，在施工中需合理搭配材料，优化路面组成比例，以平衡刚度与柔韧性，避免裂缝的发生。

（三）足够的稳定性

路面长期暴露在自然环境中，受水分和温度等因素影响，其力学性能和技术指标可能发生显著变化。因此，路面需具备以下三方面的稳定性。

1.高温稳定性

夏季高温条件下，沥青材料如果缺乏足够的抗高温能力，容易发生泛油或面层软化现象。在车辆荷载的反复作用下，可能形成车辙、波浪甚至推挤。而对于水泥路面，高温可能导致拱胀和开裂，影响路面性能。

2.低温抗裂性

冬季低温时，路面材料的抗低温能力尤为重要。如果抗低温能力不足，材料会发生收缩、脆化甚至开裂。水泥路面也可能因收缩而产生裂缝，气温骤变时则可能发生翘曲或破坏。

3.水温稳定性

在雨季，路面必须具有一定的防水、抗水或排水能力。如果路面结构在长期浸水后强度下降，就容易出现剥离、松散、坑槽等问题。因此，路面设计需特别重视材料的稳定性能以及排水系统的构建。

（四）良好的平整度

路面的平整度直接影响行车的舒适性和安全性。平整的路面能够减少行车过程中的振动，降低车辆受到的冲击力，提高行车速度和经济性。道路等级越高，对路面平整度的要求越高。

如果路面不平整，车辆会产生附加振动，不仅导致行车颠簸，增加车辆磨损和燃油消耗，还会因振动作用对路面施加额外冲击力，加速路面损坏。此外，路面不平整还容易积水，进一步加剧路面的破坏程度。平整度的维护与路面强度和刚度密切相关，若路面无法承受车辆荷载的反复作用，便会出现磨损、开裂、沉陷等问题，严重影响平整度。

（五）良好的抗滑性

路面必须具备良好的抗滑性能，以确保行车安全。如果路面表面过于光滑，车轮与路面的附着力会大幅下降，容易出现打滑或空转现象，影响行车速度和操控稳定性，并增加油耗量。在雨雪天气下，尤其是在高速行驶、紧急制动或突然启动时，抗滑性差的路面可能导致严重的交通事故。因此，路面抗滑性需根据不同的交通条件进行优化设计。例如，在高速公路上，因行车速度较快，对路面的抗滑性要求也更高。

（六）良好的耐久性

路面长期暴露在阳光、雨水和空气中，容易受到紫外线照射、水分浸入以及氧化作用的影响，尤其是沥青材料会出现老化，并失去原有技术品质，导致路面开裂、脱落，甚至大面积松散破坏。因此，在修筑路面时，应选择耐久性较好的路用材料，延长路面使用寿命。

四、路面施工的方法

（一）人工路拌法

在20世纪80年代以前，我国路面施工主要依赖人工路拌法。这种方法包括人工摊铺土料或石料、人工搅拌混合料，以及利用简易机械进行压实。具体而言，基层施工采用人工翻拌法或人工筛拌法；而在沥青面层施工中，常应用沥青贯入法，并使用人工冷拌沥青混合料或通过炒盘人工拌制沥青混合料。

人工路拌法的显著特点是对劳动力的依赖程度高，劳动强度大，施工效率低。此外，由于操作过程主要依靠人工完成，工程质量容易受到人为因素的影响，稳定性较差。同时，由于防护措施较为简陋，安全生产面临较大挑战。尽管这种方法已逐渐被淘汰，但在施工条件有限的地区仍有一定的应用价值。

（二）机械路拌法

进入20世纪80年代后，机械路拌法逐渐取代人工路拌法，成为路面基层施工的主要方式。其基本工艺是：通过人工或机械将路用材料分层摊铺，然后使用路拌机械进行搅拌、整形，最后碾压成型。这种方法在路面底基层及二级及以下公路的路面基层施工中被广泛采用。

机械路拌法的主要优点是显著减少了人工投入，提高了施工效率，并能保证混合料的搅拌质量。然而，如果拌和深度控制不严，容易出现素土夹层等质量问题。因此，对于高速公路和一级公路，除与土基直接相邻的路面底基层外，一般不采用机械路拌法，而是优先选择厂拌机铺法。

（三）厂拌机铺法

随着高速公路建设的迅速发展，无机结合料稳定粒料路面基层得到了广泛应用，而厂拌机铺法成为这种结构施工的主要方法。此外，沥青碎石路面、沥青混凝土路面以及水泥混凝土路面的施工也普遍采用厂拌机铺法。

厂拌机铺法的核心工艺是：在专门的厂拌机械中准确配比和搅拌混合料，再利用摊铺机械完成路面的铺设。其主要特点是机械化程度高，能够确保混合料的配比精确，铺设厚度和高程控制直观，施工质量较为稳定。尽管厂拌机铺法效率高、质量优，但其对运输车辆的需求较大，施工成本较高，因此适用于高速公路和一级公路等对路面质量要求较高的项目。

以上三种施工方法各有特点，其适用范围也因施工条件和技术要求而有所不同。从人工路拌法到机械路拌法，再到如今广泛应用的厂拌机铺法，我国路面施工技术经历了从手工化到机械化、自动化的转变。随着现代交通需求的不断提升，选择科学、合理的施工方法不仅可以提高施工效率，还能显著提升路面的质量与耐久性，为道路的长期稳定运行提供坚实保障。

第四章　市政道路工程的施工方案

第一节　施工方案及技术措施

单位工程施工组织设计是指以单位工程为主要对象编制的施工组织设计，对单位工程的施工过程起指导和制约作用。单位工程施工组织设计是一个工程的战略部署，是宏观定性的，体现指导性和原则性，是一个将建筑物的蓝图转化为实物的总文件，内容包含了施工全过程的部署、选定技术方案、进度计划及相关资源计划安排、各种组织保障措施，是对项目施工全过程的管理性文件。本章以某市政道路工程为例进行阐述。

一、总体施工方案

（一）现场施工条件

某市政道路工程，起点K7+800，南至南绕城高速，全长2400 m（另含文德路318 m），共划分为2个标段。第一段北起K7+800，南至K9+119，全长1319 m。第二段北起K9+119，南至南绕城高速，全长1081 m，另含文德路318 m。

1.一段现场施工条件

本段全长1319 m。

（1）一段北段基本位于现状道路上，沿现状道路向北通往G104。由于二期工程正在施工，现状路过往大型施工车辆较多且破损严重，道路两侧主要为在建工地及民房等。

（2）一段中部基本位于现状道路东侧沟渠或荒地上，道路处现状地面比现状道路高程低2～3 m，道路处现状多为建筑垃圾、树木或杂草等。

（3）一段南段位于邵而庄，周边民房、商铺较多且工程位置处已基本拆除，周边有雨污水管线。经过邵而庄后，向南约100 m到达一、二段分界点，邵而庄以南现状为一片荒地，地势平坦。

2.二段现场施工条件

（1）二段外环路北段位于外环路高架桥下方，现状主要为沟渠（陡沟、陡沟支沟）、农田或荒地等，且现状地面起伏较大。外环路高架桥项目部已进场施工，并在局部路段修筑了施工便道。

（2）外环路南段现状多为荒地，地势平坦，与现状道路高程相差不大；终点处与现状沥青砼路面顺接，顺接处杂草较多，须进行清表处理。

（3）文德路与外环路交叉口处地势较高，现场土石方堆放较多且外环路正在施工中；文德路中部地势低洼，现状多为建筑垃圾、树木、农田、民房等；文德路与二环南路交口处有雨水箱涵一座，箱涵处杂草较多。

（二）施工区域划分及施工安排

1.一段施工区域划分及施工安排

（1）施工区域划分。根据施工内容和施工范围分布及现场勘查情况，考虑到本工程施工内容多、工程量大、线路较长，为保证工程顺利实施，拟将本工程一段分为施工一区和施工二区，两个施工区平行施工，各施工区内组织流水施工。

①施工一区。施工一区包括外环路K7+800—K8+500施工范围内所有工程内容施工。

②施工二区。施工二区包括外环路K8+500—K9+119施工范围内所有工程内容施工。

（2）总体施工安排。考虑到本工程一段地面道路与高架桥位置重叠且工期大致相同，相互干扰较大，并且答疑文件明确要求"应考虑高架桥对地面道路施工的影响"的情况，拟将本段划分为4个施工阶段：道路土石方及挡墙施工阶段、高架桥上部结构施工阶段、地面道路及管线施工阶段、沥青砼面层及附属施工阶段。

首先进行道路土石方施工。道路土石方施工完毕后，在进行高架桥下部结构施工过程中同时完成挡土墙施工。高架桥上部结构施工完毕、支架

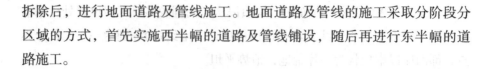

拆除后，进行地面道路及管线施工。地面道路及管线的施工采取分阶段分区域的方式，首先实施西半幅的道路及管线铺设，随后再进行东半幅的道路施工。

（三）各施工阶段具体安排

根据前述施工区划分情况可知，两个施工区施工内容基本相同，但施工现场周边情况不同。施工过程中根据现状情况进行组织，具体施工安排如下。

1.施工准备

进场后首先进行施工准备工作，完成人员、机械设备进场及施工前期测量放线工作。

2.道路土石方及挡墙施工阶段

外环路K7+800—K8+100段地面道路与现状路重叠，可利用现状路作为施工便道，在现状路两侧进行路基土石方填筑施工。

外环路K8+100—K8+500段地面道路位于现状沟渠处，无现状路，采取封闭施工。

道路土石方施工完毕后，在高架桥下部结构施工过程中，同时完成挡墙施工和K8+890—K9+072段雨水连接管及出水口施工。

3.高架桥上部结构施工阶段

道路土石方及挡墙施工完毕后，进行高架桥上部结构施工。

4.地面道路及管线施工阶段

完成高架桥的上部结构施工并拆除支架之后，接着进行地面道路及其配套管线的建设工作。地面道路及管线的施工采用分阶段分区域的方式进行，首先着手于西半幅的道路及管线铺设，待完成后，再转向东半幅地面道路的施工。

（1）首先进行原水、燃气管线施工，然后进行西半幅道路结构层施工；西半幅两个施工区道路结构层全部（除沥青砼面层外）施工完毕后，统一进行西半幅沥青砼中下面层施工。

（2）西半幅沥青砼中下面层施工完毕并进行交通改线后，进行东半幅道路结构层施工；考虑到此时进入冬期施工，东半幅道路结构层施工至水稳基层完毕后，进行覆盖保温处理。

5.沥青砼面层及附属施工阶段

天气回暖后，进行东半幅沥青砼中下面层施工，然后统一进行全线沥青砼上面层施工，最后进行边坡防护施工。

6.竣工清理

全部工程内容施工完毕后，进行现场清理，准备竣工验收。

二、施工准备技术措施

施工准备阶段是项目部实施生产的首要环节，结合本工程的具体情况，开工前做好如下准备工作。

（一）现场施工准备工作

（1）接通施工临时供水、供电线路。

（2）修建为施工服务的各类暂设工程及辅助、附属设施。

（3）组织施工力量，调整和健全施工组织机构。

（4）组织材料、半成品的加工、订货和分批进场。

（5）施工机具的维修、组装、试验、测试和鉴定。

（6）进行现场的场地准备。根据施工计划，平整施工现场，以便于组建办公室、宿舍及材料加工场地等。

（7）根据现场情况、设计要求及施工计划，现场平面布置如下。

①项目部设置。一段。组建"一段项目部"，项目部下设两个项目分部：道路工程项目分部和管网工程项目分部。各项目分部分别负责各自专业范围内工程的施工。二段。组建"二段项目部"，该管理部下分为两个分支机构：项目一分部和项目二分部。各项目分部分别负责各自施工范围内工程的施工。项目分部设仓库、民工宿舍、材料加工、堆放场地和机械停放场地等，项目总部设办公室、各职能部室及职工宿舍等；各种配套设施满足招标文件、业主的要求。

②临时用水。生活用水和施工用水由沿线居住区、单位接入，每标段现场各配备2台8000 L洒水车，以用于施工用水运输及现场洒水养护、抑尘。

③临时用电。现场施工用电由现场高压线接入变压器，二环西沿线市政电力系统可考虑接入临时用电及生产生活用电，在各个施工面设置配电箱以便从线路接电，现场配备备用发电机用于用电高峰期或停电时使用。

④施工围挡。根据本工程现场条件，进场后沿施工范围红线全部采用标准统一硬质围挡封闭施工区域，将施工区域与生产生活区分隔开，做到文明施工。施工围挡喷涂统一标志，并在围挡外侧上设置夜间警示灯等设施。

⑤卫生设施。提前与当地医疗机构联络，构建和谐伙伴关系，保证管理施工人员的身体健康。

上述施工准备工作按计划完成后，按开工报告制度申请开工。

（二）建立施工的技术条件

（1）编制详细的施工组织设计。

（2）编制各分部工程的计划成本。

（3）编制各分部工程的计划网络图。

（4）编制各分部工程的材料、机械设备计划。

（5）确定各种混合料实验配合比及生产配合比。

（6）配备建设部及交通部颁布的设计规范、市政施工技术规范、质量验收评定标准，国家及有关部委颁发的标准、规范及规程。

（三）建立施工的物资条件

（1）对材料市场进行调查、询价、订购、检验，对原材料进行提前储备。

（2）调试砼拌合站、稳定土拌合站及沥青混凝土拌合站，组织现场机械设备的进场、安装和调试。

（3）落实临时设施，包括临时办公室、临时料场、用水、用电、交通通信设施等。

①办公区设置钢制彩板房，主要供项目部、项目分部、会议室使用；

②生活区设置活动板房，供现场施工管理人员住宿；

③在施工现场设置机械停置场地。

（4）落实临时用水、用电等。

（5）落实钢筋、混凝土及其他工程用材料的供应能力。

（四）组织施工力量

落实劳务队伍，签订劳务合同。重点考查施工队伍资质，主要包括施工能力和技术水平两方面，择优选择，并与之签订劳务合同、安全合同等。

（五）做好项目管理的基础工作

1.建立以责任制为核心的规章制度

（1）岗位责任制。使人人有基本职责，有明确的考核标准，有明确的办事细则。

（2）经济管理规章制度。如内外合同制度、考勤制度、奖惩制度、领用料制度、仓库保管制度、内部计价及核算制度、财务制度等。

2.标准化工作

标准化工作，包括技术标准、技术规程和管理标准的制定、执行和管理工作。

3.制定各类技术经济定额

根据项目管理的实际情况，制定反映项目水平的劳动消耗定额，以便指导完成对施工队伍的管理。

4.进行技术经济调查

（1）调查该地区的气象、水文、地质、地形等情况；

（2）调查地方材料市场及供应情况，如水泥、砂、石等地方材料的生产、质量、价格、供应条件等，同时必须了解材料供应季节性的特点，必要时提前进行储备；

（3）调查施工地区的交通运输条件，如现有交通运输设施条件以及可能为施工服务的能力大小等。

三、施工测量技术措施

（一）施工测量准备

由项目技术部专业测量人员成立测量小组，根据给定的坐标点和高程控制点进行工程定位、建立导线控制网。按规定程序检查验收，对施测组全体人员进行详细的图纸交底及方案交底，明确分工。所有施测的工作进度及逐日安排，由组长根据项目的总体进度计划进行安排。

（1）严格执行测量规范；遵守先整体后局部，先控制后碎部的工作程序；先确定平面控制网，后以控制网为依据，进行各局部轴线的定位放线。

（2）必须严格审核测量原始数据的准确性，坚持测量放线与计算工作同步校核的工作方法。

（3）定位工作执行自检、互检合格后再报检的工作制度。

（4）测量方法要简捷，仪器使用要熟练。在满足工程需要的前提下，力争做到省工、省时、省费用。

（5）明确为工程服务，按图施工，质量第一的宗旨。紧密配合施工，发扬团结协作、实事求是、认真负责的工作作风。

（二）测量工具仪器准备

配备经过国家有关计量部门鉴定合格的仪器设备。

每标段配备精度不低于1的全站仪4台、DS2水准仪12台。

（三）施工测量组织管理

为做到测量成果的准确无误，本工程测量工作坚持三级管理，配备测量经验丰富的技术人员和先进测量仪器。工区测量小组进行日常的施工放样工作；项目部测量队对工区测量小组工作进行检查、校核、监督和控制；公司精测队负责布置、测量加密控制点，复测导线控制点和水准点。在工程的各个施工阶段，严格执行测量多级复核制，并且所有上报的测量成果均须附有测量原始资料。

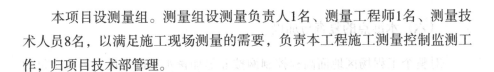

本项目设测量组。测量组设测量负责人1名、测量工程师1名、测量技术人员8名，以满足施工现场测量的需要，负责本工程施工测量控制监测工作，归项目技术部管理。

（四）控制测量

在施工前进行控制点的加密埋设和联测。在工程施工中，布设导线，采用复合导线来进行控制测量。导线测量按导线测量技术相关规定要求进行施测，观测左角，测角中误差、两半测回差、角度闭合差、坐标相对闭合差符合技术规范要求。全站仪测边时，测距中误差为±15 mm；每站测四次，取其平均值；再取相邻两站（同一边）的平均值，作为该边的边长。

水准测量按四等水准测量技术要求进行，闭合差小于20 mm（L为水准路线长，以km计）。测量成果及时上报监理，测量成果得到监理工程师的批准签认后，方可作为以后施工和检测的依据。

导线点和水准点选在地势较高、通视条件好、方便安置仪器的牢固地方。导线联测时和相邻的导线闭合，并至少测过一个导线点和水准点，以确保测量的连续性和准确性，从而避免将来出现测量误差或连接错误。

（五）控制点复核测量

在施工前进行控制点复核测量，核对设计路线，补桩或加桩，使各项中线桩完整无缺，以便准确地进行施工放样。施工测量按招标文件技术规范、施工图纸及相关规定执行。

依据路线平面图，直线、曲线及转角点一览表，护桩记录等进行核对查找。对整个工程场区地面平面控制网按精密导线网布设，对丢失的桩位应及时采取补测措施。补测转角点桩时，采用延长切线法，交出丢失的转角点桩，并打钉护桩保护。补测转点桩，采用正倒镜延长直线法重新补测。对施工时难以保留的桩，如加桩、曲线上各点桩，加钉护桩予以保护。加钉护桩的方法是：护桩上标出相应的桩号和量出的距离，同时绘制草图并记入记录簿内，以备查用。

（六）水准点的复查与加设

对整个工程场区地面高程控制网按Ⅱ等加密水准网布设。复核交付的水准点，并进行水准点闭合，达到规范标准要求；超出允许误差范围时查明原因并及时更正。

施工水准测量在相邻两个高程控制点间，采用符合水准测量方法。临时设置水准点与设计水准点复测闭合，允许闭合差为±12 mm，其中L为两控制点间距即水准线长度，以km计。临时水准点在道路施工范围采用200~300 m设置一个。临时水准点的距离以测高不加转点为原则，平均取200 m左右。临时设置的水准点设置坚固稳定，对跨年度或怀疑被移动的水准点应在复测校核后方可使用。

中线复测后，进行标平和中平测量，复核水准点一览表中原设水准基点标高和中线。

（七）桩点设置及拴桩

控制点采用钢筋砼桩，在砼桩顶面的铁板上标出点位位置。

为防止基准点在施工过程中遭受损坏，须对各主要基准点进行拴桩保护。万一基准点损坏，可通过拴桩点迅速恢复。

（八）地面高程控制测量

控制点采用钢筋砼桩，在砼桩顶面的铁板上标出点位位置。

对于施工时的高程控制测量，采用复核或增设的水准基点，按二等水准测量要求把高程引测至红线内，并在红线内设置水准基点，且不能少于两个，通过红线内和地面上的水准基点对本工程道路、管线施工进行高程控制测量。

水准基点设在施工范围以外，便于观测和寻找的岩石或永久建筑物上，或设在埋入土中至少1 m的木桩或混凝土桩上。其标高应与原水准基点相闭合，符合精度要求。

第二节　施工期间交通组织方案

以某高速三期工程为例，阐述施工期间交通组织方案。

一、交通组织的总体指导思想

（1）某市政道路工程施工展开后，新建地面道路施工、管线施工会给道路沿线单位、商铺和居民出行带来不便，同时会影响到其他社会车辆通行，因此施工期间要充分做好交通疏导工作。

（2）积极与交警部门联系，共同协商交通分流方案，既要满足施工要求，又要满足施工段的交通流量要求，维护现场原有的交通设施，接受交通管理等有关部门的管理指挥。

（3）交通疏导的总体指导思想是，工程施工过程中采用封闭施工，社会车辆绕行，施工车辆及驻地车辆、行人按疏导方案通行。当现场施工与交通有矛盾时，应积极配合交警疏导交通。

（4）施工期间实施开设路口、改变车道位置等方案前均需认真做好交通方案。为方便沿线居民出行，设置安全便道，施工中产生的沟槽处设置防护设施和安全警示标志及夜间警示灯。

（5）某市政道路工程地面道路施工与高架桥施工（已单独组织招标）相互干扰较大，须积极配合高架桥施工单位，采取措施保证周边道路不中断和安全通行。

二、施工过程的交通组织方案

（一）成立交通疏导领导小组

某市政道路工程在施工期间成立交通疏导领导小组，负责协调各管理部门，解决好交通疏导与交通安全的问题。领导小组由项目经理任组长，技术负责人任副组长，确保交通疏导安全、顺利地进行。

交通疏导领导小组主要成员职责如下。

组长：项目经理，总协调、总负责。

副组长：项目技术负责人，负责交通组织方案的编制、报审，监督检查交通组织方案的现场执行。

副组长：项目副经理，负责交通组织方案的落实，按批复的交通组织方案摆放交通标志，搭设施工围挡、路向指示标志、照明装置和警示装置，实施交通疏导方案。

交通协管员和安全员：负责日常交通安全事务检查、监督和管理。

（二）交通组织策划

1.一段交通组织策划

为确保施工的顺利进行，同时确保两侧居民、单位车辆的正常出入，采取分段半封闭施工的整体思路。半封闭施工期间的交通为区域内交通，驻地车辆双向通行，就近交叉路口进行分流。

一段根据外环西路地面道路与现状路相交情况制定交通方案，其中北段有现状路段可作为过往行人及车辆通行道路；中部及南段无现状路段，仅做施工便道，不对外部行人及车辆开放。

2.二段交通组织策划

二段全线无现状路，进场后在地面道路处修筑施工便道，作为高架桥施工便道；高架桥施工完毕后，地面道路管网分幅施工。考虑到某市政道路工程沿线无现状道路，因此施工便道不对外部行人及车辆开放。

（三）施工段各施工阶段交通组织

1.一段施工段各施工阶段交通组织

鉴于某市政道路工程中有一段地面道路与高架桥的位置重合且施工期限相近，两者之间存在较大施工干扰，同时答疑文件中明确指出"应考虑高架桥对地面道路施工的影响"，计划将此路段分为以下四个施工步骤：道路土石方及挡墙施工阶段、高架桥上部结构施工阶段、地面道路及管线施工阶段、沥青砼面层及附属施工阶段。具体交通组织如下。

（1）道路土石方施工阶段交通组织。外环西路K7+800—K8+100段地面道路与现状路重叠，可利用现状路作为施工便道，在现状路两侧进行路基土石方填筑施工。

（2）高架桥上部结构施工阶段交通组织。在进行桥梁上部结构施工期间，由于缺少可供作业的空间，地面道路施工会暂停，同时会配合高架桥的施工团队，共同做好交通疏导和组织工作。

（3）地面道路及管线施工阶段交通组织。在完成高架桥的上部结构施工并且拆除所有支撑架之后，随即展开地面道路及其管线的施工作业。地面道路及管线施工采取分幅施工，即先进行西半幅地面道路及管线施工，后进行东半幅地面道路施工。①首先进行西半幅原水、燃气管线施工，然后进行西半幅道路结构层施工，此时利用东半幅快车道作为施工便道；②西半幅沥青砼中下面层施工完毕并进行交通改线，利用西半幅新建道路作为施工便道，进行东半幅道路结构层施工。

（4）沥青砼面层及附属施工阶段交通组织。天气变暖后，将利用已经建成的西半幅道路作为临时施工通道，以便于在东半幅道路上进行沥青砼中下层铺设工作。然后统一进行全线沥青砼上面层施工；最后进行边坡防护施工。

2.二段施工段各施工阶段交通组织

考虑到某市政道路工程二段外环西路与文德路相距较远，两个施工区独立组织施工，其中以外环西路地面道路施工为主线。具体交通组织安排如下。

（1）外环西路交通组织。①道路土石方及桥涵施工阶段交通组织。外环西路有高架桥段地面道路位于现状荒地、沟渠处，无现状路，采取封闭施工，外部车辆不得通行。外环西路有高架桥段地面道路位于现状荒地处，无现状路，采取封闭施工。道路土石方施工完毕后，在高架桥下部结构施工过程中，同时完成陡沟桥、陡沟支沟桥及挡土墙，此时利用高架桥两侧已填筑地面道路作为施工便道。②桥梁上部结构施工阶段交通组织。桥梁上部结构施工时，因无施工工作面，停止地面道路施工，配合高架桥施工单位做好交通组织工作。③地面道路及管线施工阶段。高架桥上部结构施工完毕、支架拆除后，进行地面道路施工。地面道路施工采取分幅施工，即先进行西半幅地面道路施工，后进行东半幅地面道路施工。（a）高架桥支架拆除后，利用东半幅作为施工便道，进行西半幅道路结构层施工。（b）西半幅沥青砼中下面层施工完毕并进行交通改线，利用新建西半幅道路作为施工便道，进行东半幅道路结构层施工。④沥青砼面层及附属施工阶段交通组织。天气回暖后，利用西半幅新建道路作为施工便道，进行东半幅沥青砼中下面层施工；然后统一进行全线沥青砼上面层施工；最后进行边坡防护施工。

（2）文德路施工交通组织。考虑到文德路仅能从现状G104进出，而雨水箱涵正好位于从G104进入文德路入口处，因此首先集中力量进行雨水箱涵施工；雨水箱涵施工完毕后进行道路管网施工，道路管网按照"先快车道道路管网，后慢行一体道路管网"的顺序施工。①雨水箱涵施工交通组织。雨水箱涵采用跳仓法施工，利用现状G104作为施工便道。②快车道道路管网施工交通组织。雨水箱涵施工完毕后，利用两侧非机动车道作为施工便道，进行快车道道路管网施工。③慢行一体道路管网施工交通组织。快车道道路管网施工完毕后，进行交通改线，利用新建快车道作为施工便道，进行慢行一体道路管网施工。

（四）施工区域交通临时标志及设施的设置

为保证施工期间施工范围内的道路畅通，需要根据交警部门的要求设置交通临时标志及设施。

1.交通标志设置

在封闭道路施工期间，在相邻道路及支路入口布设交通标志，提前提醒车辆绕行，以减少施工区域内的交通压力。在施工区域外的相邻道路上设置醒目的交通提示牌，提前通知市民选择绕行的道路，并在地面上设置交通导流标志，减少对交通的影响。

在进行道路车道封闭前应提前对周围市民及单位进行通知，使过往的车辆及行人能提前选择绕行道路，降低该路段的交通压力，减少车辆拥堵现象的发生。

在管道施工过程中，给沿线居民预留通行便道，沿线小型出入口在沟槽上架设便桥，方便居民通行。

2.交通设施的设置

（1）施工期间采用硬质施工围挡将施工区与通行区分开，在沿线单位及小区设置出入口，供施工车辆及施工人员进出施工区域，两侧车辆在路口集中导流疏解，保证交通顺畅。

（2）在路口处设置交通协勤岗，每一协勤岗安排2名协勤员，在路口前方设置告示牌和交通分流示意图，对行人及过往车辆进行疏导。

（3）根据现场情况，在施工区域与非施工区域设置分隔设施。根据工程文明施工要求，封闭施工，均采用统一高度的围挡。分隔设施做到连续、稳固、整洁、美观。安排专人值班，确保行人及车辆安全。

（五）交通安全保证措施

（1）施工中坚决贯彻"安全第一、预防为主"的方针。必须严格贯彻执行各项安全组织措施，切实做到安全生产。

在道路交叉口及小型出入口处设置硬质透明围挡，利于车辆驾驶员及行人的有效视野，保证车辆及行人的安全。

（2）成立"施工交通管理领导小组"，并设立专门的"交通协管员"和"安全员"岗位，需穿着统一制服，并在完成由相关部门组织的专业培训后，持有合格证书上岗工作。

（3）结合以往施工经验，编制切实可行的交通疏导方案，由交通协调部配合专职的"交通协管员"和"安全员"共同负责实施交通疏导计划。他们将紧密协作相关部门，在必要的路口设置清晰的交通指示牌和安全施工宣传标识，并安排专门的交通协调人员，协助交通管理部门引导行人与车辆通行，以保障交通顺畅与施工安全。

（4）在施工过程中，对于管线沟槽和基坑及时采用围挡进行封闭，并设置防护警示标志，夜间设置警示灯，保障行人及车辆的安全。

第五章 市政道路工程施工措施

第一节 安全施工措施

一、施工安全管理目标

（一）管理方针

坚持"安全第一、预防为主、综合治理"的安全管理方针，以安全促生产。管理目标是达到安全文明施工样板工地标准。

（二）安全目标

安全目标是零伤亡，杜绝重大安全事故，施工现场文明规范，确保安全生产。

二、安全生产管理机构及人员职责

安全管理委员会是公司级的安全生产管理机构；总经理担任安委会主任，是安全生产第一责任人。国家安全部是公司安委会的常设办事机构，配备安全管理、土建、机械、电气、消防等专业人员，具体负责日常的安全生产监督管理。工程项目部成立安全生产管理小组；项目经理担任组长，为工程项目的安全生产第一责任人。项目部设立施工安全组，配备专职安全员4人，具体负责工程项目日常的安全生产监督管理。各生产班组设兼职安全员，配合专职安全员的工作。项目部设立管线保护组，指定项目副经理为责任人，安全员兼任巡查协调员，将管线保护放在首位，在地下管线情况不明了的情况下严禁开挖施工。

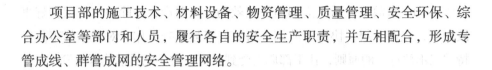

项目部的施工技术、材料设备、物资管理、质量管理、安全环保、综合办公室等部门和人员，履行各自的安全生产职责，并互相配合，形成专管成线、群管成网的安全管理网络。

（一）项目经理安全生产职责

（1）认真贯彻执行国家有关安全生产、文明施工的方针、政策、法规标准及公司制定的各项安全生产规章制度，保证工程项目安全生产、文明施工达到工程安全目标标准。

（2）项目经理是某市政道路工程项目安全生产、文明施工领导小组组长，是工程项目安全生产要素的指挥者，是工程项目安全生产、文明施工的第一责任人，对某市政道路工程项目安全生产、文明施工负全面责任。

（3）将安全生产、文明施工纳入工作议事日程。坚持"安全第一，预防为主"的方针，当生产与安全发生矛盾时，生产必须服从安全。

（4）组织好某市政道路工程项目定期和不定期的安全生产、文明施工检查，发现施工生产中不安全问题，组织制定措施及时解决。对业主及有关部门提出的安全生产与管理方面的问题，定时、定人、定措施予以解决。

（5）项目经理要组织好每月安全生产、文明施工工作会议，传达业主及有关部门的安全生产会议精神，做到安全生产警钟长鸣，常抓不懈。

（6）要选责任心强、业务素质高、热爱本职工作的人任专职安全员，要大力支持他们的工作；充分发挥安全员在安全生产中的作用，使他们在生产方面真正有职、有责、有权。

（7）有权拒绝不安全的指令，做到不违章指挥；对违章指挥、违章作业人员，根据情节分别给予批准教育、罚款及行政处分，使责任者和职工受到教育。

（8）保证本项目安全防护用品、施工用电气产品的质量。对本项目安全防护用品及施工用电气产品，执行准用证制度。严禁购买和使用伪劣的安全防护用品及施工电气产品。

（9）组织落实施工组织设计中安全技术措施，组织并监督项目工程施工中安全技术交底制和设施验收制度的实施。

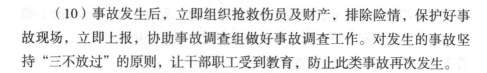

（10）事故发生后，立即组织抢救伤员及财产，排除险情，保护好事故现场，立即上报，协助事故调查组做好事故调查工作。对发生的事故坚持"三不放过"的原则，让干部职工受到教育，防止此类事故再次发生。

（二）项目副经理安全生产职责

（1）正确处理好生产与安全的关系，认真贯彻执行国家有关的各项安全生产、劳动保护和文明生产的方针政策、法规及本公司的规章制度，协助项目经理建立健全落实工程项目部安全生产责任制。

（2）制定和组织实施工程项目的劳动保护措施计划。及时发现和消除不安全因素，对工程项目不能解决的问题要及时采取应急安全措施，并及时向项目经理报告，妥善处置。

（3）组织项目部各类人员开展安全教育活动，组织职工进行三级安全教育。保证上岗的独立操作人员已经接受了安全培训，并通过考试获得合格成绩，持有有效的安全操作证书，之后方可被允许进行独立操作。

（4）协助项目经理制定工程项目各工种的安全操作规程，严格水源和饮食服务管理，要求相关管理人员做好防投毒、防污染的工作，确保饮水、饮食安全。

（5）检查安全规章制度的执行情况，保证工艺文件、技术资料和设施等符合安全要求；监督和消除习惯性违章和制度性安排中不符合安全生产要求的情况；制定的经济责任中的内容要利于安全生产管理和加强各级人员的安全职责；对已投入的安全应急设施要保证完好、随时可用，并落实责任，做好管理、检查和维护工作，确保在岗人员正确使用。

（6）负责组织项目部技术管理人员对工艺规程、操作规程、检修规程和安全技术规程进行日常性的修订，以变更卡的形式进行日常性修订的审批，并报相关部门备案。

（7）对重大工艺技术修订前以及涉及跨行业的工艺技术规程修订前，应报相关职能部门审核，经公司分管生产安全的领导批准后方可实施。

（8）组织各级管理人员不断完善各施工队关联作业之间合理的分工协作，确保网络化、多层次的监护作业。

（9）负责根据项目施工情况及岗位的工作性质和工作量，安排好保证安全生产的最低在岗的安全作业人数。

（10）协助项目经理领导项目部安全工程师及相关人员、岗位（组）长和班组安全员的安全管理工作，组织开展安全生产竞赛活动，总结推广安全生产经验，表彰安全生产先进员工。

（11）组织并参加项目部各类险情和事故调查、分析和处理。对险情和事故要查明原因，总结教训，采取改进措施。发生伤亡事故时，要紧急组织抢救，保护现场，立即上报业主和有关部门，立即停工并采取应急防范措施，避免事故扩大和重复发生。

（12）完成项目经理交办的其他有关工作。

（三）项目总工程师安全生产职责

（1）认真贯彻执行国家有关安全生产的方针政策、法规标准及本公司制定的各项安全生产规章制度，使施工项目的安全生产达到标准化、规范化。

（2）对项目施工生产经营中的安全生产、文明施工负技术责任。

（3）以保证安全生产、文明施工为原则编制施工方案，使施工始终处于安全的良好状态。在解决施工难点时从技术措施上保证安全生产。

（4）对新工艺、新技术、新设备、新施工方法要编制相应的安全技术措施和安全操作规程，保证生产安全。

（5）参加项目安全生产、文明施工工作会议，编制职工安全生产教材。参加定期的安全生产检查，对查出的事故隐患提出技术性的整改措施，并监督检查执行情况。

（6）负责编制项目安全生产组织设计及安全技术交底工作，并做好交底签字手续入档。

（7）主持制订技术措施计划和季节性施工方案的同时，制定相应的安全措施并监督执行，及时解决执行中出现的问题。

（8）项目发生重大伤亡事故，针对事故原因，编制预防事故再次发生的技术措施。

（四）施工技术部安全生产职责

（1）对所有负责的工程、项目的安全生产负直接责任，不违章指挥，制止违章冒险作业。

（2）对管辖范围内的安全防护及设施、机、电、脚手架等，负直接的管理责任。

（3）认真贯彻执行国家的安全生产方针、政策、法令、规程制度和上级批准的组织设计施工方案。

（4）在计划、布置、检查、总结、评比生产的同时，必须把安全生产落实到具体环节中去，特别要做好有针对性的书面技术交底。遇到生产与安全发生矛盾时，生产必须服从安全。

（5）指导所属的工程队办好安全日活动，组织学习安全操作规程，并检查执行情况。教育工人正确使用安全防护用品。

（6）发生重大伤亡事故、重大未遂事故，要保护现场并立即上报。

（7）有权拒绝不科学、不安全的生产指令。

（五）安全管理部安全生产职责

（1）认真贯彻执行国家、上级部门有关安全生产的方针、政策及法规条例、制度等文件精神，并组织落实。

（2）负责组织制定（修改）安全生产的制度、规程，经主管领导批准后发布，组织执行。

（3）负责组织各种安全生产检查。对检查出的事故隐患和安全设施问题，督促相应施工队限期整改。对重大险情有权下达停工令，并报告主管领导。险情处理完后，经检查合格，方可开工作业。

（4）负责组织安全生产的宣传教育，协同有关部门对工人进行三级安全教育和组织特种作业人员的培训考核工作。

（5）组织推广目标管理、应用安全系统工程、标准化作业、网络化管理等现代化安全管理方法，不断提高安全管理水平及事故预防预测能力。

（6）负责编制并组织实施中、长期安全生产规划和年度安全技术措施计划及年、季、月安全生产工作计划，并督促检查落实情况。帮助施工队解决实施中存在的问题。

（7）参加和主持事故的调查处理。按照"三不放过"的原则，对事故责任人提出处理意见，并采取防止事故再次发生的措施。

（8）经常深入施工现场检查和了解安全施工生产状况，做好当日的安全工作日志。对施工中存在的不安全行为和隐患应立即制止，对严重的"三违"行为按章处理。

（9）负责组织开展安全竞赛活动和总结交流推广安全施工生产经验，协助施工队做好安全宣传教育工作，定期向主管领导汇报安全生产开展情况，并按领导对安全工作的指示，协同有关部门落实。

（10）负责组织编写简报和通报，报道安全生产方面的好人好事，向职工报告安全生产情况。

（11）监督检查安全防护设施和劳动防护用品的质量，要求采购部门严禁购买伪劣产品。

（六）施工队队长安全生产职责

（1）认真贯彻执行国家有关安全生产文明施工的条例、标准、方针、政策及本公司在安全生产、文明施工方面制定的各项规章制度，对所管工程的安全生产、文明施工负直接责任。

（2）参加安全生产、文明施工领导小组会议，组织好施工班组安全生产教育活动，提高全体职工安全生产思想意识。

（3）做好入场新工人上岗前三级教育工作和变换工种职工新岗位教育考核工作，提高新岗位职工安全生产操作技能。

（4）施工队队长是施工生产的指挥者，对安全生产负有直接责任。当遇到生产与安全发生矛盾时，生产必须服从安全。施工队队长有权拒绝不安全的生产指令，制止违章指挥、违章作业；对违章指挥、违章作业的直接责任者，根据情节分别给予批评教育和经济惩罚。

（5）配合公司每月进行一次安全生产检查评分；对检查发现的问题负责组织三定，按期整改。

（6）负责组织脚手架、钢筋施工、混凝土施工、施工用电及施工机械的检查，并做好交验签字手续。

（7）组织好施工现场的安全生产检查，及时发现事故隐患，并组织按期整改。

（8）对有毒、有害物品要设专库、专人进行严格保管，并建立有毒、有害物品的支领、使用制度，防止意外事故发生。

（9）施工现场的交通道路要平整畅通，排水设施良好，各种机械设备要按施工总平面进行布置，各种材料构件堆放整齐有序，做到安全生产、文明施工。

（10）一旦发生施工现场事故，首要任务是即刻组织对伤员及财产的紧急救援，迅速排除危险状况，同时确保事故现场得到妥善保护，随后立即向上级报告，并积极配合事故的调查处理工作。

三、安全管理制度

（一）安全技术交底制度

根据安全措施和现场情况，各级管理人员逐级进行书面交底。

（二）班前检查制度

责任工程师和专业安全工程师必须督促与检查施工方、专业施工队对安全防护措施是否进行了检查。

（三）周一安全活动制度

项目经理部每周一组织全体工人进行安全教育，对上周安全方面的问题进行总结，对本周的安全重点和注意事项做必要的交底，使广大工人能心中有数，从意识上时刻绷紧安全这根弦。

（四）定期检查隐患整改制度

项目经理部每周组织一次安全生产检查，对查出的安全隐患必须定措施、定时间、定人员整改，并做好安全隐患整改记录。

（五）管理人员实行年审制度

每年由单位统一组织进行，加强对施工管理人员的安全考核，使其增强安全意识，避免违章指挥。

（六）实行安全生产奖罚制度与事故报告制度

危机情况停工制：一旦出现危及职工生命财产安全的险情，要立即停工并报告有关部门，及时采取措施排除险情。

（七）持证上岗制度

特殊工种必须持有上岗操作证，严禁无证操作。

（八）安全培训制度

关键技术岗位的特种作业人员，必须参加由政府有关部门组织的安全作业培训，经考试合格并取得特种作业资格证书，才能上岗作业。

（九）注册安全工程师制度

注册安全工程师制度是依据《中华人民共和国安全生产法》建立的一项重要制度。人事部和国家安全生产监督管理局已联合颁布《注册安全工程师执业资格制度暂行规定》。注册安全工程师的主要职责是向企业提供安全生产管理服务，协助企业主要负责人做好安全生产工作。在生产活动中推行注册安全工程师制度。

（十）安全教育制度

安全教育既是施工企业安全管理工作的重要组成部分，也是施工现场安全生产的一个重要工作方面，安全教育必须贯穿工程施工的全过程。

（1）安全思想教育是保证安全生产的思想基础。

（2）安全知识教育是安全生产的重点。教育内容有：施工生产一般流程；环境、区域概括介绍，安全生产一般注意事项；企业内外典型事故案例介绍与分析；工种岗位安全生产知识；安全生产技术、安全技术操作规程。

（3）安全生产法治教育。教育内容包括安全生产法规和责任制度，法规和有关条文，安全生产规章制度，摘要介绍受处分的先例。

（4）安全纪律教育。教育内容有厂规厂纪、职工守则、劳动纪律、安全生产奖惩制度。

四、主要施工安全风险控制措施

桥梁施工中应注意钻孔灌注桩基础、钢筋加工、混凝土浇筑、脚手架施工、高空作业、预应力张拉及模板搭设与拆除等的安全施工，道路管线施工中应注意旧路破除、路基施工、沥青砼路面等的安全施工，还应注意施工中现场机械设备的安全。针对以上所述，采取预防措施如下。

（一）道路管线施工安全措施

1.旧路拆除施工安全措施

（1）旧路面凿除宜分小段进行，以免妨碍交通。

（2）用镐开挖旧路面时，应并排前进，左右间距应不少于2 m，不得面对使镐。

（3）大锤砸碎旧路面时，周围不得有人站立或通行。锤击钢钎，使锤人应站在扶钎人的侧面，使锤者不得戴手套，锤柄端头应有防滑措施。

（4）风动工具工凿除旧路面，应遵守下列规定。①各部管道接头必须紧固，不漏气；胶皮管不得缠绕打结，并不得用折弯风管的办法断气，也不得将风管置于胯下。②风管通过过道，须挖沟将风管下埋。③风管连接风包后要试送气，检查风管内有无杂物堵塞。送气时，要缓慢旋开阀门，不得猛开。④风镐操作人员应与空压机司机紧密配合，及时送气或闭气。⑤钎子插入风动工具后不得空打。⑥利用机械破碎旧路面时，应有专人统一指挥，操作范围内不得有人，铲刀切入地面不宜过深，推刀速度缓慢。

2.路基施工安全措施

（1）挖方施工中对地下隐蔽管线的具体位置必须做出明显的标志，向施工人员进行详细的交底。施工人员开挖时要细心、准确，防止挖断电缆线发生触电，防止挖破自来水管或污水管出现漏水，防止挖破煤气管道发生爆炸等现象。

（2）填方施工时，每侧均应宽于该层填筑坡角50 cm，保证压路机碾压时边缘留下足够安全的距离，防止碾压时发生不安全的事故。

（3）在碾压成活的路段上，限制施工车辆行驶时，应用围挡封闭或用旗语指挥；禁止跑到车前去挡车，以免发生车祸。

（4）施工结束，必须清理现场，剩余的石料、泥浆、灰砂浆等不准乱堆乱倒在人行道上，以免影响行人安全。

3.沥青砼路面施工安全措施

（1）沥青操作人员均应进行体检。凡患有结膜炎、皮肤病及对沥青过敏反应者，不宜从事沥青作业。

（2）从事沥青作业人员的皮肤外露部分均须抹防护药膏，工地上应配有医务人员。

（3）沥青操作工的工作服及防护用品应集中存放，严禁穿戴回家和进入集体宿舍。

（4）沥青的加热及混合料拌制宜设在人员较少、场地空旷的地段。产量较大的拌和设备，有条件的应增设防尘设施。

（5）块状沥青搬运一般宜在夜间和阴天进行，尤其应避免炎热季节。搬运时宜采用小型机械装卸，不宜用手直接装运。

4.防止沟槽塌方措施

（1）在沟槽施工前，项目总工对施工人员下发安全技术交底，施工人员要按安全技术交底进行放坡、支撑或护壁。根据施工现场的土质和地下水情况，沟槽要进行边坡支护。沟槽支撑一般分单板撑、井字撑、稀撑、密撑、企口板桩等，根据现场土质、地下水位、槽深、施工季节和槽边建筑物等情况，选用支撑类型。

在第一次开挖的梯形沟槽以下进行沟槽支护，沟槽边开挖边支护。支护采用组合钢撑板，其尺寸为厚6 cm、宽16 cm、长4 m，横向放置；竖撑采用20 cm×20 cm木方，间距1.5 m，中间采用两排Φ63.5 mm×6 mm钢管作为撑柱，间距1.5 m。

（2）施工人员要从上而下逐层挖掘，严禁掏挖。

（3）不得在坑壁上掏挖攀登上下，要从坡道或爬梯上下。

（4）作业中要注意土壁变化，发现裂纹或局部塌方等危险情况，要撤离危险区域并报告施工现场负责人。

（5）要防止地面水流入坑、沟内。

（6）坑槽周围设置防护措施和警示标志。

（二）桥涵施工安全措施

1.钻孔灌注桩基础施工应注意的安全措施

（1）施工作业区内应有明显标志并将设施与非作业区隔离开来，严禁非作业人员进入施工现场。

（2）钻孔机械就位后，应对钻机及配套设备进行全面检查。钻机安设必须平稳、牢固，钻架应加设斜撑或缆风绳。

（3）钻机使用的电缆线要定期检查，接头必须绑扎牢固，确保不透水、不漏电；对经常处于水、泥浆浸泡处应架空搭设。挪移钻机时，不得挤压电缆线及风水管路。

（4）钻孔使用的泥浆，宜设置泥浆循环净化系统，并注意防止或减少环境污染。

（5）钻机停钻，必须将钻头提出孔外，置于钻架上，不得滞留孔内。

（6）对于已埋设护筒未开钻或已成桩护筒尚未拔除的，应加设护筒顶盖或铺设安全网遮罩，以免掉土或发生人身坠落事故。

2.钢筋加工应注意的安全措施

（1）使用前检查电气、机身接零（地）、漏电保护器是否灵敏可靠，安全保护装置是否完好。

（2）钢筋切断机作业前，应先进行试运转，检查刃口是否松动；运转正常后，方能进行切断作业。切长料时应有专人把扶，切短料时要用钳子或套管夹牢。不得因钢筋直径小而集束切割。

（3）钢筋施工场地应满足作业需要，机械设备的安装要牢固、稳定，作业前应对机械设备进行检查。

（4）使用调直机要加一根长为1 m左右的钢管。被调直的钢筋先穿过钢管，要穿入导向管和调直筒，防止钢筋尾头弹出伤人。

（5）使用切断机时要握紧钢筋，冲切刀片向后退时，将钢筋送入刀口。切断料应用钳子送料，以防伤人。

（6）人工锤击切断钢筋时，钢筋直径不宜超过20 mm，使锤人员和把扶钢筋、剪切工具人员身位要错开，并防止断下的短头钢筋弹出伤人。

（7）使用弯曲机弯曲钢筋时，要先将钢筋调直。加工较长的钢筋时要另有人扶稳钢筋，二人动作协调一致。

（8）钢筋调直及冷拉场地应设置防护挡板，作业时非作业人员不得进入现场。

（9）工作完毕要拉闸断电，锁好开关箱。

3.混凝土浇筑施工中应注意的安全措施

（1）混凝土运输车辆在施工前必须对方向、制动、灯光等安全装置进行检查，在确保性能良好的情况下才允许作业。

（2）夜间施工应装设足够的照明。深坑和潮湿地段施工，应使用低压安全照明电源。

（3）振动器操作人员必须穿胶鞋，振动器必须设专门防护性地导线，并在电源插板上装有漏电保护器，以免设备外壳漏电发生危险。如发生故障，应立即切断电源修理。

（4）振动器等接电要安全可靠，绝缘接地装置良好，并应进行试运转。

4.脚手架施工应注意的安全措施

（1）脚手架搭设与临边防护均采用Φ48×3.5钢管作为基材，以扣件固定。搭设前钢管油漆成红白色标杆。

（2）脚手架钢管搭接长度不小于40 cm，不少于2个扣件。扣件设置钢管末端不少于5 cm，各类扣件必须紧固，使之扭力矩达到40～65 N·m。

（3）脚手架搭设完毕，经验收合格后挂牌施工，架件外侧设置醒目的安全标志，夜间施工配足照明灯光。

（4）脚手架拆除按后搭先拆、先搭后拆，自上而下逐步下降的原则进行并设专人看管，在拆除时禁止向下乱抛物件。

（5）施工人员在脚手架上进行构筑物施工时，根据高度和构筑物类型的不同，应根据实际情况配置相应防护用品。

5.预应力张拉施工安全措施

（1）张拉现场的周围应设置标志以阻拦，禁止无关人员进入危险区域内，梁的两端应设有完善的安全防护措施。在张拉预应力筋时，千斤顶后面严禁有人，以防预应力筋或锚具拉断弹出伤人；已张拉完毕尚未压浆的梁亦应注意这一点。

（2）张拉时应由专人负责指挥，操作时严禁摸踩及碰掉预应力筋，在量测伸长值时应停止开动千斤顶。

（3）千斤顶与空心板的锚垫板接触必须良好，位置正值对称。严禁多加垫块，以防支架不稳或受力不均而倾倒。

（4）孔道压浆时，操作压浆的工人应戴防护眼镜，防止水泥浆喷出伤人。

（5）张拉端的正前方设置厚度不小于5 cm的大板。张拉阶段，严禁非预应力作业人员进入防护挡板与构件之间。

（6）在张拉端测量钢束伸长值及进行锚固作业时，必须先停止张拉，且量测者必须站于被张拉端的侧面。

（7）严格按照安全操作规程进行施工。施工前预先进行交底，每区域施工前对张拉操作人员进行安全教育。

6.防止高处坠落和物体打击措施

（1）桥涵施工，采用多层作业或桥下通车、行人等立体施工时应布设安全网。

（2）穿防滑鞋、戴安全帽。检查安全帽，发现有破损、裂纹要及时更换新的。

（3）各种物料用系绳或溜放的方法放到沟槽，不得向下抛投物料。

（4）从规定的通道或爬梯上下，不得攀爬沟槽壁或在沟槽两边跨越。

（5）在沟槽边沿设置防护设施，未经许可任何人不得改动或拆卸防护设施。

（6）沟槽开挖完成后，要及时清理沟槽两边散乱石块、砖块等。

7.模板搭设与拆除安全措施

（1）模板的安装、拆除必须按模板的施工设计进行，严禁任意变动。

（2）模板及其支撑系统在安装过程中必须设置临时固定设施，严防倾覆。模板在未装对接螺栓前，板面要向后倾斜一定角度并撑牢，以防倒塌。安装过程要随时拆换支撑或增加支撑，以保持模板处于稳定状态。侧

模斜撑的底部应加设垫木。

（3）支模应按施工工序进行。模板没有固定前，不得进行下道工序。

（4）支设立柱模板和梁模板时，必须搭设施工层。脚手板铺满，外侧设防护栏杆，不准站在模板上操作和在模板上行走，更不允许利用拉杆支撑攀登上下。

（5）五级以上大风、大雾、恶劣天气，必须停止模板的安装拆除工作。

（6）模板安装完毕，必须进行检查验收；检查验收合格后，方可浇筑砼。验收单内容要量化。

（7）模板拆除前必须确认砼强度达到规定值，并经拆模申请批准后方可进行。若砼强度报告砼强度未达到规定，严禁提前拆模。

（8）模板安装、拆除前班组长应向操作人员进行安全技术交底，在作业范围设安全警戒线并悬挂警示牌。拆除时派专人（监护人）看守。

（9）模板拆除的顺序和方法是：按先支的后拆，后支的先拆，先拆不承重部分，后拆承重部分，自上而下的原则进行。

（10）在拆模板时，要有专人指挥和切实的安全措施，并在相应的部位设置工作区，严禁非操作人员进入作业区。

（11）工作前要事先检查所使用的工具是否牢固，扳手等工具必须用绳链系挂在身上。工作时思想要集中，防止钉子扎脚或从空中滑落。

（12）拆除模板使用撬棍时，人不许站在撬棍正前方，更不得站在正在拆除的模板上。在拆除模板过程中，应防止整块模板掉下，以免发生意外事故。

（13）在构筑物临边、有预留洞时，要在模板拆除后，随时在相应的部位做好安全防护栏杆，或将板的洞盖严。

（14）拆模间隙时，要将已活动的模板、拉杆、支撑等固定牢固，严防突然掉落。

（15）拆除板、梁、柱模板时要注意：①在拆除2 m以上模板时，要搭脚手架或操作平台，脚手板铺严，并设防护栏杆；②严禁在同一垂直面上操作；③拆除时要逐块拆卸，不得成片松动和撬落、拉倒；④拆除梁板的底模时，要设临时支撑，防止大片模板坠落；⑤严禁站在悬臂结构上面敲拆底模。

（16）每人要有足够的工作面，数人同时操作时要明确分工、统一信号和进行。

（17）高处复杂结构的模板和管架的安装与拆除，事先应有切实的安全措施，例如在交通要道、行人过往地点应设警戒标志，划出安全区，并派人做安全值守。脚手架和组合钢模安装、拆除时，上下应有人接应，随装拆随运送，严禁上下随意抛掷扣件、工具等物。

（三）现场机械设备应注意的安全措施

（1）现场固定的加工机械的电源线必须加塑料套管埋地保护，以防止被加工件压破而发生触电。

（2）按照《建筑施工临时用电安全技术规范》要求，做好各类电动机械和手持电动工具的接地或接零保护，防止发生漏电。

（3）各种机械的传动部分必须有防护罩和防护套。

（4）砂浆搅拌机在运转中，严禁将头或手伸入料斗察看进料搅拌情况，不得把铁锹伸入拌筒。清理料斗坑，要挂好保险绳。

（5）机械在运转中不得进行维修、保养、紧固、调整等作业。

（6）机械运转中操作人员不得擅离岗位或把机械交给别人操作，严禁无关人员进入作业区和操作室。作业时思想要集中，严禁酒后作业。

（7）打夯机要二人同时作业，一人理线；操作机械要戴绝缘手套，穿绝缘鞋。严禁在机械运转中清理机上积土。

（8）使用砂轮机、切割机，操作人员必须戴防护眼镜。严禁用砂轮切割22#钢筋扎丝。

（9）操作钢筋切断机切50 cm以下短料时，手要离开切口15 cm以上。

（10）操作挖掘机、装载机、压路机、刮平机、运行车等必须经专业安全技术培训，持证上岗。

（11）加工机械周围的废料必须随时清理，防止被废料绊倒而发生事故。

（12）汽车吊安全使用注意事项如下。

①汽车吊的安装、顶升、拆卸必须按照原厂规定进行，并制订安全作业措施，由专业单位负责统一指导下进行，并要有技术和安全人员在场

监护。

②汽车吊司机、信号工必须经过培训取得合格证后方可担任。汽车吊作业时司机与信号工要密切配合，司机严格执行信号工的信号；如信号不清或错误时，司机要拒绝执行。如果由于指挥失误而造成事故，应由信号工负责。汽车吊在作业中要严格执行"施工现场十不吊"。

③汽车吊必须安装变幅、吊钩高度等限位器和力矩限制器等安全装置，并保证灵敏可靠。汽车吊的变幅指示器、力矩限制器以及各种限位开关等安全保护装置必须齐全完整、灵敏可靠，不得随意调整和拆除。严禁用限位装置代替操纵机构。

④汽车吊必须按规定作业，不得超载荷和起吊不明重量的物件。在特殊情况下需超载荷使用时，必须有保证安全的技术措施，经专业单位技术负责人批准，有专人在现场监护下方可起吊。严禁使用汽车吊进行斜拉、斜吊和起吊地下埋设或凝结在地面上的重物。

⑤夜间工作的塔式汽车吊，应设置正对工作面的投光灯，塔顶和臂架端部装设防撞红色信号灯。

（四）高处作业、悬空作业及临边防护应注意的安全措施

1.高处作业防护措施

施工前，逐级进行安全技术教育及交底，落实所有安全技术措施和人身防护用品，未经落实不得进行施工。

高处作业中的安全标志、工具、仪表、电气设施和各种设备，必须在施工前加以检查；确认其完好后，方能投入使用。攀登和悬空高处作业人员以及搭设高处作业安全设施的人员，必须经过专业技术培训及专业考试合格，持证上岗，并必须定期进行体格检查。

施工中对高处作业的安全技术设施，发现有缺陷和隐患时，必须及时解决；危及人身安全时，必须停止作业。

雨天应避免高处作业，若无法避免时，必须采取可靠的防滑措施。进行高处作业的高耸建筑物，事先应设置避雷设施。遇有六级以上强风、浓雾等恶劣天气，不得进行露天攀登与悬空高处作业。台风暴雨后，应对高处作业安全设施逐一加以检查；发现有松动、变形、损坏或脱落等现象，

应立即修理完善。

2.悬空作业防护措施

悬空作业处应有牢靠的立足处，并必须视具体情况，配置防护栏网、栏杆或其他安全设施。

构件吊装和管道安装时的悬空作业，必须遵守下列规定。

①吊装的构件应尽可能在地面组装，并应搭设进行临时固定、电焊、高强螺栓等连接工序的高空安全设施，随构件同时上吊就位。拆卸时的安全措施也应一并考虑和落实。高空吊装大型构件前，应先搭设悬空作业中所需的安全设施。

②悬空安装大模板、钢结构等构件时，必须站在预先搭好的操作平台上操作。吊装中的构件上，严禁站人和行走。

③安装管道时必须有已完成的结构或操作平台为立足点，严禁在安装中的管道上站立和行走。

3.临边防护措施

进行桥面作业以及在因工程和工序需要而产生的使人与物有坠落危险或危及人身安全的其他顶端进行高处作业时，必须按下列规定设置防护设施：

（1）板与墩柱的顶端，必须设置牢固的盖板、防护栏杆、安全网或其他防坠落的防护设施。

（2）桥上设防护栏杆，应每隔两层并最多隔10 m设一道安全网。

（3）施工现场通道附近的各类顶端与坑槽等处，除设置防护设施与安全标志外，夜间还应设红灯示警。

五、施工管理重大风险控制措施

（一）防火安全措施

根据施工中使用的机具、材料和现场环境状况，为了消除可能出现的消防隐患与可能出现的火灾事故，特制定相应的防火措施。

（1）对全体施工人员进行防火教育，提高防火安全意识；培训兼职消防员，建立健全防火组织机构及防火规章制度。

（2）用火前，现场必须制定消防措施，并申请用火证。作业人员领取用火证后，方可在指定地点、时间内作业；消防管理人员必须到现场检查验收，确认消防措施已落实，并形成文件，方可发放用火证。

（3）施工现场必须实行区域管理，作业区与生活区、库区应分开设置，并按规定配置相应的消防器材。

（4）临时用电必须安装过载保护装置，配电箱、开关箱不得使用易燃、可燃材料制作；施工现场使用的电气设备必须符合防火要求。

（5）施工现场应按照国家消防工作的方针、政策和消防法规的规定，根据工程特点、规模和现场环境状况确定消防管理机构并配备专（兼）职消防管理人员，对现场进行检查、防控，做好消防安全工作。

（6）施工现场，严禁人员在禁止烟火的区域内吸烟；施工现场配备充足的消防器材，设立防火警示标志。

（7）冬季施工采用炉火养护混凝土时，必须设专人管理。

（8）用火地区要采取一定隔离防火措施；生活区及工地重要电器设施周围设置接地或避雷装置，防止雷击起火。

（9）在宿舍内不得躺在床上吸烟；吸烟后的烟头应立即熄灭，弃于指定地点，不得乱扔。

（10）现场不得擅自使用电热器具，特殊需要时，应经消防管理人员批准，并采取相应的防护措施。

（11）仓库及料场配置灭火器，并设置醒目的禁止烟火标志。油罐等易燃危险品储存处严禁带火种入内，并安排专人值班。

（12）设专职防火检查员巡查，发现火患及时采取措施灭火，对违反防火规章制度的人员进行严厉处罚。

（13）现场一旦发生火灾事故，必须立即组织人员扑救，及时准确地拨打火警电话，并保护现场，配合公安、消防部门开展火灾原因调查；吸取教训，采取预防措施。

（14）应使用带地线的三孔插座，绝不能自行换用没有地线的两孔插座，以防发生危险。插座不要位于电暖器上方，最好使用带有过流保护装置的插线板。电暖器上不宜覆盖物品，避免使电暖器热量不能及时散发而造成烧机。如果使用专用烘衣架，一定要把水拧干，避免水滴在电器控制盒里。

（15）安装与摆放位置上，电暖器应放在不易碰触的地方，远离可燃烧物，背面离墙应有20 cm左右。电暖器的电线要有绝缘橡胶保护，并能保证与机体的连接处100%防水。

（16）进出工作宿舍无人时，保证关闭用电设备电源，做到人走电源断。

（17）生活区食堂用火与宿舍之间要采取一定隔离防火措施，防止火源与帐篷太近，风吹火源引燃帐篷起火。

（18）配置灭火器，并设置醒目的禁止烟火标志。油漆、酒精等易燃危险品储存处严禁带火种入内，并安排专人管理。

（二）用电安全措施

对全体施工人员进行安全用电教育，提高安全用电意识。建立健全安全用电规章制度，在施工现场临时电源、配电箱等电源搭设装置周围设立警示标志。

1.支线架设安全措施

（1）配电箱的电缆线应有套管，电线进出不混乱，大容量电箱上进线加滴水弯。

（2）支线绝缘好，无老化、破损和漏电。

（3）支线应沿墙或电杆架空敷设，并用绝缘子固定。

（4）过道电线采用硬质护套管埋地并做标记。

（5）室外支线用橡皮线架空，接头不受拉力并符合绝缘要求。

（6）在加工场地，为保证施工安全，用电采用一机一闸一漏保。

2.现场照明安全措施

（1）危险、潮湿场所和手持照明灯具采用符合要求的安全电压。

（2）照明导线由绝缘子固定，严禁使用花线或塑料胶质线。导线不得随地拖拉或绑在脚手架上。

（3）照明灯具的金属外壳必须接地或接零。单相回路内的照明开关箱必须装设漏电保护器。

（4）室外照明灯具距地面不得低于3 m，室内距地面不得低于2.4 m。

3.架空线安全措施

（1）架空线必须设在专用电杆上，严禁架设在树或脚手架上。

（2）架空线装设横担和绝缘子，其规格、线间距离、挡距离等符合架空线路要求，其电板线离地2.5 m以上应加绝缘子。

（3）架空线离地4 m以上，机动车道为6 m以上。

（4）外电架空线线路下方不得搭设作业棚、生活设施，不得堆放构件、架具、材料和其他杂物。

（5）当架空线路较高且不影响施工通行时，重点是对线杆进行保护。首先对需保护的线杆底部采用混凝土加固，线杆周围围设栅栏并悬挂警示标志。

当线杆距离沟槽较近时，采用贝雷架对线杆进行加固。

当线缆较低且影响施工通行架空线路时，根据架空线路高度对线路下通行道路进行挖深，增加线缆下安全高度，并对线杆底部采用混凝土加固，线杆周围围设栅栏并悬挂警示标志。

4.用电设备安全措施

（1）施工用电设施投入运行前，明确管理及维修人员的职责和管理范围。电力施工人员必须持证上岗，有处理触电者的紧急救护的能力。

（2）使用电动工具的人员，要戴绝缘手套。在潮湿现场作业，要穿绝缘鞋。电动工具要装安全防护罩。使用时不得用手触刃具、模具、砂轮等，要按国家规定进行定期检查和维修。

（3）加强用电管理，严格执行"三相五线制"和"一机一闸一保护"，配电箱全部采用标准规格，熔丝搭配合理，人走上锁，进出电缆整齐有序。机电设备专人管理，严禁非电工私拉、乱扯乱动机电设备。

（4）施工用电、管线的安装符合规定，排列整齐，禁止任意拉线、接电。夜间施工保证有充足的照明。

（5）雨天时，对所有用电设备进行覆盖，并安装漏电保护器。

5.施工用电安全措施

（1）施工用电系统按设计规定安装完成后，必须经电气工程技术人员检查验收。确认合格并形成文件后，方可申请送电。

（2）施工现场开挖基坑、沟槽的边缘与地下电力沟外边缘之间的距离

不得小于50 cm。

（3）施工现场的机动车道与外电架空线路交叉时，架空线路的最低点与路面的最小垂直距离必须符合要求。

（4）在建工程施工中，地上建（构）筑物（含脚手架具）的外侧边缘与外电架空线路边线之间的距离应符合要求；施工现场不能满足规定的最小距离时，必须采取防护措施。

（5）施工用电设备5台（含）以上或设备总容量50 kW（含）以上者，应编制施工用电设计和施工方案；用电设备5台以下或设备总容量50 kW以下者，应编制用电安全技术措施；用电设计及其施工方案或安全技术措施应按工程施工组织设计审批程序批准后实施。

（6）施工现场一旦发生触电事故，必须立即切断电源，抢救触电人员；严禁在切断电源之前与触电人员接触。

（7）应使用经专业电工检测过的振动棒。发现振动棒的外壳、手柄破裂，插头有损坏时不要使用，要立即更换。

（8）长期不用或者受潮的振动棒在使用前，应先让电工测量绝缘阻值是否符合要求。

（9）使用振动棒、打夯机时，不得拆除或更换振动棒、打夯机原有插头，禁止不使用插头将电缆金属丝直接插入电源插座。

（10）配电箱、开关箱周围要留出足够两人同时操作的空间和通道，不得堆放任何妨碍操作的杂物。

6.在电力保护区内机械施工的注意事项

（1）以下六种情况，必须经县级以上经（贸）委批准，并采取合理措施后方可进行。①在架空电力保护区内进行打桩、钻探、开挖等作业；②小于导线距穿越物体之间的安全距离，通过架空电力线路保护区；③在电力电缆线路保护区内作业；④起重机械的任何部位进入架空电力线路保护区进行施工；⑤超过4 m高度的车辆或机械通过架空电力线路；⑥在电力设施500 m内进行爆破作业。

（2）起重、吊装作业的安全措施。汽车吊、起重机、混凝土泵车等大型吊装机械在进入施工现场前，操作人员应事先观察施工地段上方或邻近有无高压线路。若发现施工地段上方有高压线路存在，应首先确认本次施工是否通过政府建设或经贸部门的施工许可，然后根据杆号牌识别法或瓷瓶串辨法了解高压线路的电压等级，看是否采取必要的安全措施。①对高压线路进行必要防护时，要将导线用绝缘构架保护起来；②起重机械必须接地；③设专人监护。

（3）作业中，操作人员应时刻注意吊装机械的吊臂及吊件的任何部位距离高压线的最近距离不小于 1 kV 以下 1.5 m、1–20 kV 2 m、35–110 kV 4 m、220 kV 6 m、500 kV 8.5 m。作业中，监护人应时刻提醒操作人员保持与高压线路的安全。

（4）架空绝缘导线不应视为绝缘体，操作人员不得直接接触或靠近。

（5）如果遇到无把握的施工，应及时通知供电公司有关人员，避免造成触电事故，给国家和个人造成重大财产损失或生命损失。

（三）机械设备安全管理措施

（1）根据该项目部所需工种，制订各工种的安全操作规程，对操作人员事先进行岗位培训，做到持证上岗操作并掌握本工种安全生产知识和技能；新工人或转岗工人必须经入场或转岗培训，考核合格后方可上岗，实习期间必须在有经验的工人带领下进行作业。非机械操作工和非电工严禁操作专业人员操作的机械、电气设备。

（2）对各种机械设备在使用过程中进行检查、保养，以确保人机安全，正常生产。

（3）严禁在高压线下堆土、堆料、支搭临时设施和进行机械吊装作业；沟槽边、作业点、道路口必须设明显安全标志，夜间必须设红色警示灯。

（4）严格要求机械操作人员一丝不苟地按操作规程操作，坚决杜绝违章驾驶和违章作业，特殊工种持证上岗，杜绝违章指挥。

（5）严禁擅自拆改、移动安全防护措施。需临时拆除或变动安全防护措施时，必须经施工技术管理人员同意，并采取相应的可靠措施。

（6）公司所有机械设备在施工现场佩戴、涂刷统一Ⅵ识别标志。运行遵守交通法规。车辆在工地运输过程中，要按指定的路线行驶，在车辆交叉地点设专人负责交叉车辆的瞭望。

（7）加强机械养护维修。机械停止运转后，机械维护人员立即对机械进行维护保养，保证机械正常运转。

（8）安全员及机械负责人负责机械设备安全检查，组织分析事故隐患原因，采取预防措施；发现紧急情况，有权停止作业，并立即汇报项目经理。

（9）操作手有权拒绝违章作业的指令，对他人违章作业劝阻和制止。

（10）作业时必须按规定使用防护用品。进入施工现场的人员必须戴安全帽，严禁赤脚，严禁穿拖鞋。

（11）作业时应保持作业道路通畅。作业环境整洁。在雨、雪后和冬季，露天作业时必须先清除水、雪、霜、冰，并采取防滑措施。

（12）作业中出现危险征兆时，作业人员应暂停作业，转移至安全区域，并立即向上级报告。未经施工技术管理人员批准，严禁恢复作业。紧急处理时，必须在施工技术管理人员的指挥下进行作业。

（13）作业中发生事故，必须及时抢救伤员，迅速报告上级，保护事故现场，并采取措施控制事故；如抢救工作可能造成事故扩大或人员伤亡时，必须在施工技术管理人员的指导下进行抢救。

（14）为确保安全，施工现场中固定的加工机械设备所使用的电源线，必须包裹在塑料套管内并埋入地下进行保护，这样可以有效避免电源线被加工物品压破，从而防止触电事故的发生。

（15）按照《建筑施工临时用电安全技术规范》要求，需对所有电动机械和手持电动工具实施妥善的接地或接零保护措施，以防止出现漏电现象。

（16）各种机械的传动部分必须有防护罩和防护套。

（17）砂浆搅拌机在运转中，严禁将头部或手部伸入料斗内观察材料的搅拌状态，同时也不允许将铁锹等工具伸入搅拌筒内。

（18）机械在运转中不得进行维修、保养、紧固、调整等作业。

（19）机械在运转期间，操作人员必须坚守岗位，不能将机械擅自交给其他人操作，同时严格禁止与作业无关的人员进入作业区域或操作室内。作业时思想要集中，严禁酒后作业。

（20）打夯机要二人同时作业，一人理线；操作机械要戴绝缘手套，穿绝缘鞋。严禁在机械运转中清理机上积土。

（21）使用砂轮机、切割机，操作人员必须戴防护眼镜。严禁用砂轮切割22#钢筋扎丝。

（22）操作钢筋切断机切50 cm以下短料时，操作人员的手部应距离切口至少15 cm以上。

（23）操作挖掘机、装载机、压路机、刮平机以及运行车等机械设备的人员，必须经过专业的安全技术培训，并持有相应的资格证书才能上岗。

（24）必须随时清除加工机械周边的废料，确保周围环境整洁，以免因废料堆积造成绊倒风险，从而引发安全事故。

（四）安全教育与培训

安全教育培训是预防事故的主要途径之一，在各种预防措施中占有极为重要的地位，它能提高广大施工人员的安全责任感和自觉性，并能使施工人员掌握检测技术和控制技术的科学知识，学会消除工伤事故和预防职业病的本领，保障自身安全和健康，提高劳动生产率及创造更好的劳动条件。

1.安全教育分类

公司项目部在开工前，对所有人员进行安全法治教育、安全思想教育、安全知识教育、安全技能教育、事故案例教育等。

2.安全教育及培训形式

（1）班前安全活动

施工班组应在每天施工前进行班组的安全教育和施工交底。班前安全交底由班长负责进行，班组安全交底需做好记录。

（2）施工安全技术交底

在施工前，项目部安全技术人员必须对施工人员进行安全技术总交底，安全技术总交底必须采用书面形式进行。在分部分项施工前，项目部安全技术人员必须对施工作业班组进行安全技术交底，采用书面的形式，并由施工人员签字确认。

（3）新工艺、新技术、新设备、新材料的科技讲座

在项目施工中推行新工艺、新技术、新设备、新材料，必须由技术人员对施工人员进行安全、工艺的讲座。

（4）项目安全专项治理及安全案例讲座

公司每季度组织安全专项治理，对项目的安全检查通过安全例会的形式进行通报。

（5）新员工进单位、上岗的安全教育和继续教育

新职工进单位、上岗必须按照有关规定进行安全三级教育，安全三级教育的时间必须满足规定要求。特殊工种、特殊岗位人员的安全教育培训按有关规定进行。

（6）年度安全系列培训

在岗员工的安全继续教育每年至少进行一次，并建立员工的安全教育档案。在岗员工的安全继续教育由人力资源部负责牵头，安全部门配合。

（五）安全检查

通过安全检查，减少安全事故的发生，提前发现可能发生事故的各种不安全因素。针对这些不安全因素，制定防范措施。最终保证建设工程在安全状态下施工，保护工作人员安全。

1.安全检查的内容

（1）安全管理的检查

内容包括：安全体系是否建立，安全责任分配是否落实，各项安全制度是否完善，安全教育、安全目标是否落实，安全技术方案是否编制和交底，各级管理人员证件是否齐全，作业人员和管理人员是否有不安全行为，等等。

（2）文明施工的检查

内容包括：现场围挡封闭是否安全，《建筑施工安全检查标准》（UW59-2011）中的各项要求是否落实，各项防护措施是否到位，现场安全标志、标识是否齐全，施工场地、材料堆放是否整洁明了，各种消防配备、各种易燃物品保管是否达到消防要求，各级消防责任是否落实，现场治安、宿舍防范是否达到要求，现场食堂卫生管理是否达标，卫生防疫的责任是否落实。

（3）脚手架工程的检查

内容包括：脚手架方案是否经过审批，脚手架搭设及建筑物拉结是否达到规范，脚手架与防护栏杆是否规范，杠杆锁件、间距、横杆、斜撑、剪刀撑是否达到要求，升降操作是否达到规范要求。

（4）机械设备的检查

内容包括：各种施工机械设备的施工方案是否经过审批，各种机械的检测报告、验收手续是否齐全，各种机械的安装是否按照施工方案进行，各种机械的保险装置是否可靠，机械的例保是否正常，各种机械的配备是否达到规范要求，机械操作人员是否持证上岗等。

（5）施工用电的检查

内容包括：临时用电、生活用电、生产用电是否按施工组织设计进行，各种电器、电箱是否达到规范要求，各种电器装置是否达到安全要求。

（6）基坑支护与模板工程的检查

内容包括：基坑支护方案、模板工程方案是否经过审批，基坑临边支护、排水措施是否达到方案要求，模板支撑是否稳定，操作人员是否遵守安全操作规程，模板支拆的作业环境是否安全。

2.安全检查的形式

（1）日常安全检查

日常安全检查指按建筑工程的检查制度每天都进行的、贯穿生产过程的安全检查。

（2）专业性安全检查

对易发生安全事故的大型机械设备、特殊场所或特殊操作工序，除综合性检查外，还应组织有关专业技术人员、管理人员、操作职工或委托有资格的相关专业技术检查评鉴单位进行安全检查。

（3）季节性安全检查

根据季节特点，对建筑工程安全的影响，由安全部门组织相关人员进行检查，如春节前后以防火、防爆为主要内容，夏季以防暑降温为主要内容，雨季以防雷、防静电、防触电、防洪、防建筑物倒塌为主要内容的检查。

（4）节假日前后的安全检查

节假日前后，要针对职工思想不集中、精力分散等问题，提示注意综合安全检查。

（5）不定期的特种检查

由于新、改、扩建工程的新作业环境条件、新工艺、新设备等可能会带来新的不安全因素，在这些设备、设施投产前后进行竣工验收检查。

（六）防汛措施

按照某市政道路工程工期要求，工程施工跨越雨季且现场起伏，使某市政道路工程施工中防汛形势严峻，责任重大。为确保沿线单位、居民和工程参建人员的生命、财产安全，按照"安全第一，常备不懈，预防为主，全力抢险"的方针，制定防汛预案。

1.积极做好防汛教育宣传工作，提高警惕，克服麻痹思想

积极开展形式多样的教育宣传活动，使全员真正树立防洪防患意识，充分认识防汛工作的重要性，坚决消除麻痹侥幸思想，做到防汛教育经常化，防汛意识全员化，使各种防汛常识深入全员之心，不断增强防汛的整体合力。

2.健全防汛组织机构，做好防汛物资和设施的准备工作

（1）根据上级要求，成立防汛领导小组，加强对防汛工作的组织领导，并实行项目经理负责制；明确项目部防汛网络，从组织上保证防汛工作"不松、不散、不疏、不漏"，从而形成一级抓一级，层层抓落实的工作局面。同时下发关于认真做好防汛工作的有关通知，增强汛期防范意识。

（2）项目部防汛领导小组组织有关人员对工地重点区域进行认真的汛前及汛期检查，内容包括机械设备、备用电源、通信设施、值班人员安排、危险隐患段专人值守安排以及抢险物资准备等。发现问题及时处理。

（3）大汛期坚持全天24 h值班制和巡视制，以备在险情发生的第一时间有效协调各方力量进行抢险增援。此外，指派专人负责观测水文情况，及时传递水情、雨情、险情及灾情，做好预警工作。各级防汛责任人必须坚守岗位，忠于职守；当发生险情时要闻警而动，身先士卒，实施靠前指

挥，及时采取有效措施，加强现场管理和监控，做到人员到位、指挥到位、责任到位、措施到位。

（4）成立防汛抢险突击队，增强防汛工作的机动性和灵活性。并对突击队展开防汛方案演练，突出练指挥、练协同、练技能，以提高抗洪抢险的实战能力。

（5）防汛通信设施准备。通信联络是防汛工作的生命线，通信网络要保证畅通，完善与各级指挥部和防汛相关领导部门及有关重点防汛地区的通信联络。

3.抗洪抢险

（1）工地不论何处一旦出现险情或灾情，必须做到三个第一，即第一时间、第一责任人赶到第一现场。

（2）果断采取抢险措施，积极组织机械设备和抢险人员马上到位进行抗洪，同时上报各级指挥部以便统一指挥协调。在紧急情况下，果断组织人员和机械设备立即撤离，最大限度地确保人身财产安全，力求使洪灾损失降到最低。

（3）建立集结调度制度，各施工队、班组和抗洪抢险突击队要听从调度，在最短的时间内，组织好人员、车辆和物资，到达指定地点积极参与抢险救灾。

4.具体应急撤退方案

（1）在汛期来临时，安排人员做好进场路线及便道维护，确保撤退时道路畅通无阻。

（2）根据现场水位上升情况，及时组织抢险突击队进行河渠堤岸围堵和加固。当现场雨量达到危险警戒时，立即组织所有人员及设备撤离至安全区域，利用有效搜救工具或派专人负责检查是否有遗漏人员，确保人身安全。

（3）洪水过后组织人员抓紧修复水毁工程，再次做好迎接洪水等自然灾害的各项准备，并加强汛后检查，编写防汛总结，为下一步防汛工作提供经验。

第二节　文明施工措施

一、文明施工管理目标

（1）达到工程建设便民、利民、不扰民的要求。

（2）"两通"，即施工现场车道畅通，工地沿线居民和施工人员出入畅通。

（3）"四无"，即施工现场周围道路平整无积水，方便居民出行；施工现场无扬尘，噪声达标排放；施工车辆干净卫生无渣土，出施工现场清洗干净；施工现场无各类污染物，无对人体有害物质。

（4）"四必须"，即工地现场必须挂牌施工，管理人员必须佩卡上岗，工地现场施工材料必须堆放整齐，工地生活设施必须清洁、文明。

二、文明施工保证体系

（一）文明施工制度

1.标识、护栏和信号管理制度

警告标志、护栏和信号用于警告工作人员存在或潜在危险，应引起注意。

（1）标识

用于工地上的标识一般有四种类型。①危险标识。它用于存在直接危险的地方。②警告标识。它用于提示潜在危险，或提示防止危险的注意事项。③指示标识。它用于控制工地上人员与车辆的活动。④安全指导标识。它用于提示穿戴劳动保护用品的要求。

（2）护栏

①根据要求设置围栏的目的是防止人员、车辆和设备误入危险地带。②所设置的围栏应该是高强度和醒目的。

（3）信号

①在高危险性的工作区域，应该安排信号员，穿戴好合适衣服并配备信号装置。②应使用其他相应的信号，例如闪光信号灯和交通灯。

2.施工现场与临建区管理制度

（1）施工现场应当按照施工总平面布置图设置各项临时设施，现场堆放的大宗材料、成品、半成品和机具设备不得侵占场内道路及安全防护等设施，施工技术科、现场经理负责总平面布置图的管理。

（2）设备、机具、材料要按施工平面图进行布置，设备摆放整齐，机具、材料分类放置，堆放有序，不乱堆放、不占路、不影响交通，做到物流有序。

（3）施工现场的用电线路、用电设施的安装和使用必须符合安装规范和安全操作规程，临时电缆采取埋地敷设并标明走向，配电箱统一设编号、负责人及联系方式，严禁任意拉线接电。施工现场必须设有保证施工安全要求的夜间照明。

（4）施工机械进场必须经过机具部门的安全检验，按规定位置摆放并符合规范要求，专机专人，持证挂牌操作。机具管理员加强对施工机械的定期维护保养。

（5）应保证施工现场道路畅通。因施工需要确需断路，应经现场经理批准，采取必要的应急措施后实施；施工完毕及时恢复交通。

（6）应保持场容场貌的整洁，随时清理建筑垃圾。各作业区域负责人督促检查场容场貌的整洁情况，每日安排专人打扫场内卫生，维护场内道路畅通；现场废弃物实行分类存放，供应人员及时清理外运。

（7）施工现场的洞、坑、沟等危险处应有防护设施或明显标志；现场材料堆放要稳固，同时不要靠近坑、井、沟等（堆放在距坑、井、沟边1.5 m以外）。安全人员督促检查落实。

（8）施工现场的脚手架、防护设施、安全标志牌不得擅自拆除和移动。

（9）施工现场禁止开动和触动他人机器及不了解的各类设施、设备，严禁在起吊物下面停留和通过。

（10）施工现场的脚手架、防护棚、安全网等安全设施必须规范设置，由安全人员进行检查验收，及时消除隐患，保证其安全有效。

（11）施工现场统一设置消防设施、统一编号，由安全人员定期检查，保证其完好的备用状态。

（12）各种临时设施分区域设置消防通道，要满足防火间距；设置足够数量的、符合要求的消防器材、消防栓。易燃、易爆品和压力容器的储运、领用要严格控制，加强管理。电气焊作业要有防火措施，重点部位要重点防范。

（13）现场临时办公和必要的生活设施应干净清洁，职工的膳食、饮水供应等应当符合卫生要求。

3.施工人员管理制度

（1）施工现场管理人员、作业人员应当佩戴证明其身份的胸卡。

（2）进入施工现场的员工必须戴安全帽、穿安全防护鞋和工作服。

（3）现场不得随地吐痰，不得乱扔杂物。

（4）现场不得饮用含有酒精的饮料，酒后不得进入施工现场。

（5）现场不得打架斗殴、玩闹、赌博。

三、施工现场文明保证措施

（一）项目办公区、生活区及临设管理措施

（1）项目办公区、生活区和临设统一采用彩色钢板房，项目部内配备会议室、餐厅、宿舍、澡堂、厕所、娱乐室、阅览室等各种设施。

（2）施工区域与办公、生活区域分开设置，制定相应的生活、卫生管理制度。办公、生活临建设施采用整洁、环保材料搭建，不设地铺、通铺。

（3）特殊天气时，采取有效的防暑降温、防冻保温措施，夏季有防蚊蝇措施。现场配备急救药箱，能够紧急处置突发性急症和意外人身伤害事故。

（4）生活设施（如临时宿舍、厨房、办公室等）搭建位置适当且符合防火、通风、透光等要求，严禁利用在建的建筑物作为宿舍。

（5）施工现场醒目位置设置文明施工公示标牌，标明工程名称、工程

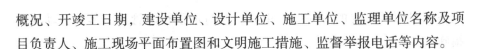

概况、开竣工日期，建设单位、设计单位、施工单位、监理单位名称及项目负责人、施工现场平面布置图和文明施工措施、监督举报电话等内容。

（6）项目部设置专门的停车场和自行车、电动车等非机动车停车场，方便工作人员的工作和生活。

（二）项目部卫生及职业健康管理措施

1.项目部卫生

（1）有合格的可供食用的水源，保证供应开水，严禁食用生水。茶水桶加盖、加销，并严禁直接置地。场地做到整洁卫生。

（2）食堂与厕所、污水沟距离应大于30 m，内外环境整洁，有消毒、防尘、灭蝇、灭鼠措施，设熟食间或有熟食罩（必须配冰箱）；生熟具分开，定期清洗；要留有样菜。

（3）厕所严禁设置于河道上，有贮粪池或集粪坑，并密封加盖。

（4）宿舍、更衣室做到通风、照亮、干燥、无异味、无蛛网、无积灰、无痰迹、无烟头纸屑，床上生活用品摆放整齐。

（5）浴室有专人负责清扫，室内排水畅通，但不得随意排放路边影响交通。

（6）工地设医务室，无医务室则配急救药箱，药物品种齐全。有专人负责，做好药品发放记录。医务人员要抓好防疫和食堂卫生巡视宣传工作，高温季节做好防暑、降温工作。

（7）生活区设有"五小设施"平面图和卫生包干示意图。

2.职业健康管理措施

（1）劳动保护措施

①接触粉尘、有毒有害气体等有害、危险施工环境的作业职工，按有关规定发放个人劳动保护用品，并监督检查使用情况，以确保正常使用。②加强机械保养，减少施工机械不正常运转造成的噪声。③对于噪声超标的机械设备，采用消音器降低噪声。洞内运输机械行驶过程中，只许按低音喇叭，严禁长时间鸣笛。④对经常接触噪声的职工，加强个人防护，佩戴耳塞消除影响。⑤按照劳动法的要求，做好某市政道路工程的劳动保护装备工作；根据每个工种的人数以及劳动性质，由物资部门负责采购，

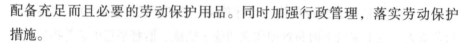

配备充足而且必要的劳动保护用品。同时加强行政管理，落实劳动保护措施。

（2）劳动保护装备要求

①采购劳动保护用品时，必须审核产品的生产许可证、产品合格证和安全鉴定证，确保产品的质量和使用安全；对于未列入国家生产许可证管理范围的劳动防护用品，按路用劳动防护用品许可证制度进行质量管理。②施工人员必须按规定配齐劳动保护用品，并佩戴上岗；进入施工现场的其他人员必须佩戴安全帽，闲杂人员不得出入施工现场。③由安全领导小组负责对施工人员进行劳动保护方面的检查，对漏配、缺配劳动保护用品的施工人员，责令补发劳动保护用品；对不按规定佩戴劳动保护用品上岗的人员，进行批评教育，并责令其改正；对累教不改的人员，采取罚款、停岗等措施予以惩罚。

（3）医疗卫生保护措施

全面负责医疗卫生和传染病、地方病防治的监测监督工作，落实防治措施，做好职工的健康教育工作。对项目内出现的疫情信息，及时向卫生机构报告；对内规范管理、对外加强协调联系，营造一个良好的内外卫生防疫工作环境；夏季发放防暑药品，防止中暑；冬季发放防寒防冻药品，防止冻伤；春秋两季是传染病、病毒性疾病高发季节，医务人员应加强对职工的健康检查，做好预防接种工作，搞好环境卫生，切断蚊蝇等传媒生物孳生源，有效控制疾病的流行。

（4）职业病防治措施

①严格执行《中华人民共和国传染病防治法》《中华人民共和国公众卫生法》及所在地政府有关职业病管理与疾病防治的规章制度。②配备应有的设施，负责职工疾病预防及事故中受伤职工的抢救。③强化施工和管理人员卫生意识，杜绝疾病的产生，对已患传染病者及时隔离治疗。④有针对性地进行职业病的检查。发现病情时，及时进行病情分析，寻找发病根源，加强和改进施工方法及工艺，消除发病根源，防止病情的蔓延。对特殊工种进行岗前培训，持证上岗，按规定采取防范措施，按规定进行施工操作。及时发放个人劳动保护用品，并监督检查正确使用。⑤做好对员工卫生防病的宣传教育工作。针对季节性流行病、传染病等，要利用板报

等形式向职工介绍防病、治病的知识和方法。⑥加强施工运输道路的防尘工作。搅拌站和预制场内的行车道路，均采用砼硬化处理；对粉尘较多的进场施工便道，采取填筑砂砾等材料铺设路面，以减少由于行车造成灰尘增多；指派专人对施工运输道路进行维护，并用洒水车经常洒水，保持道路湿润，最大限度地减少道路粉尘飞扬。

（三）施工区域内现场管理措施

1.封闭施工管理措施

（1）施工区域与非施工区域设置分隔设施。根据工程文明施工要求，凡设置全封闭施工设施的，均采用统一高度的围挡。分隔设施做到连续、稳固、整洁、美观。

（2）在施工沿线人流量较多及醒目位置，设置企业文化墙，用来提高企业的形象，增强企业员工的自豪感，体现公司的凝聚力，给客户留下深刻的印象，宣传公司文明，推动公司品牌建设。企业文化墙的建设要与改善美化城市街景结合起来，与城市的形象有效融合，起到美化周边环境的作用。

（3）在路口拐角处封闭围挡采用透明围挡，为路口行车安全提供保障，方便居民出行。

2.施工现场文明管理措施

（1）某市政道路工程经过某处管线种类较多、管线工程量大，沟槽维护、警示工作至关重要，不仅关系到文明施工，而且关系到施工人员和周边居民的人身安全。

（2）在进行地下工程挖掘前，向施工班组进行详细交底。在施工过程中，与管线产权单位提前联系，要求该单位在施工现场设专人做好施工监护。并采取有效措施，确保地下管线及地下设施安全，避免资源浪费，以及因管线受损而引起生活、办公的不便。

（3）施工现场定时洒水，防治扬尘和大气污染。

（4）对已完成工程进行保护，防止成品遭受任何损坏或破坏。

（5）定期对围挡擦拭，并对围挡外道路清理，保证环境卫生，方便居民出行。

（6）施工扬尘的控制措施。①水泥扬尘。根据项目施工特点，尽可能使用商品水泥及散装水泥，减少使用袋装水泥，以削减使用水泥带来的环境污染。散装水泥罐车下部出口处设置防尘袋，以防水泥散逸。在水泥搅拌过程中，水泥添加作业应规范，搅拌设施应保持密闭，防止添加、搅拌过程中大量水泥扬尘外溢。②施工扬尘。在施工作业现场按照相关要求，对施工现场进行分隔。开挖、运输和填筑等施工过程，遇到干燥、易起尘的土方工程作业时，必须辅以洒水压尘。遇到四级或四级以上大风天气，必须停止土方作业，同时作业处覆以防尘网。

加强建筑材料的存放管理，各类建材及混凝土拌合处应定点定位，禁止水泥露天堆放，并采取防尘抑尘措施，如在大风天气对散料堆放采用水喷淋防尘。

施工过程中使用易产生扬尘的建筑材料，采取密闭存储、设置围挡或堆砌围墙、采用防尘布苫盖或其他有效的防尘措施。

运输车辆进出的主干道应定期洒水清扫，保持车辆出入口路面清洁，以减少由于车辆行驶引起的地面扬尘污染。

由于施工产生的扬尘可能影响周围居民的正常生活、道路交通安全，应设置防护网，以减少扬尘及施工渣土的影响。如防护网发生破损，应及时对其进行修补。

施工现场的建筑垃圾、工程渣土临时储运场地四周设置1 m以上且不低于堆土高度的遮挡围栏，并有防尘和防污水外流等防污染措施。

禁止在人口集中地区焚烧沥青、油毡、橡胶、塑料、皮革以及其他有毒有害烟尘和恶臭气体等物资；特殊情况下需焚烧的，须报当地环境保护主管部门批准。

坚持文明施工及装卸作业，避免由于野蛮作业而造成施工扬尘。

施工期间，施工工地内及工地出口至铺装道路间的车行道路，要采取铺设钢板、铺设水泥混凝土、铺设沥青混凝土等措施硬化路面。

采用吸尘或水冲洗的方法清洁施工工地道路积尘，不得在未实施洒水等抑尘措施情况下进行直接清扫。

施工期间，对于工地内的裸露地面，要采取覆盖防尘布或防尘网等措施。

（7）施工噪声及振动的管理

①施工申报。除紧急抢险、抢修外，不得在夜间10时至次日早晨6时内从事混凝土振捣等危害居民健康的噪声建设施工作业。由于特殊原因须在夜间10时至次日早晨6时内从事超标准的、危害居民健康的建设施工作业活动的，必须事先向环境保护局办理审批手续，并向周围居民进行公告。

②施工噪声及振动的控制。

A.施工噪声的控制。（a）根据施工现场环境的实际情况，合理布置机械设备及运输车辆进出口，如搅拌机等高噪声设备及车辆进出口应安置在离居民区域较远的方位；（b）合理安排施工机械作业，高噪声作业活动尽可能安排在不影响周围居民及社会正常生活的时段进行；（c）对于高噪声设备附近加设可移动的简易隔声屏，尽可能减少设备噪声对周围环境的影响；（d）离高噪声设备近距离操作的施工人员应佩戴耳塞，以降低高噪声机械对人耳造成的伤害。

B.施工振动的控制。如果施工引起的振动可能对周围的房屋造成破坏性影响，须向居民分发"米字格贴"，避免因振动而损坏窗户玻璃。为缓解施工引起的振动造成地面开裂和建筑基础破坏，可设置防震沟和放置应力释放孔。

C.施工运输车辆噪声。运输车辆驶入城市禁鸣区域，驾驶员应在相应时段内遵守禁鸣规定；在非禁鸣路段和时间每次按喇叭不得超过0.5秒，连续按鸣不得超过3次。加强施工区域的交通管理，避免因交通堵塞而增加车辆鸣号。

③工程竣工验收前，清理工地及周边环境，做到工完、料尽、场地清。

3.现场施工队文明管理措施

（1）严格施工队管理措施，加强施工队管理是实现文明施工的重要组成部分，是工程建设管理的重要环节。同时，加大现场管理力度，把实现文明施工作为施工队管理的重要内容；依据"文明施工标准"和自身情况，有针对性地制定针对施工队的现场管理和文明施工条例，并严格实施。

（2）施工单位除每月进行一次文明施工检查外（要有检查记录），要坚持日常的督促检查工作。不具备文明施工条件的不准开工，坚决消除施工现场脏、乱、差现象，创造一个整洁有序、文明的施工环境。

文明施工条件规定如下：①各种设施建设布局合理、整齐；②宿舍、库房、工作间内干净、整洁，各类物品摆放整齐；③区域内垃圾集中存放、定期清理；④区域内不准明沟排放污水；⑤区域内始终保持清洁、卫生，道路晴雨畅通、平坦；⑥厕所定期消毒处理，便池加盖，保持清洁；⑦区域内各类物品设备存放定置有序。

（3）施工中产生的沟、井、槽、坑应设置防护装置、警示标志及夜间警示灯。如遇恶劣天气，应设专人值班，确保行人及车辆安全。

（4）施工中坚决贯彻"安全第一、预防为主"的方针。必须严格贯彻执行各项安全组织措施，切实做到安全生产。

（四）施工机械设备文明管理措施

（1）施工车辆离开施工现场前要进行防遗洒清洗，避免垃圾和渣土污染公共道路。

（2）在夜间10时至次日早晨6时内，产生噪声的机械设备不得进行工作，防止扰民。

（3）木工作业、机具加工有隔音措施并避开午间和夜间作业。

（4）油锤破除石方或爆破施工应避开午间和夜间作业。

（5）爆破施工，被破除石方必须覆盖隔音和防止石渣迸溅的覆盖物，减少对周边居民的影响，减少安全隐患。

（6）风镐、切割机、磨光机、钻孔机等噪声大的机械的使用避开午间和夜间作业。

（7）无紧急情况，不得使用高音喇叭。

（8）当天的渣土不过夜，集中在晚10时至早5时之间清运出场，运输车辆全部覆盖。

（五）工程材料文明管理措施

（1）施工现场材料按指定位置堆放整齐，不得影响现场施工和堵塞施工、消防通道。材料堆放场地应有专职的管理人员。

（2）对易产生扬尘的材料，采取覆盖或特定位置存放。水泥存放设置专用的水泥存放处。

（3）模板、脚手架无乱扔、乱摔产生的噪声。

（4）公司材料设备科定期对工地材料设备管理人员及施工人员进行培训，并在工地设立材料安全管理指示牌。

（六）交通及便民措施

1.交通方面文明施工措施

（1）成立"施工交通管理领导小组"，设专职"交通协管员"和"安全员"，统一着装，并经相关部门进行专业培训后，持证上岗。

（2）结合以往施工经验，编制切实可行的交通疏导方案；由交通协调部配合专职的"交通协管员"和"安全员"负责交通疏导方案的落实，密切配合相关部门在需要导行的路口设置交通标志牌和安全施工宣传牌并设专职交通协管员，协助交管部门疏导行人及车辆，确保交通安全和施工安全。

2.便民措施

（1）因施工需要进行全封闭时，提前通知周边单位及居民，提示绕行。

（2）加强对现场施工人员的管理，教育施工人员讲求职业道德，自觉遵守市民文明守则及治安管理条例，杜绝违法违纪和不文明行为发生。

（3）对因临时道路封闭而造成原有公交站点迁移的，由公司主动修建临时公交站点，方便居民出行，给居民留下较好的公司形象。

（4）公司在特定的位置设置便民服务站，为居民提供饮用水、充电等，进一步为居民服务，提高公司形象。

五、对外环境方面的文明施工措施

某市政道路工程施工为了减少对外界环境的影响，赢得周围单位、市民和村民的理解，特制定以下降低污染和噪声的施工保证措施。

（一）自然环境文明施工保证措施

（1）加强车辆管理。对进出场车辆车轮进行清洗，同时对工地进出场处及时清扫。

（2）对施工便道及时补强，防止道路破坏而产生扬尘。

（3）构筑物拆除采用专业队伍，拆除过程中洒水降尘，减少对周边环境的污染。

（4）施工时废弃物做好回收处理，污水需经过处理池达到排放标准。

（二）社会环境文明施工保证措施

1.防止民扰及扰民

为了避免施工扰民事件的发生，在落实防止扰民措施的前提下，制定如下措施。

（1）在施工前公布工程性质、施工工期、安全措施，发放宣传材料；向工程周围的居民做好解释工作，说明在施工期间将会给工作及生活带来不便，以求得大家的理解和支持。

（2）教育施工人员不得在施工区域外酗酒闹事，严格遵守国家法规和单位各项规章制度，维护群众利益，尽量减少对周边居民的烦扰。

（3）由于工程管线种类较多，必须对工地进行全封闭维护，避免外来人员进入施工场地。在沟槽边和施工区域入口处张贴"前方施工危险，外来人员严禁入内"的警示标志和标语，避免发生坠落事故。

（4）按国家环保部门规定对噪声值标准进行实时测定，采取措施将噪声尽可能降低，并避开居民休息时间使用高噪声机械，将噪声扰民控制在最低。

（5）现场设立群众来访接待处，并配备热线电话，24 h接待来访来电，对所有问题均在24 h以内予以明确答复。

（6）依靠当地政府并与办事处、派出所、居民代表共同开展创建文明工地活动，通过沟通和融洽关系减少或防止民扰。

（7）依法处理各种扰乱正常施工秩序的行为和责任人。对通过耐心说服并采取了合法措施仍然阻挠正常施工的人或行为，依法向有关部门申请遵照有关法律进行处理。

（8）针对该工程特点，公司成立协调小组，设专人负责民扰及地方关系的协调工作。

（9）及时与工程所在地政府、公安、村委会等各相关单位沟通联络，通报施工管理情况，以期获得有力的支持。

（10）设置指示牌。在施工现场醒目位置设置文明施工公示标牌、导向牌、交通地形图。

（11）及时清扫和洒水，防止扬尘。马路24 h有人扫，有人管。当天的渣土不过夜，集中在晚10时至早5时之间清运出场，运输车辆全部覆盖。

（12）项目部设置便民接待室，受理并解决因施工给周边居民带来的生活困扰问题。

（13）施工中临时围挡的四个角设置防护警示标志，夜间设置警示灯，部分夜间的警示灯采用霓虹灯。所有人行道的障碍物都安排专人防护。

（14）教育施工人员严格遵守各项规章制度，维护群众利益，尽力减少工程施工给当地群众带来的不便。

2.施工地方关系协调措施

施工期间必须完善各种施工手续，要达到合法施工，符合当地规章、政策、法规的施工程序。及时沟通。通过对周边居民的走访，了解施工过程对其影响的主要方面，尽可能降低因施工造成居民生活的不便，通过沟通取得当地居民和政府的谅解。为使工程顺利有序进行，尽量做到不扰民、少扰民，勤沟通，不断改进工作作风，力争工程圆满完成。

（三）减少固体废物对土地的污染

1.生活用品废弃物处理

（1）指派专人收集并指定收集场所或容器，并设置回收标识；制定管理办法，以旧换新，统一管理。并进行实际发放和回收统计。

（2）加强日常检查，确保回收率。

（3）定期交有资质的部门进行处置。

2.工程施工产生废弃物处理

（1）对于拆除旧有路面产生的建筑垃圾集中堆放并覆盖，统一集中外运至指定的垃圾填埋场。

（2）对于施工中产生的土方及石方分别堆放在施工指定区域内，覆盖防尘网，留出足够的回填方量，其余的统一集中外运。外运车辆覆盖防洒漏的帆布。

（四）杜绝重大环境事故，最大限度防止办公区域、施工现场火灾的发生

（1）办公区域、仓库一律配备符合消防规定数量的环保型灭火器和消防池，消防池内储备黄沙，并配备铁锹等灭火器材。

（2）制定消防管理制度：在宿舍区通过展示消防警示标志和消防知识漫画，使工人受到安全教育。

（3）定期检查，及时发现火灾隐患，及时处理，将火灾隐患消除在萌芽状态。

（4）培训人员使用灭火器和逃生方法，进行火灾应急预案演练；如有险情，严格执行火灾应急预案。

（五）节约用电，减少电的非正常消耗

（1）办公区域全部换成节能灯，安装节能开关。由办公室提出采购计划，然后货比三家选出最环保、最实用的。派电工人员一名安装完毕，由办公室主任监督施工。

（2）对开水器每月进行除垢。

（3）对养护室的空调等养护设备每星期检查一次。

（4）夏季空调温度控制在25℃左右。

（5）制定安全用电制度，做到人走灯灭。

（六）节约用纸，减少纸的非正常消耗

（1）充分利用网络平台传输文件，减少文件传送采用人工和书面的方式，节约人力和纸张。

（2）打印机墨盒采用可循环使用的墨盒。对于不可循环使用的墨盒，统一存放，集中回收，减少污染。

（3）对纸张做到双面打印（特殊情况除外）：对打印多余纸张及时整理，用到非正规用纸中。

（4）项目部用纸执行严格领用制度，说明理由方可领用。

（七）污水及废弃物排放

（1）项目部统一规划污水排放管道位置，保证场内污水排放畅通，确保污水不外溢；化粪池做好防渗漏措施并覆盖严密，避免污染环境滋生蚊蝇。

（2）对于车辆清洗的污水，设置沉淀池，将泥沙沉淀后，将清水排入就近雨水排水系统中。

（3）化粪池定期清淤。超过50人吃饭的食堂要设隔油池。

（4）对于有毒有害废弃物溶液，设置专门的存放仓库，集中清理外运。

（八）创建国家卫生城市

（1）生活垃圾、粪便无害化处理场建设、管理和污染防治符合国家有关法律、法规及标准要求，无害化处理率高于90%。

（2）生活垃圾中转站、厕所等环卫设施符合《城镇环境卫生设施设置标准》要求，布局合理，数量充足，管理规范。

（3）区域环境噪声平均值不高于60 dB。

（4）各类卫生许可手续齐全有效，卫生管理制度健全，设专（兼）职卫生管理人员；从业人员持有有效健康证明和卫生知识培训合格证，符合《中华人民共和国食品安全法实施条例》相关要求，从业人员操作符合卫生要求；经营场所室内外环境整洁，公共用品清洗、消毒措施落实，卫生设施（清洗、消毒、保洁、通风、照明和排水等）和各项卫生指标达到国家有关标准要求。

（5）认真贯彻传染病防治法，疾病预防控制机构建设达到规定要求。

第六章　市政道路建设工程管理

第一节　市政道路建设管理特点与模式

一、市政道路建设管理的特点

（一）工程融资难度大

相比高速公路可以通过收费回收投资，市政道路在运营期间难以产生直接经济效益，因此建设资金主要依赖地方财政支持。近年来，随着PPP（Public—Private Partnership，公私合伙制）等融资模式的推广，市政道路建设也逐步引入了PPP融资模式。然而，市政道路PPP项目的资金回收最终仍需依赖政府财政偿还，而地方财政收入的限制不仅制约了市政道路建设规模，还可能为大规模PPP项目带来财务风险。

（二）工期紧、施工干扰因素多

与公路建设相比，市政道路施工准备时间较短，开工较急。由于施工位置通常位于城区范围，市政道路施工不可避免地对城市正常运转造成较大干扰。为了减少对日常生活的影响，政府通常要求市政道路工程严格控制施工周期，甚至只能提前完工，无法延后。施工单位需根据工期倒排计划，但因拆迁量大、拆迁难度高，征地拆迁问题常常成为制约工程进度的关键。此外，环保、安全、保通及文明施工等要求也对施工进度形成重要约束。

（三）施工质量控制难度大

市政道路工程因线路长、结构长期暴露等特点，在建设过程中面临多种复杂因素的影响，如行政干扰、地质水文条件变化及天气因素等。同时，市政道路施工场地通常较狭窄，地下管线交错复杂，工期紧张，需综合考虑供热、给水、雨水、污水、燃气、电力、通信及绿化等多方面限制。这些因素共同增加了施工难度及质量控制的复杂性。

（四）安全保通任务重

城市快速路施工需要在市区范围内进行跨线作业，不仅要保障工程顺利推进，还需保证现有道路的通行顺畅与安全。因此，在建项目施工的同时，既有道路的畅通和施工现场的安全都需得到充分保障，安全保通的任务十分艰巨。

（五）环境保护和文明施工要求高

与高速公路施工不同，城市快速路施工因位于城市范围内，对环境保护和文明施工提出了更高的要求。这些要求主要表现在以下方面：地上构筑物和地下管线需高度保护，施工围挡需规范整齐，噪声控制和扬尘治理要求严格，土方运输需按规定进行；同时还需确保既有道路的通行秩序不受影响。

二、市政道路管理模式

（一）BOT模式及其变化

1.BOT模式

BOT是"建设—经营—转让"（Build—Operate—Transfer）的缩写，指政府或其授权的项目业主，通过合同方式将拟建的基础设施项目授权给某一投资企业，该企业负责项目的融资、投资、建设、运营及维护。在协议规定的运营期内，投资企业通过项目经营获取收益，同时承担相应风险，而政府或授权业主在此期间对项目拥有监督和调控权。协议期满后，投资企业需按照合同规定将项目移交给政府或授权业主。这种模式适用于当前无法营利但未来具有较大营利潜力的项目。

BOT模式还衍生出如BOOT（Build—Own—Operate—Transfer，建设—拥有—经营—转让）和BOO（Build—Own—Operate，建设—拥有—经营）等类似模式，它们主要区别在于投资企业对项目产权的完整性程度。另有TOT模式，即"移交—经营—移交"（Transfer—Operate—Transfer），指中方在签订特许经营协议后，将已建成并运行的基础设施项目移交给外商运营，并以未来的收益为保障，一次性从外商获取资金，用于新项目建设。在特许经营期满后，外商需将该设施无偿移交给中方。

2.BT融资模式

BT（Build—Transfer，即建设—移交）是BOT的一种演变形式，其特点在于投资者仅负责项目的投融资和建设，项目竣工并验收合格后，由政府或其授权的项目业主根据合同规定进行回购。此模式适用于资金来源计划明确、短期资金不足且经营收益较低甚至无收益的基础设施项目。根据政府的目标任务和项目特点，BT模式的适用范围通常包括：

（1）前期工作已成熟、迫切需要投资建设的项目。

（2）资金回收有保障但回收周期较长（通常超过10年）的项目。

（3）中长期筹资能力较强但短期融资困难的项目。

具体应用领域包括土地储备整理及开发（BT）、城镇供水项目（BT或BOT）、污水处理项目（BT或BOT）、小型水电开发（BT或BOT）、河堤整治开发建设（BT）、部分水源建设项目（BT）。

（二）ABS模式

ABS（Asset-Backed Securitization，资产证券化）是一种近年来兴起的基础设施融资新模式。其基本原理是以项目资产为基础，并以项目未来的收益作为担保，通过在国内外资本市场发行低成本债券实现融资。规范的ABS融资通常需设立一个特别用途公司（Special Purpose Corporation，SPC）。原始权益人即拥有项目未来现金流收益权的企业，通过合同将项目未来的现金收入权转让给SPC，从而实现原始权益人与项目资产风险的隔离。随后，SPC通过信用增级，与其他机构合作发行债券，将筹集的资金用

于项目建设，并以项目未来的收益偿还本息。

ABS模式的融资方式有以下特点：

（1）降低融资成本。与境外发行股票筹资相比，成本更低。

（2）减少利息负担。相较国际银行信贷，债券利率更低。

（3）规避追索风险。相比国际担保性融资，无须承担追索责任。

（4）简化审批程序。与国际双边政府贷款相比，减少评估时间和附加条件。

在西方国家，ABS模式已被广泛应用于排污、环保、电力、电信等投资规模大、回收周期长的市政道路等基础设施项目。相较于其他融资方式，ABS证券的优势在于不受项目原始权益人自身条件的限制，可以绕过许多客观壁垒，灵活高效地筹集资金。其具体优势体现在以下几点。

（1）推动基础设施建设。政府可通过授权代理机构投资基础设施项目，借助特设信托机构发行ABS证券，以项目未来收益偿还债务。这种方式不仅加快了基础设施建设速度，还能促进经济增长，同时无需政府为债券偿还提供信用担保，避免财政负担的增加，缓解资金压力。

（2）确保项目控制权。尽管在债券发行期间，项目资产的所有权归SPC所有，但项目的运营和决策权仍由原始权益人掌控，因此不必担心国计民生项目被外资控制或利用，这也是BOT模式无法实现的优势。

（3）避免权益外流。ABS模式下，发债人与投资者的关系仅限于债权债务，不会改变项目的所有权结构，从而避免了投资者对项目的控制，确保基础设施运营利润不会大幅流向境外。政府作为项目业主，无须为投资回报做出额外承诺或安排。

（三）PPP模式

1.PPP模式的概念

PPP是一种公共部门与私人部门合作提供公共产品或服务的模式。它涵盖了BOT、TOT等多种形式，但与这些模式不同的是，PPP更注重风险分担机制和货币价值（value for money）原则。作为公共基础设施建设中发展起来的项目融资与实施模式，PPP是一种现代融资模式，其核心理念是实现各参与方的"双赢"或"多赢"。

PPP模式的典型结构涉及特许经营类项目，这些项目需要私人部门参与部分或全部投资，并通过合作机制与公共部门共同承担风险、分享收益。公共部门会根据项目的实际收益情况，向特许经营公司收取费用或提供补偿，这要求公共部门在私人部门的利润和项目的公益性之间找到平衡。因此，特许经营类项目的成功在很大程度上取决于政府相关部门的管理水平。通过建立有效的监管机制，特许经营项目能够充分利用双方的优势，降低建设和运营成本，同时提升公共服务的质量。

PPP代表了一个完整的项目融资概念，其最初形式是1985至1990年间备受瞩目的BOT模式。较早的、较为正式的PPP模式出现在1992年英国保守党政府提出的"私人融资计划"（Private Finance Initiative，PFI）中。当时，PFI模式主要应用于运输部门的建设，在英国的比例曾高达85%。然而，作为PFI的继承者，PPP现在被广泛应用于各种基础设施项目的融资。确切地说，PPP并非一种固定模式，而是一系列可能的选择，包括服务或管理合同、计划—建设、计划—建设—运营等多种形式。这些不同形式的共同点在于：旨在将更多风险转移给私人部门，提高工程项目的成本效率，以及提升对社区使用者的收费效率和水平。

2.PPP模式的结构特点

PPP模式的组织形式较为复杂，可能涉及营利性企业、私人非营利性组织以及公共非营利性组织（如政府）。合作各方之间不可避免地存在多层次、多类型的利益和责任分歧。唯有通过政府与私人企业建立合作机制，才能在求同存异的基础上淡化分歧，最终实现项目目标。

PPP模式的基本结构是：政府通过政府采购，与特殊目的公司（由中标的建筑公司、服务运营公司或项目投资方组成的股份公司）签订特许合同。特殊目的公司负责筹资、建设和运营。与此同时，政府通常与金融机构签订直接协议，以承诺按合同支付相关费用。这种安排不是对项目的担保，而是为特殊目的公司获取贷款提供便利。根据协议内容的不同，PPP模式的实施形式多种多样：在一种极端情况下，私人部门提供几乎全部资金，并承担主要风险，包括建筑成本、工期延误、项目收益下降以及运营成本上升的风险；而在另一种极端情况下，私人部门仅设计并建设一个受参数严格限定的项目，仅对固定收入部分进行运营。在实践中，较为常见的是私人企业承担设计建设和延期的风险，政府则提供足以覆盖竞标成本和运营成本的收益保障。

PPP模式与传统承包方式不同。传统承包仅让私人部门运营由公共部门建设的项目，私人部门既不需要提供资本，也不需要承担任何责任或控制权。PPP模式也不同于完全的私有化。私有化通常排除了政府的主要作用，而PPP项目中政府通常是重要参与方。

风险分担是PPP模式的重要特征之一。实践表明，合理分配风险对项目成功至关重要。在英国早期的PFI阶段，PPP模式强调将所有风险转移给私人部门。然而，实践证明，让各方承担其最擅长管理的风险更有利于项目发展。PPP模式的风险分担机制有效解决了传统公共部门项目风险管理中的难题。

（四）其他融资模式

基金公司融资模式是通过组建基础设施产业投资基金，将社会上分散的资金集中起来，投入不同的基础设施项目中。具体做法是组建基金管理公司，向特定或非特定的投资者发行基金单位，从而设立基金。这些资金被分散投资于多个基础设施项目；待项目建成后，通过股权转让实现资本增值。此种方式的收益与风险由投资者共同分担。其优势在于能够有效集聚社会资本，为基础设施建设提供充足的资金支持。

2.以"设施使用协议"为载体融资

这种融资模式的核心在于投资者与设施使用者预先签署"设施使用协议"，获取明确的付费承诺。随后，由投资者组建项目公司，并以这些协议作为融资的基础安排资金来源。在这种模式下，"设施使用协议"中使用者的无条件付费承诺成为融资的主要信用保障。为了增强信用和降低融资风险，协议通常设计为一种实际上的项目债务融资担保或信用增强工具。此模式特别适用于资本密集、收益较低但相对稳定的基础设施项目，如石油、天然气管道项目及港口设施等。

3.民间主动融资（Private Finance Initiative，PFI）

民间主动融资模式主要针对公益性基础设施项目。政府通过项目招标，选定民间投资主体，并授予其项目融资、建设和运营的权利。作为回报，政府在授权期限内以财政资金支付一定的使用费或租赁费。授权经营期结束后，民间投资主体需将项目无偿移交给政府。

与BOT（建设—经营—转让）模式相比，PFI在核心上有所不同。PFI中，项目的建设和维护费用最终由政府承担，实质上属于政府购买服务。而BOT模式下，项目费用来源于市场化的收费。因此，PFI更适合于不具备收费条件的基础设施项目，如免费桥梁和隧道；而BOT适用于收费桥梁等有营利条件的项目。

4.使用者付费模式（User Reimbursement Model，URM）

使用者付费模式是通过政府招标选定民间投资主体，同时制定合理的受益人收费制度。政府通过一定的技术手段，将收费收入转移支付给项目的民间投资者，作为对项目服务的资金支持。在此模式下，资金来源主要依靠项目收费，与BOT模式相似，但收费的执行和分配由政府负责协调。这一模式适合于不便由私人直接收费且市场风险较大的基础设施项目，如污染治理工程等。通过政府的中介作用，URM能够有效规避市场风险，为投资者提供稳定的回报。

5.影子收费融资模式（Shadow Tolling）

影子收费融资模式适用于公益性基础设施项目。在此模式中，政府通过招标确定民间投资主体，并授权其负责项目的融资、建设与运营。作为回报，政府以财政性资金或其他形式的基金，在授权期限内定期向民间投资主体支付补偿费用，以弥补其免费为公众提供服务所产生的成本和收益损失。

与其他模式类似，影子收费模式的授权经营期结束后，项目需无偿移交给政府。这一模式适用于无直接收费条件的公益性项目，既能保证公众享有免费的基础设施服务，又能吸引民间资本参与公共项目建设。

上述融资模式通过不同的方式解决了基础设施建设中资金来源的问题，每种模式都有其适用范围与独特优势。基金公司融资模式适合集聚社会资本，服务于各类基础设施项目；"设施使用协议"融资模式为稳定收益的项目提供了可靠的融资载体；PFI和影子收费模式则有效填补了公益性项目融资的空白；使用者付费模式通过政府协调实现了市场化与公共性的平衡。这些模式在市政道路等基础设施领域具有重要应用价值，为资金短缺的公共项目提供了多样化的解决方案。

第二节 市政道路的施工组织设计

施工组织设计是市政道路工程实施的指导性文件，具有严格建设标准、保证工程质量、控制投资、合理安排工期和制定计划的功能，是工程管理的重要依据。

一、市政道路施工组织设计的基本概念、要素、原则

市政道路施工组织设计是开工前编制的技术经济文件，用于指导市政道路工程施工准备和组织实施。它是科学管理施工活动的重要手段，旨在满足建设单位需求，选择经济有效的施工方案，优化资源配置，提高施工效率，确保安全和质量。

（一）市政道路施工组织设计的要素及特点

1.施工组织设计的组成

（1）内容概述。其包括工程概述、编制依据、工程目标、总体部署、进度计划等。

（2）部署原则。结合项目实际，明确建设性质（新建、扩建或改造）及施工控制点。

（3）组织机构。介绍机构形式、人员构成及岗位职责，针对市政道路特点制定技术方案。

2.市政道路施工组织设计的特点

（1）施工组织设计的技术性

市政道路施工组织设计是针对单个工程项目进行编制的，通常由各施工企业独立完成。由于市政道路工程具有较高的技术要求，施工组织设计需要编制人员具备扎实的建筑工程理论知识以及丰富的实践经验。技术性不仅体现在对施工方案的科学制定上，还包括对市政道路建设中工艺、工序及细节的全面掌握和运用。

（2）施工组织设计的多变性

市政道路施工组织设计具有较强的多变性。由于市政道路工程涉及的建筑物和构筑物特点差异较大，建造地点的地质条件、气候条件等因素也不尽相同，使得编制人员无法套用固定的模板或标准化的施工方案。因此，针对不同的市政道路工程，编制人员需要详细分析工程特点、环境条件以及施工资源的实际情况，遵循施工工艺要求，科学地优化施工流程，并制定合理的资源调配方案。这样才能确保施工的技术经济性和整体效率。

（3）施工组织设计的决定性

在基本建设的计划、设计和施工三个阶段中，施工组织设计在市政道路工程中起着重要的决定性作用。在计划阶段，确定市政道路工程的功能定位、规模和具体需求；在设计阶段，通过施工图纸和技术文件明确工程的具体实施方式；而在施工阶段，施工组织设计以计划和设计为基础，制定具体的实施方案，确保从理论方案向实际建设的高效转化。施工组织设计在这一过程中将抽象的规划设想转变为实际的施工步骤和方法，是工程成功实施的重要环节。

（4）施工组织设计的统筹性

施工组织设计与施工企业的施工计划紧密相联，二者不可分割。对于市政道路施工企业来说，施工组织设计是统筹安排资源投入与产出过程的关键工具。作为企业施工计划的核心基础，施工组织设计对计划的制定、调整及落实起到决定性作用。同时，通过对施工组织设计的贯彻执行，企业可以有效实现多方面目标，包括施工质量目标、工期目标、经济效益目标以及企业的信誉和发展目标。这一特点充分体现了施工组织设计在市政道路工程中的全局统筹作用，保障施工过程的有序推进和资源的科学配置。

（二）市政道路施工组织设计分类原则

市政道路施工组织设计是保障施工过程有序、高效运行的重要文件，其分类需依据设计阶段、编制对象范围、编制内容的繁简程度以及使用时间的不同进行明确划分。以下是市政道路施工组织设计的主要分类原则。

1.根据设计阶段分类

设计阶段的不同决定了施工组织设计的具体划分方式。

（1）两阶段设计。当设计分为两个阶段时，施工组织设计通常包括施工组织总设计和单位工程施工组织设计两部分。

（2）三阶段设计。若设计过程被划分为三个阶段，那么施工组织设计的分类将涵盖施工组织设计大纲、施工组织总设计和单位工程施工组织设计。

2.根据编制对象范围分类

施工组织设计可根据编制对象的不同分为以下三种类型。

（1）施工组织总设计

施工组织总设计针对整个建设项目或建筑群进行编制，是指导整个施工过程的综合性技术、经济和组织文件。其特点包括：以建筑群或建设项目为对象，用以指导施工全过程的各项活动，通常由总承包企业的总工程师在初步设计或扩大设计被批准后编制。

（2）单位工程施工组织设计

单位工程施工组织设计以某一具体的单位工程（如某条市政道路或某一建筑物）为编制对象，旨在指导该单位工程施工全过程的具体活动。其编制特点如下：针对单个建筑物或构筑物，编制时间通常为施工图设计完成后，通常由项目部的技术负责人在拟建工程开工前编制。

（3）分部分项工程施工组织设计

分部分项工程施工组织设计以工程的分部分项工作（如路基施工、路面铺设等）为对象，其编制特点包括：针对施工全过程的具体实施活动，通常与单位工程施工组织设计同时编制，由单位工程的技术人员负责编制。

施工组织总设计、单位工程施工组织设计和分部分项工程施工组织设计的关系是：施工组织总设计具有全局性、战略性，其内容和范围覆盖整个项目；单位工程施工组织设计受施工组织总设计的指导，其内容具体化为单个单位工程的实施方案；分部分项工程施工组织设计在单位工程施工组织设计基础上进一步细化，针对具体的施工活动。

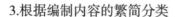

3.根据编制内容的繁简分类

市政道路施工组织设计的编制内容可根据繁简程度划分为完整施工组织设计和简单施工组织设计两种类型。

（1）完整的施工组织设计

完整的施工组织设计适用于以下情况：

①工程规模较大，例如大型市政道路建设。

②结构复杂、技术要求高。

③采用新技术、新材料或新工艺。

完整施工组织设计需详细说明施工方案、施工工艺、技术措施、施工进度计划以及施工总平面布置图等内容。

（2）简单的施工组织设计

简单的施工组织设计适用于以下情况：

①工程规模较小，例如小型支路或巷道施工。

②工程结构简单，技术要求不高。

③工艺方法常规、成熟。

简单施工组织设计方案内容较为精简，主要包含施工方案、施工进度安排以及施工总平面的布局图示。

二、市政道路施工组织设计的内容

市政道路施工组织设计是指导市政道路工程施工的重要技术和管理文件。其内容依据工程特点和施工条件进行全面部署和细化，确保施工安全、质量和效率。根据编制对象范围的不同，可以细分为施工组织设计大纲、施工组织总设计、单位工程施工组织设计和分部分项工程施工组织设计；根据编制时间的不同，又分为标前设计和标后设计。其编制依据主要包括施工合同、设计资料、现场自然条件、项目周边条件、施工能力、施工技术资料及类似工程施工经验等。以下是市政道路施工组织设计的主要内容。

（一）工程概况及特点分析

施工组织设计的首要任务是分析市政道路工程的概况及特点，以明确

工程任务的基本情况。这部分包括以下内容。

1.工程范围

工程范围详细描述市政道路的起止点、路线长度、道路等级及功能定位。

2.技术指标

技术指标包括道路宽度、路基结构、路面类型、设计荷载及排水系统要求。

3.现场条件

现场条件如地质情况、气候条件、地下管线及周边环境的分析。

4.工程难点

针对特殊路段（如跨河、穿越城区等）分析施工重难点及可能的解决措施。

（二）施工部署

施工部署是施工组织设计的重要组成部分，明确工程施工的总体安排，具体包括以下内容。

1.施工任务分工

明确各参建单位的职责与分工，包括总包、分包及监理单位的任务。

2.施工区域划分

根据道路施工特点划分施工段，如路基、路面、排水、交通设施等区域。

3.工期安排

合理规划施工阶段及关键节点，确保总体工期目标的实现。

4.技术组织措施

针对工程特点安排全场性技术措施，如环境保护、文明施工及交通疏导方案。

5.施工顺序与流向

如优先处理地下管线，再进行路基施工；先主后次、分段逐步推进等。

（三）施工进度计划

施工进度计划的编制是对工期目标的细化和分解，包括以下内容。

1.划分施工过程

明确路基、路面、排水、附属设施等施工内容的先后顺序。

2.工程量计算

对主要施工环节的工程量进行详细统计。

3.劳动和机械量计算

确定各施工环节的劳动力及机械设备需求量。

4.编制进度表

通过横道图或网络图对施工过程进行可视化安排，并明确检查与调整机制。

（四）施工准备计划

施工准备计划是确保市政道路施工顺利启动的前提条件，包括以下内容。

1.技术准备

技术准备包括设计图纸的审核、施工方案的优化及技术交底工作。

2.物资准备

确保施工材料、预制构件和半成品的采购及储备。

3.劳动组织准备

组建施工队伍，并完成必要的技能培训。

4.施工现场准备

如场地平整、临时设施搭建、供电供水系统布置等。

5.外部协调工作

与相关部门沟通，如交通疏导方案及市政配套工程的协调。

（五）资源需用计划

资源需用计划是施工组织设计中的支撑性内容，根据施工进度计划确定。

1.人力需求

明确各阶段施工所需的技术工种、劳动力数量及配置方式。

2.材料需求

编制主要施工材料、预制件、半成品的需求表，包括水泥、砂石、钢材等。

3.机械设备需求

确定施工机械的种类、数量及进场时间，如挖掘机、压路机、沥青摊铺机等。

4.资金计划

预测各阶段资金使用情况，制订资金流动计划。

（六）施工平面图

施工平面图是施工方案和施工计划的空间表达，具体包括以下内容。

1.场地布置

合理规划施工场地，布置材料堆场、机械停放区及临时设施。

2.交通组织

制定交通疏导方案，减少对现有交通的影响。

3.施工流线

确保施工过程中人员、材料、机械的流线合理，避免干扰。

4.安全措施

如施工围挡、警示标志的布置，保障施工及周边安全。

（七）施工方案与技术组织措施

施工方案和技术组织措施是市政道路施工的重要指导内容，具体包括以下内容。

1.施工技术方案

明确路基处理、路面铺设、排水设施施工等工序的施工方法及工艺要求。

2.质量控制措施

制定每道工序的质量控制要点及验收标准。

3.安全施工措施

制定针对道路施工的安全预防措施，如深基坑支护、机械操作规范等。

4.环保措施

如减少扬尘、控制噪声、合理处理废弃物等。

（八）技术经济指标

技术经济指标是对施工组织设计水平的量化评价，包括以下内容。

1.施工工期

实际工期与计划工期的对比分析。

2.劳动生产率

评价单位时间内劳动力的产出情况。

3.资源利用率

评估施工机械、材料的实际利用效率。

4.经济效益

分析施工方案对工程成本的影响，优化资源配置。

三、施工组织设计在市政道路工程中的运用和作用

（一）施工组织设计在市政道路工程中的运用

在市政道路工程项目管理中，施工组织设计是关键的技术和管理文件，对工程质量、安全、进度和成本的全面管控起着核心作用。它在技术与经济两个层面，为施工过程提供了科学的规划和指导，有效提高了工程管理效率。为了确保施工组织设计在实际应用中不流于形式，必须认真编制和严格审查，只有这样才能使其在项目管理和工程建设中发挥实效。

1.施工前期的基础性作用

施工组织设计在工程的前期准备阶段，作为制定施工方案和施工方法的基础文件，发挥了重要作用。市政道路工程通常由多项分部分项工程组成，包括路基处理、路面施工、排水设施安装等。各环节的施工方法和方案直接影响到人工、材料、机械的消耗情况。施工组织设计对这些资源的科学规划，是确保工程高效推进的关键。

2.招投标过程中的重要性

施工组织设计在招投标阶段是技术标的重要组成部分，其合理性和先进性直接影响中标结果。在这一阶段，施工组织设计体现了对工程的理解和施工技术能力的竞争。招标方通过对施工组织设计的比较，评估施工方的施工能力、技术水平及经济效益。市政道路施工方案的优劣，将对工程造价产生直接影响，而工程造价又反过来对施工组织设计提出约束性要求。两者在招投标过程中相辅相成，达到平衡和优化。

3.施工现场的指导性作用

进入施工阶段，施工组织设计成为指导生产经营活动的核心文件。它不仅为施工现场的施工图预算编制提供依据，还在施工人员进场前，明确施工队伍需要完成的准备工作，如施工图纸的熟悉、现场条件的勘察等。施工组织设计中的经济组织措施经过严格审核后实施，确保资源利用率和工序衔接的优化。

4.动态调整与实施监督

在施工实施过程中，严格按照施工组织设计推进是保障工程质量和进度的基础。如遇到不可控因素导致施工偏差，必须及时根据施工组织设计的框架分析原因，进行调整和修订。这样的动态调整机制，确保市政道路工程能够按计划完成，减少施工风险。

（二）施工组织设计的作用

1.对施工进度的控制作用

在市政道路工程中，施工进度的控制至关重要。通过编制详细的施工进度计划，工程管理人员可以根据既定目标，对各项施工工序的时间安排、资源分配以及工作强度进行科学细化，从而实现施工过程的协调与平衡。施工进度控制贯穿于项目建设的始终，从项目启动到竣工，每个阶段都需要具体的进度计划作为资源和费用管理的依据。

在实际施工中，细化的进度计划对工程管理起到了重要的监督和引导作用。施工组织设计为工程制定了详细的时间节点和资源调配方案，能够引导施工团队合理分配劳动力、设备和材料资源。此外，进度计划的实施也为工程管理人员提供了对资源消耗的跟踪检查依据，确保各个工序在施工过程中资源使用的合理性。遇到不可预见的情况时，还可以根据实际情况对进度计划进行动态调整，以确保施工进度符合总体目标。

在整个施工组织设计中，技术措施是确保项目顺利进行的核心环节。这些措施不仅为工程按计划推进提供了科学依据，还能在实际施工中通过技术指导纠正潜在的偏差。因此，施工进度计划既是市政道路工程管理的基础工具，也是施工组织设计的重要组成部分，为工程的整体成功奠定了坚实的基础。

2.对工程质量的控制作用

工程质量是市政道路工程成败的关键指标，而施工组织设计在工程质量的管理和控制中起到了重要作用。项目经理作为工程质量的第一责任人，需对项目整体施工质量负全面责任。在施工组织设计中，质量策划由项目经理主持，结合工程实际建立质量管理组织，落实责任制，确保施工质量始终处于受控状态。

通过施工组织设计，可以全面规划质量管理体系，具体措施包括健全质量责任制，明确各级管理人员的职责，落实到人，确保质量意识贯穿施工全过程。同时，对现场施工人员开展施工技术、质量知识及安全知识的培训，确保施工人员在进场前具备足够的质量意识和技术能力，从而减少因人为因素引发的质量问题。

在施工过程中，施工组织设计中的质量控制规划进一步发挥作用。管理者需结合市政道路工程的具体特点以及业主要求，编制工程质量管理规划。这些规划不仅明确了质量控制目标和标准，还需严格依据国家相关法律法规及建筑工程质量验收标准制订，确保每一阶段的施工都符合规范要求。

第七章　市政桥梁施工

第一节　桥梁施工准备工作

桥梁施工准备工作包括技术准备、组织准备、物资准备和现场准备工作。

一、技术准备

技术准备是施工准备工作的核心，技术准备必须认真做好以下准备工作。

（一）图纸会审和技术交底

1.图纸会审

施工单位在收到拟建工程的设计图纸和有关技术文件后，应尽快组织工程技术人员熟悉、研究所有技术文件和图纸，全面领会设计意图；检查图纸与其各组成部分之间有无矛盾和错误；在几何尺寸、坐标、高程、说明等方面是否一致；技术要求是否正确；与现场情况进行核对。目的是在建设单位组织图纸会审时，能尽可能地把问题解决在正式开工前，避免在施工中出现图纸上的问题，再来协商解决，浪费时间，影响进度，有时还会影响质量。同时要做好详细记录，记录应包括对设计图纸的疑问和有关建议。

2.技术交底

在施工中，必须建立技术与安全交底制度。作业前主管施工技术人员必须向作业人员进行安全与技术交底，并形成文件。

设计技术交底一般由建设单位（业主）主持，设计、监理和施工单位（承包人）参加。先由设计单位说明工厂的设计依据、意图和功能要求，并对特殊结构、新材料、新工艺和新技术提出设计要求，进行技术交底。随后施工单位根据研究图纸的记录以及对设计意图的理解，提出对设计图纸的疑问、建议和变更。最后，在统一认识的基础上，对所探讨的问题逐一做好记录，形成"设计技术交底纪要"。由建设单位正式行文，参加单位共同会签盖章作为与设计文件同时使用的技术文件和指导施工的依据，以及建设单位与施工单位进行工程结算的依据。当工程是设计施工总承包时，应由总承包人主持进行内部设计技术交底。

（二）原始资料的进一步调查分析

对拟建工程进行实地勘察，进一步获得有关原始数据的第一手资料，这对于正确选择施工方案、制定技术措施、合理安排施工顺序和施工进度计划是非常必要的。

1.自然条件的调查分析

主要内容包括河流水文、河床地质、气候条件、施工现场的地形地物等自然条件的调查分析。

2.技术经济条件的调查分析

主要内容包括施工现场的动迁状况、当地可利用的地方材料状况、地方能源和交通运输状况、地方劳动力和技术水平状况、当地生活物资供应状况、可提供的施工用水用电状况、设备租赁状况、当地消防治安状况及分包单位的实力状况等。

（三）拟定施工方案

在全面掌握设计文件和设计图纸，正确理解设计意图和技术要求，以及进行以施工为目的的各项调查后，应根据进一步掌握的情况和资料，对投标时初步拟定的施工方法和技术措施等进行重新评价和深入研究，以便制订出详尽的、符合现场实际情况的施工方案。

施工方案一经确定，即可进行各项临时性结构，如基坑围堰、钢围堰的制造场地及下水、浮运、就位、下沉等设施，钻孔桩水上工作平台，模板支架及脚手架等施工设计。施工设计应在保证安全的前提下，尽量考虑使用现有材料和设备，因地制宜，使设计出的临时结构经济适用、装拆简

便、功能性强。

（四）编制施工组织设计

施工组织设计是施工准备工作的重要组成部分，也是指导工程施工中全部生产活动的基本技术经济文件。编制施工组织设计的目的在于全面、合理、有计划地组织施工，从而具体实现设计意图，优质高效地完成施工任务。

施工组织设计大致包括的内容：编制说明、编制依据、工程概况和特点、施工准备工作、施工方案（含专项设计，施工进度计划，工料机需要量及进场计划，资金供应计划，施工平面图设计，施工管理机构及劳动力组织，季节性施工的技术组织保证措施，质量计划，有关交通、航运安排，公用事业管线保护方案，安全措施，文明施工和环境保护措施，技术经济指标等）。

（五）编制施工预算

根据施工图纸、施工组织设计或施工方案、施工定额等文件及现场的实际情况，由施工单位编制施工预算。施工预算是施工企业内部控制各项成本支出、考核用工，签发施工任务单、限额领料以及基层进行经济核算的依据，也是制定分包合同时确定分包价格的依据。

二、组织准备

（一）建立组织机构

确定组织机构应遵循的原则：根据工程项目的规模、结构特点和管理机构中各职能部门的职责建立组织机构。人员的配备应力求精干，以适应任务的需要。坚持合理分工与密切协作相结合，使之便于指挥和管理，分工明确，权责具体。

（二）合理设置施工班组

施工班组的建立应认真考虑专业和工种之间的合理配置，技工和普工

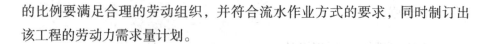

的比例要满足合理的劳动组织，并符合流水作业方式的要求，同时制订出该工程的劳动力需求量计划。

（三）集结施工力量，组织劳动力进场

进场后对工人进行技术、安全操作规程以及消防、文明施工等方面的培训教育。

（四）施工组织设计、施工计划、施工技术与安全交底

在单位工程或分部分项工程开工之前，应将工程的设计内容、施工组织设计、施工计划和施工技术等要求，详尽地向施工班组和工人进行交底，以保证工程能严格按照设计图纸、施工工艺、安全技术措施、降低成本措施和施工验收规范的要求施工；新技术、新材料、新结构和新工艺的实施方案和保证措施的落实；有关部位的设计变更和技术核定等事项。

（五）建立、健全各项管理制度

管理制度通常包括技术质量责任制度、工程技术档案管理制度、施工图纸学习和会审制度、技术交底制度、技术部门以及各级人员的岗位责任制、工程材料和构件的检查验收制度、工程质量检查与验收制度、材料出入库制度、安全操作制度、机具使用保养制度等。

三、物资准备

（1）工程材料，如钢材、木材、水泥、砂石等的准备。
（2）工程施工设备的准备。
（3）其他各种小型生产工具、小型配件等的准备。

四、现场准备

（一）施工控制网测量

按照勘测设计单位提供的桥位总平面图和测试图控制网中所设置的基线桩、水准高程以及重要的标志和保护桩等资料，进行三角控制网的复

测，并根据桥梁结构的精度要求和施工方案补充加密施工所需要的各种标桩，进行满足施工要求的平面和立面施工测量控制网。

（二）做好"四通一平"

"四通一平"是指水通、电通、通信通、路通和平整场地。为蒸汽养生的需要和考虑寒冷冰冻地区特殊性，以及暖气供热的要求。

（三）建造临时设施

按照施工总平面图的布置，建造所有生产、办公、生活、居住和储存等临时用房，以及临时便道、码头、混凝土拌合站、构件预制场地等。

（四）安装调试施工机具

对所有施工机具都必须在开工之前进行检查和试运转。

（五）材料的试验和储存堆放

按照材料的需要量进行计划，应及时提供，包括混凝土和砂浆的配合比与强度、钢材的机械性能等各种材料的试验申请计划，并组织材料进场，按规定的地点和指定的方式进行储存堆放。

（六）新技术项目的试制和试验

按照设计文件和施工组织设计的要求，认真组织新技术项目的试验研究。

（七）冬季、雨季施工安排

按照施工组织设计要求，落实冬季、雨季施工的临时设施和技术措施，做好施工安排。

（八）消防、保安措施

建立消防、保安等组织机构和有关的规章制度，布置安排好消防、保安等措施。

（九）建立、健全施工现场各项管理制度

依据工程特点，制定施工现场必要的各项规章制度。

（十）办理同意施工的手续

应遵守施工当地市政工程管理部门的管理要求，按一切要求办理同意施工的手续。

第二节　桥梁基础施工

一、明挖扩大基础施工

天然地基上浅基础施工又称明挖法施工。采用明挖法施工的特点是工作面大，施工简便。

（一）基础定位放样

基础定位放样是根据墩台的位置和尺寸将基础的平面位置与基础各部分的标高标定在地面上。在放样时，首先定出桥梁的主轴线，然后定出墩台轴线，最后详细定出基础各部尺寸。基础位置确定后，采用钉设龙门板或测设轴线控制桩，作为基坑开挖后各阶段施工恢复轴线的依据。

（二）基坑围堰

在水中修筑基础必须防止地下水和地表水浸入基坑内，常用的防水措施是围堰法。围堰是一种临时性的挡水结构物。其方法是在基坑开挖之前，在基础范围的四周修筑一个封闭的挡水堤坝，将水挡住，然后排出堰内水，使基坑的开挖在无水或很少水的情况下进行。待工作结束后，即可拆除。

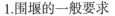

1.围堰的一般要求

（1）堰顶应高出施工期间可能出现的最高水位（包括浪高）0.5～0.7 m。

（2）围堰的外形应与基础的轮廓线及水流状况相适应，堰内平面尺寸应满足基础施工的需要，堰的内坡脚至基坑顶边缘不小于1.0 m距离。

（3）围堰要求坚固、稳定，防水严密，减少渗漏。

2.常用围堰的形式和施工要求

（1）土围堰：适应于河边浅滩地段和水深小于1.5 m，流速小于0.5 m/s 渗水性较小的河床上。

一般采用松散的黏性土作填料。如果当地无黏性土，也可以河滩细砂或中砂填筑，这时最好设黏土芯墙，以减少渗水现象。在筑堰前，应将河床底杂物、淤泥清除以防漏水，先从上游开始，并填筑出水面，逐步填至下游合拢。在倒土时，应将土沿着已出水面的堰顺坡送入水中，切勿直接向水中倒土，以免使土离析。水面以上的填土应分层夯实。

土堰的构造：顶宽1～2 m，堰外迎水面边坡为1:2～1:3，堰内边坡为1:1～1:1.5，外侧坡面加铺草皮、柴排或草袋等加以防护。

（2）土袋围堰：土袋围堰适用于水深3.5 m以下，流速小于2 m/s的透水性较小的河床。

堰底处理及填筑方向与土围堰相同。土袋内应装容量$\frac{1}{3}$～$\frac{1}{2}$松散的黏土或粉质黏土。土袋可采用草包、麻袋或尼龙编织袋。在叠砌土袋时，要求上下、内外相互错缝，堆码整齐。土袋围堰也可用双排土袋与中间填充黏土组成。

土袋围堰构造：顶宽2～3 m，堰外边坡为1:0.5～1:1.0，堰内边坡为1:0.2～1:0.5。

（3）板桩围堰：

①木板桩围堰：木板桩围堰适用于砂性土、黏性土和不含卵石的其他土质河床。

②钢板桩围堰。

（三）基坑排水

1.集水坑排水

集水坑排水适用于除严重流砂以外的各种土质。它主要是用水泵将水排出坑外，当排水时，泵的抽水量应大于集水坑内的渗水量。

当基坑施工接近地下水位时，在坑底基础范围以外设置集水坑并沿坑底周围开挖排水沟，使渗出的水从排水沟流入集水坑内。随着基坑的挖深，集水坑也应随之加深，并低于坑底面约0.30~0.5 m。集水坑宜设在上游。

2.井点排水法

井点排水法适用于粉、细砂或地下水位较高，挖基较深、坑壁不易稳定的土质基坑。井点的选择应根据土层的渗透系数、要求的降低水位深度以及工程特点而定。

（1）轻型井点法降低地下水位

轻型井点法是在基坑四周将井点管按一定的间距插入地下含水层内，井点管的上端通过弯联管与总管相连接，再用抽水设备将地下水从井点管内不断抽出，使地下水位降至坑底以下，保证基坑挖土施工处于干燥无水的状态下进行。

（2）井点法施工应注意事项

①井点管距离基坑壁一般不宜小于1 m，宜布置在地下水流的上游。

②井点的布置应随基坑形状、大小、地质、地下水位高低与降水深度等要求，可采用单排、双排、环形井点。有时为了施工需要，也可留出一段不加封闭。

③井点管露出地面0.2~0.3 m，尽可能将滤水管埋设在透水性较好的土层中，埋深保证地下水位降至基坑地面0.5~1.0 m。

二、钻孔灌注桩基础施工

钻孔灌注桩基础施工是采用不同的钻孔方法，在土中形成一定直径的井孔，达到设计标高后，再将钢筋骨架吊入井孔中，灌注混凝土（有地下水时灌注水下混凝土）形成桩基础。

钻孔灌注桩施工应根据土质、桩径大小、入土深度和机具设备等条件选用适当的钻具和钻孔方法，目前使用的钻孔方法有冲击法、冲抓法和旋转法三种类型。钻孔灌注桩具有施工设备简单、便利施工、用钢量少、承载力大等优点，故应用普遍。旋转钻孔直径由初期的0.25 m发展到6 m以上，桩长从十余米发展到百余米以上。钻孔灌注桩施工因成孔方法的不同和现场情况各异，施工工艺流程也不尽相同。在施工前，要安排好施工计划，编制具体的工艺流程图，作为安排各工序施工操作和进程的依据。

三、人工挖孔灌注桩

（一）人工挖孔灌注桩施工程序

人工挖孔灌注桩的主要施工程序：挖孔→支护孔壁→清底→安放钢筋笼→灌注混凝土。

（二）适用条件与特点

人工挖孔灌注桩适用于无地下水或地下水道很少的密实土层或岩石地层。桩形有圆形、方形两种。人工挖孔灌注桩需用机甚少，成孔后可直观检查孔内土质情况，孔底易清除干净，桩身质量易保证。场区内各桩可同时施工，因此造价低，工期短。

（三）施工准备

施工前应根据地质和水文地质条件以及安全施工、提高挖掘速度和因地制宜的原则，选择合适的孔壁支护类型。平整场地、清除松软的土层并夯实，施测墩出中心线，定出桩孔位置；在孔口四周挖排水沟，及时排出地表水；安装提升设备；布置出土道路；合理堆放材料和机具。井口周围需用木料、型钢或混凝土制成的框架或围圈予以围护，且它们应高出地面20～30 cm，防止土、石、杂物滚入孔内伤人。沿井口地层松软，为防止孔口坍塌，应在孔口用混凝土护壁，高约2 m。

（四）挖掘成孔要求

（1）挖孔桩的桩芯尺寸不得小于0.8 m。

（2）桩孔挖掘及支撑护壁两道工序必须连续作业，不宜中途停顿，以防坍空。

（3）土层紧实、地下水不大时，一个墩台基础的所有桩孔可同时开挖，便于缩短工期。但渗水量大的一孔应超前开挖、集中抽水，以降低其他孔水位。

（4）挖掘时要使孔壁稍有凹凸不平，以增加桩的摩阻力。

（5）在挖孔过程中，应经常检查桩孔尺寸和平面位置，孔径、孔深、垂直度必须符合设计要求。

（6）挖孔达到设计深度后，应进行孔底处理。

（7）挖孔时应注意施工安全，经常检查孔内有害气体含量。二氧化碳含量超过0.3%或孔深超过10 m时应采用机械通风。挖孔工人必须佩戴安全帽、安全绳。

（8）孔深大于5 m时，必须采用电雷管引爆。孔内爆破后应先排烟15 min，并经检查无有害气体后，施工人员方可下井继续作业。

（五）支撑护壁

对岩层、较坚硬密实土层，不透水，开挖后短期不会塌孔者，可不设支撑。在其他土质情况下，应设支撑护壁，以保证安全。支撑形式视土质、渗水情况等条件而定。支撑护壁方法有预制钢筋混凝土套壳护壁和现浇混凝土护壁。

1.预制钢筋混凝土套壳护壁

一般用于渗水、涌水较大和流砂、淤泥的土层中。施工方法与沉井相同，通常用C20或C25混凝土预制，壁厚一般为100～150 mm。每节长度视吊装能力而定，上口顶埋吊环，每节上下口应用50 mm高的焊接。

2.现浇混凝土护壁

为防止塌孔，每挖深约1 m，即立模分段浇筑一节混凝土护壁，壁厚100～150 mm，强度等级一般为C15。等厚度两节护壁之间留20～30 cm空隙，以便浇筑施工模板不需光滑平整，以利于与桩体混凝土连接。挖孔桩桩端部分可做成扩大头以提高承载能力。现浇混凝土护壁分段浇筑，有等厚度护壁、升齿式护壁与内齿式护壁三种形式。

其他清孔、安放钢筋笼、灌注混凝土等施工方法均同钻孔灌注桩。

第三节　桥梁墩台施工

一、混凝土墩台、石砌墩台施工

（一）就地浇筑混凝土墩台施工

就地浇筑的混凝土墩台施工有两个主要工序：一是制作与安装墩台模板，二是混凝土浇筑。

1.墩台模板

模板一般用木材、钢料或其他符合设计要求的材料制成。木模重量轻，便于加工成结构物所需要的尺寸和形状，但装拆时易损坏，重复使用次数少。对于大量或定形的混凝土结构物，则多采用钢模板。钢模板的造价较高，但可重复多次使用，且拼装拆卸方便。

常用的模板类型有拼装式模板、整体吊装模板、组合型钢模板及滑动钢模板等。各种模板在工程上的应用，可根据墩台高度、墩台形式、机具设备及施工期限等条件，因地制宜，合理选用。模板的设计可参照《公路钢结构桥梁设计规范》（JTG D64-2015）的其他有关规定，验算模板的刚度时，其变形值不得超过下列数值：结构表面外露的模板，挠度为模板构件跨度的 $\frac{1}{400}$；结构表面隐蔽的模板，挠度为模板构件跨度的 $\frac{1}{250}$，钢板模的面板变形为1.5 mm，钢板模的钢棱、柱箍变形为3.0 mm。

模板安装前应对模板尺寸进行检查；安装时要坚实牢固，以免振捣混凝土时引起跑模漏浆；安装位置要符合结构设计要求。

2.混凝土浇筑施工要求

墩台身混凝土施工前，应将基础顶面冲洗干净，凿除表面浮浆，整修连接钢筋。在灌注混凝土时，应经常检查模板、钢筋及预埋件的位置和保护层的尺寸，确保位置正确，不发生变形。在混凝土施工中，应切实保证混凝土的配合比、水灰比和坍落度等技术性能指标满足规范要求。

（1）混凝土的运送：混凝土运输可采用水平和垂直运输。如混凝土的数量大，浇筑振捣速度快时，可采用混凝土的皮带运输机或混凝土的输送泵。皮带运输机速度应不大于1.0～1.2 m/s。其最大倾角：当混凝土坍落度小于40 mm时，向上传送为18°，向下传送为12°；当混凝土坍落度为40～80 mm时，则分别为15°和10°。

（2）混凝土的灌注速度：墩台是大体积圬工，为避免水化热过高，导致混凝土因内外温差引起裂缝，可采取如下措施：

①用改善集料级配、降低水灰比、掺加混合材料与外加剂、掺入片石等方法减少水泥用量。

②采用CA、CS含量小、水化热低的水泥，如大坝水泥、矿渣水泥、粉煤灰水泥、低强度水泥等。

③减少浇筑层厚度，加快混凝土散热速度。

④混凝土用料应避免日光暴晒，以降低初始温度。

⑤在混凝土内埋设冷却管道水冷却。

当浇筑的平面面积过大，不能在前层混凝土初凝或能重塑前浇筑完成次层混凝土时，为保证结构的整体性，宜分块浇筑。分块时应注意：各分块面积不得小于50 m²；每块高度不宜超过2 m；块与块间的竖向接缝面应与墩台身或基础平截面短边平行，与平截面长边垂直；上下邻层间的竖向接缝应错开位置做成企口，并应按施工接缝处理。在混凝土中填放片石时，应符合有关规定。

（二）石砌墩台施工

石砌墩台具有就地取材、经久耐用等优点。在石料丰富地区建造墩台时，在施工期限许可的条件下，为节约水泥，应优先考虑石砌墩台方案。

1.石料、砂浆与脚手架

石砌墩台是用片石、块石及粗料石以水泥砂浆砌筑的，石料与砂浆的规格要符合有关规定。将石料吊运并安砌到正确位置是砌石工程中比较困难的工序。当重量小或距地面不高时，可用简单的马登跳板直接运送；当重量较大或距地面较高时，可采用固定式动臂吊机、桅杆式吊机或井式吊机，将材料运到墩台上，然后再分运到安砌地点。脚手架一般常用固定式轻型脚手架（适用于6 m以上的墩台）、简易活动脚手架（能用在25 m以下的墩台）以及悬吊式脚手架（用于较高的墩台）。

2.墩台砌筑施工要点

在砌筑前应按设计图放出实样，挂线砌筑。当砌筑基础的第一层砌块时，如基底为土质，只在已砌石块的侧面铺上砂浆即可，不需坐浆；如基底为石质，应将其表面清洗、润湿后，先坐浆再砌筑。当砌筑斜面墩台时，斜面应逐层放坡，以保证规定的坡度。另外，砌块间用砂浆黏结并保持一定的缝厚，所有砌缝要求砂浆饱满。形状比较复杂的工程，应先做出配料，注明块石尺寸；形状比较简单的，也要根据砌体高度、尺寸、错缝等，先行放样配好石料再砌。

3.墩台顶帽施工

墩台顶帽用于支撑桥跨结构，其位置、高程及垫石表面平整度等均应符合设计要求，以避免桥跨安装困难，或使顶帽、垫石等出现碎裂或裂缝，影响墩台的正常使用功能与耐久性。墩台顶帽施工的主要工序：墩台帽放样、墩台帽模板、钢筋和支座垫板的安设。

（1）墩台帽放样

当墩台混凝土（或砌石）灌注至离墩台帽30～50 cm高度时，即需测出墩台纵横中心线，并开始竖立墩台帽模板，安装锚栓孔或安装预埋支座垫板、绑扎钢筋等。当墩台帽放样时，应注意不要以基础中心线作为台帽背墙线，浇筑前应反复核实，以确保墩台帽中心、支座垫石等位置方向与水平高程等不出差错。

（2）墩台帽模板

墩台帽是支撑上部结构的重要部分，其尺寸位置和水平高程的准确度要求较严，浇筑混凝土应从墩台帽下30～50 cm处至墩台帽顶面一次浇筑，

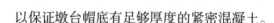

以保证墩台帽底有足够厚度的紧密混凝土。

（3）钢筋和支座垫板的安设

墩台帽钢筋绑扎应遵照《公路桥涵施工技术规范》（JTG/T 3650-2020）有关钢筋工程的规定。墩台帽上的支座垫板的安设一般采用预埋支座和预留错栓孔的方法。前者需在绑扎墩台帽和支座垫石钢筋时，将焊有锚固钢筋的钢垫板安设在支座的准确位置上，即将锚固钢筋和墩台帽骨架钢筋焊接固定，同时用木架将钢垫板固定在墩台帽上。此法在施工时垫板位置不易准确，应经常校正。后者需在安装墩台帽模板时，安装好预留孔模板，在绑扎钢筋时注意将锚栓孔位置留出。此法安装支座施工方便，支座垫板位置准确。

二、桥台附属工程施工

（一）锥坡施工

（1）石砌锥坡、护坡和河床铺砌层等工程，必须在坡面或基面夯实、整平后，方可开始铺砌，以保证护坡稳定。

（2）护坡基础与坡角的连接面应与护坡坡度垂直，以防坡角滑走。片石护坡的外露面和坡顶、边口，应选用较大、较平整并略加修凿的块石铺砌。

（3）砌石时拉线要张紧，砌面要平顺，护坡片石背后应按规定做碎石倒滤层，防止锥体土方被水冲蚀变形。护坡与路肩或地面的连接必须平顺，以利排水，并避免背后冲刷或渗透坍塌。

（4）锥体填土应按设计高程及坡度填足。砌筑片石厚度不够时再将土挖去。不允许填土不足，临时边砌石边填土。当锥坡拉线放样时，坡顶应预先放高2~4 cm，使锥坡随同锥体填土沉降后，坡度仍符合设计规定。

（5）锥坡、护坡及拱上等各项填土，宜采用透水性土，不得采用含有泥草、腐殖物或冻土块的土。填土应在接近最佳含水量的情况下分层填筑和夯实，每层厚度不得超过0.30 m，密实度应达到路基规范要求。

（6）在大孔土地区，应检查锥体基底及其附近有无陷穴，并彻底进行处理，保证锥体稳定。

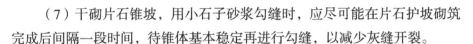

（7）干砌片石锥坡，用小石子砂浆勾缝时，应尽可能在片石护坡砌筑完成后间隔一段时间，待锥体基本稳定再进行勾缝，以减少灰缝开裂。

砌体勾缝除设计有规定外，一般可采用凸缝或平缝。浆砌砌体应在砂浆初凝后，覆盖养生7～14 d。养生期间应避免碰撞、振动和承重。

（二）台后填土要求

（1）台后填土应与桥台砌筑协调进行。填土应尽量选用渗水土，如黏土含量较少的沙质土。土的含水量要适量，在北方冰冻地区要防止冻胀。如遇软土地基，为增大土抗力，台后适当长度内的填土可采用石灰土（掺5%石灰）。

（2）填土应分层夯实，每层松土厚20～30 cm，一般应夯2～3遍，夯实后的厚度15～20 cm，使密实度达到85%～90%，并做密实度测定。靠近台背处的填土打夯较困难时，可用木棍、拍板打紧捣实，与路基搭接处宜挖成台阶形。

（3）石砌圬工桥台背与土接触面应涂抹两道热沥青或用石灰三合土、水泥砂浆胶泥做不透水层作为台后防水处理。

（4）对于梁式桥的轻型桥台台后填土，应在桥面完成后，在两侧平行进行。

（5）台背填土顺路线方向长度，一般应自台身起，底面不小于桥台高度加2 m，顶面不小于2 m。

第八章　城市供水系统规划设计

第一节　供水管网的发展与给水管网基本理论

一、供水管网的发展

城市供水管网作为将水厂生产的水输送到千家万户的重要通道，被喻为城市的"血脉"。供水管网对城市居民的日常生活和生产活动有着至关重要的影响。随着我国经济的快速发展和城市化进程的不断推进，供水行业经历了深刻的改革，城市供水管网的规模迅速扩大，管理工作的复杂性也随之增加。然而，我国作为一个人口众多且水资源匮乏的国家，可利用的淡水资源十分有限，这使得合理规划和高效管理供水管网显得尤为重要。合理的输配水管网规划与设计能够显著提高供水效益与社会效益。尽管供水管网作为城市基础设施的重要组成部分，其重要性不言而喻，但我国在管网管理方面的重视程度起步较晚。目前，多数城市依靠管材种类、破损记录或工作人员经验，以及管线的重要性来决定维修计划。然而，这种方式缺乏科学有效的技术支持，难以满足日益复杂的管理需求。

早期的城市供水管网多以支状管网为主，这种管网布局类似于树状结构，其水源通过单一路径输送到各个节点位置。然而，随着城市规模的扩大和居民对自来水需求的普及，支状管网的局限性逐渐显现。支状管网存在显著的结构缺陷，一旦某一管线发生漏失或故障，往往会导致大范围停水，影响范围较广。为了解决这一问题，支状管网逐步被环状管网所取代。环状管网的设计不仅改善了供水的可靠性，还具备一定的连通冗余和能力冗余。与支状管网相比，环状管网能够通过多条路径将水源输送到各个节点位置，大大提高了供水系统的灵活性和稳定性。随着环状管网基础环数的增加，其连通性和抗风险能力进一步增强。尽管局部新增的连通管段可能会受到一定的影响，但由于距离较远的管段不受明显干扰，整体供水效率仍然有所提升。此外，伴随着水源数量的增多和供水压力的加大，环状管网各管段的重要性呈现出相对下降的趋势，但管网的总体能力却因此提高。这种能力冗余为供水系统的长期稳定运行提供了保障。在规划设计供水管网时，需要综合考虑多种因素，如管网布局、水力计算、压力变化以及多水源供水条件等。通过科学分析和合理设计，供水管网的性能和管理效率能够显著提升。这不仅有助于优化供水资源的分配，还能够为城市的可持续发展提供重要支撑。

随着经济的快速发展和城市化进程的不断加快，新城区作为城市发展的重要产物，已成为衡量城市建设水平的重要标志之一。然而，新城区的快速发展也对基础设施建设提出了更高要求，其中，供水管网的完善尤为关键。这不仅是为了保障辖区内单位和居民的生产生活用水需求，也是支撑城市可持续发展的重要基础。合理规划和建设新城区的供水管网，不仅能够满足日益增长的用水需求，还能够提升城市居民的生活品质。改革开放以来，中国经济飞速发展，城市规划建设的步伐不断加快，居民的生活水平和用水要求也随之提高，这对供水系统提出了前所未有的挑战。供水管网建设作为城市建设的重要组成部分，需要在保障安全供水的前提下，实现统筹规划和合理布局，同时注重节约投资，最大化地体现工程的社会效益、环境效益和经济效益。供水管网的规划与设计，必须充分考虑供水的安全性和可靠性，确保能够满足现代化城市发展的需求。同时，自动化控制水平的提高，也是当前供水系统建设的重要目标之一。这些要求不仅是全国各地供水服务工作的核心，也是新城区建设中的重要环节。但是，在快速发展的城市化背景下，旧城区供水管线的老化问题日益显现。旧管网的改造成为不可避免的任务，而这一过程中暴露出的问题也逐渐显现。新旧管网建设的协调与衔接不足，导致供水矛盾日益突出。此外，供水管道爆裂等突发状况频繁发生，不仅影响供水安全，还可能对城市运行稳定造成威胁。

在当前的城市供水管网建设中，由于管理工作缺乏科学性和系统性，管网漏损现象屡见不鲜。这种情况不仅降低了城市的整体供水能力，还可

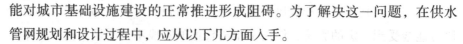

能对城市基础设施建设的正常推进形成阻碍。为了解决这一问题，在供水管网规划和设计过程中，应从以下几方面入手。

（1）必须选择适宜的管材，以确保管网的耐久性和可靠性。

（2）应根据实际情况设计合理的供水压力，以避免因压力过大导致的管道损坏。

（3）加强管网的监测和维护也是降低漏损的重要措施之一。

（4）通过科学的技术手段，实时监测管网运行状况，能够及时发现和解决潜在问题，从而保障供水系统的安全运行。

二、给水管网基本理论

（一）给水管网组成

给水管网是一项以经济合理、安全可靠为核心目标的重要基础设施，用于输送居民生活用水、生产用水及消防用水。它需要满足水量、水质和水压的要求，与水源、水处理设施和泵站共同构成完整的给水工程。通常，给水管网会以区域为单位进行有组织的规划和敷设，确保以最经济的方式将水输送至用户手中。作为城市和工业企业基础设施的重要组成部分，城市地下的给水管网是一个复杂而庞大的系统，由输水管段和各类节点构筑物共同组成。根据给水工程的工作原理，给水管网的运行通常包括取水、净水和输配水三个主要环节，并通过水泵系统加以联系和运行。

1.取水

为满足区域的用水需求，给水工程需要从天然水源中取水，并建造相应的取水构筑物。天然水源包括地表水（如河流、湖泊）和地下水。在设计取水系统时，应充分考虑水源的稳定性和质量，确保能够满足日常供水需求。

2.净水

水源通常含有各种杂质，如地表水中常见的泥沙、有机物、溶解性气体、盐类、细菌和病原体等，地下水中则可能含有较多的矿物质盐。由于用户对水质有较高的要求，取自天然水源的水必须经过净水处理后方可输送至用户。净水系统的构筑物是整个给水管网中的关键节点，承担着对水质进行全面处理的任务。只有经过这些构筑物处理后的水，才能达到国家规定的饮用水标准，并安全地输送给居民和其他用户。

3.输配水

净化后的水需要通过输配水系统输送至最终用户，同时确保水质和水压的稳定。输配水系统是给水管网的核心部分，主要由输水管、配水管、泵站、水塔等节点设施组成。

（1）输水管

输水管负责将净水从水处理设施输送到配水管网，其主要作用是连接水处理设施和配水网络，不直接服务于终端用户。在设计输水管道时，如果区域条件允许且短期内可能出现断水情况，可以只布置一条输水管，但在无法满足这一条件时，通常需要布置两条或更多输水管以确保供水安全。在实际施工中，输水管道的布局应尽量沿现有道路进行，以降低施工成本并提高工程的可行性。同时，应避开山区、水域等不利地形。

（2）配水管

配水管网主要负责将输水管输送的水分配至用户。在布局时，应根据供水区域的地形特点及最大用水用户的分布情况进行合理规划。配水管网通常分为干管和支管两部分：干管用于向各分区输水，支管则将水分配至最终用户。

在设计配水干管时，应以最短的输水距离和最大的输水量为目标，同时要将用水量最大的用户布置在网络的前端，以缩短输水距离、降低成本。整个配水管网布局应尽量形成环状或格状结构，以提高供水系统的可靠性和均衡性。

（3）泵站与水塔

水塔是输配水系统中的重要节点，其主要作用是调节给水管网的供需平衡。由于用户用水量在一天内不同时间段存在波动，尤其是复杂用户群体的需求变化更为显著，供水系统需要通过水塔对水压和水量进行调节，确保供需平衡。水塔或高低水池可以调节整个给水网络中的水量，用水高峰时段，可将蓄水补充到管网之中，而在平峰时段，可将管网中超过需求量的水储存起来，以此起到调节管网中水量平衡的作用。

（二）场地给水系统

场地给水系统的设计与布置需综合考虑场地的总体规划、水源地划分、地质地貌、施工条件以及水质要求等多种因素。以下是几种常见的场地给水系统形式及其特点。

1.统一给水系统

统一给水系统是指将区域内所有类型的用水需求——生活用水、园林用水、工业用水、市政用水和消防用水等——纳入一个系统，并按照最高的生活用水水质标准进行供水。管网的布局采用统一的给水管网结构。这种系统通常适用于新开发区域，如新型工业园区、开发区等。此类区域的用户集中，且对水质、水压及相关设施的要求较为一致，同时场地的地形和条件变化不大。统一给水系统能够有效减少规划和建设的复杂性。

2.分质给水系统

分质给水系统根据用户对水质的不同需求，从水源地通过取水设施和多种净化设施，将水输送至不同类型的用户。此系统的最大优点在于，可针对不同用户需求调整供水水质，避免将所有水源都提升到最高标准，从而显著节约净水成本。然而，分质给水系统也存在缺点，即管网结构复杂化，导致后期的维护和管理费用增加。此系统多适用于对水质要求差异显著的区域。

3.分区给水系统

对于面积较大的场地，由于地形复杂、用户需求多样，不得不将区域划分为多个区块，并为每一区块设计独立的给水系统。每个分区系统配备独立的水处理和传输设施。分区给水系统的优点包括较高的安全冗余度，可在系统间进行灵活调度，从而实现水资源的高效利用和统一规划。此外，通过对管网进行合理布局和资源统筹，可以显著节约投资成本以及后续的维护升级费用。但该系统对管理者提出了更高的统筹能力要求。

4.分压给水系统

分压给水系统针对地形高低起伏较大的地区设计，满足不同高程用户对水压的不同需求。从不同水源地按需供水，以不同的水压满足不同区域的用户。此系统常见于水源分布密集的丘陵地区。分压给水系统的优点在于减少了加压设施的建设需求，降低管网承压要求，并能够分阶段逐步建设管网系统。然而，由于系统分布的复杂性，分压给水系统的管理难度较高。

5.重复使用给水系统

某些工业用水在使用后污染程度较低，可以直接用于其他工业工艺，或经简单处理后再次使用。该系统通过重复利用水资源，大幅减少了对水源地的新水需求。重复使用给水系统特别适合水资源短缺地区或工业用水需求量大的场地，其高效的水资源循环利用方式能够显著降低运营成本。

6.循环给水系统

循环给水系统是一种特殊的水资源利用方式，适用于包含水处理环节的生产工艺流程。在系统中，用水经过处理后循环返回生产过程，只有在循环过程中损失的水量（约5%）需要由新鲜水进行补充。该系统的最大优点在于节约水资源，尤其在需要大量工业用水的场景下，可以有效降低新水的消耗，提升整体水资源利用效率。

第二节　供水系统需水量预测与水源选择

一、供水系统的需水量预测

（一）需水量预测的意义

城市供水系统的需水量预测在供水规划和设计中具有至关重要的作用。城市需水量是保障城市正常运转的重要基础，涵盖了物质循环、信息交流和能量流动所必需的水资源，是城市发展的命脉和居民生活的基础。然而，随着我国经济的快速发展和城市化进程的加速，城市用水需求量呈现出持续上升的趋势。城市基础设施的逐步完善进一步加剧了这一需求，而很多城市现有的水资源和供水设施已难以满足不断增长的用水需求，导致供需矛盾日益突出。

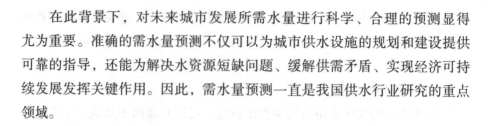

在此背景下，对未来城市发展所需水量进行科学、合理的预测显得尤为重要。准确的需水量预测不仅可以为城市供水设施的规划和建设提供可靠的指导，还能为解决水资源短缺问题、缓解供需矛盾、实现经济可持续发展发挥关键作用。因此，需水量预测一直是我国供水行业研究的重点领域。

（二）需水量预测的原则

在开展需水量预测时，应遵循以下原则。

1.适应性原则

需水量预测应与区域的社会经济发展水平和趋势相适应，确保供水系统能够满足未来发展的需求。

2.综合性原则

需要考虑水资源的可持续性，科学合理地平衡供水需求与资源可能性之间的关系。在重点保障基础上，做到统筹兼顾。

3.分区与行业差异性原则

需水量预测应根据不同区域和行业的具体需求区别对待。对于生活用水、工业用水和农业用水等不同类型需求，需要采用不同的分析方法。

4.节约与可持续发展原则

推行科学用水、节约用水理念，确保水资源的高效利用和可持续发展。

5.环境质量要求原则

需水量预测还需考虑人民生活水平的提高及水环境质量的改善需求，力求在满足用水量的同时提升水环境质量。

需水量预测需要以规划水平年的人口、经济产值、社会发展状况等指标为基础，结合实际情况进行扩展分析。科学、合理的预测结果是供水工程设计和城市水资源管理的重要依据。

（三）需水量预测的类型、方法、模型建立

1.需水量预测的类型

在供水系统的运行与管理中，用水量的精准预测是优化供水网络控制决策的前提。需水量预测的基础是对系统实际运行状况和用水数据的测

算，预测过程通常分为长期预测和短期预测两种类型。

（1）长期预测

长期预测是基于城市经济发展速度、人口增长趋势以及其他相关因素，对未来几年、几十年，甚至更长时间内的城市用水需求进行的预测。这种预测主要为城市整体规划和供水设施的改扩建提供依据。

（2）短期预测

短期预测则基于过去几天或几周的用水记录，结合季节、天气和用水习惯等因素，对未来数小时或一天内的用水量进行预测。这种预测主要用于供水系统的短期优化运行，帮助实现高效供水管理。

2.需水量预测的方法

用水量预测的方法多种多样，常见的有以下两类：

（1）回归分析法：通过回归模型对用水量与相关因素之间的关系进行分析。具体方法包括线性回归、非线性回归和组合模型等。

（2）时间序列分析法：基于历史数据分析用水量的变化趋势，方法包括自回归模型、滑动平均模型、自回归滑动平均模型（ARMA）、加权移动平均模型、指数平滑法、增长率统计法和混合预测法等。

3.预测模型的建立

建立有效的预测模型需按照以下步骤操作。

（1）识别用水数据的时间序列特征，包括数据的平稳性、趋势性、季节性、周期性和随机性等特征。这是选择适用预测方法和模型的基础。

（2）在确定模型后，需要通过调整参数以使误差平方和最小化，从而优化模型的准确性。

（3）对预测模型进行验证，确保其具有足够的准确性和可靠性，以便指导实际供水系统的管理与运行。

不同方法适用于不同情境。例如，回归分析法适用于用水量与相关因素具有较强相关性的情况，而时间序列法更适合用水量变化具有较强规律性的情境。在实际应用中，常常结合多种方法以提高预测精度。

二、供水系统的水源选择

（一）供水系统水源选择的重要性

水源选择对供水系统的建设至关重要。尤其是在新城区建设中，供水需求与城市发展紧密相联，供水系统的作用不仅体现在人口和生产力高度集中的区域，也体现在需水量大、水问题复杂、水管理难度高的地区。需要根据该地区的人口规模和供水规模进行规划，预测其需水量，从而选择适宜的水源。

供水管网的水源应选择在水量充足的区域，以满足该地区近期和远期发展的规划需求。水源地水质必须优良，既能实现开源节流，又能与该地区其他经济部门协调发展。水厂的厂址选择需综合考虑地质条件，宜建在地下水位低、湿陷性等级低、岩石少且承载力大的地区，以降低施工难度和成本。尽量避免在洪水威胁较大的区域选址，如无法避免，则需在施工中采取有效的防洪措施。此外，水厂周围的环境应符合卫生和安全要求，同时合理规划沉淀池位置，便于沉淀物质的排放。

水厂运转需要充足的电力资源，因此，在选址时，应考虑交通便利性和周边的供电条件。同时，厂址还需兼顾所在地区的发展规划，为未来新增工艺设备或扩建留出空间。当取水点靠近水厂时，水厂可直接设置在取水设施附近；若取水点距离较远，可选择将水厂建在取水设施与用水区之间的适当位置。

水源选择不仅要关注位置和经济效益，还需确保水质安全。在选定水源后，应进行水质监测，包括余氯分析，确保水质符合安全要求，为供水系统的稳定运行提供保障。

（二）水源选择与水资源平衡研究

1.水资源分析

合理选择水源并科学开展水资源分析论证，是保障城镇供水安全的重要前提。水资源的供需平衡分析是供水规划中的关键技术环节。如果本地水资源无法满足城市需水量，就必须提出解决水资源平衡问题的对策。因此，需对城市水资源进行科学合理的规划，倡导"开源节流"理念，加强水资源的可持续利用。

（1）应从全局出发，统筹规划并保护城市水资源。通过积极开展水资源评价工作，以维护水资源的生态平衡为核心，协调城市各类用水需求的矛盾，并制定合理的水资源开发、利用和保护法律法规，为城市供水安全提供制度保障。

（2）要减少水资源污染，严格控制地下水开采量。加强对邻近水源的工业企业排放的监管，定期开展污水排放监测，确保工业污染得到有效控制。同时，对地下水的开发需严加管控，完善审批制度，保护地下水资源的可持续平衡。

（3）增强居民节水意识和水资源保护观念。通过宣传推广生态节水型农业和工业设备，对超量用水的单位实行超额收费政策，鼓励工业企业使用循环再生水，倡导"一水多用、废水再利用"的理念。增强全民忧患意识，推广节水型生活设备，鼓励居民节约用水。

2.水源选择的主要原则

水资源分类：可供城市利用的水资源包括地表水源、地下水源和其他水源。地表水源主要有江河、湖泊和水库；地下水源包括潜水、承压水和泉水；其他水源如海水、雨水和冰川等。在水源选择上，应根据水资源的分布特点合理规划，确保供水量充足、水质达标以及供水安全可靠。

水源选择是一项系统工程，需要综合考虑供水安全、技术经济性及水文、气象、地形、地质等多方面因素。总体来说，应遵循以下原则。

（1）选择水质优良、水量充沛的水源。

（2）满足城市高程和供水压力要求，优先选择城市上游水源，以减少能耗。

（3）选取地势平坦、适合施工、方便建造取水构筑物的地点。

（4）确保水源地不易发生地质灾害。

在水源选择过程中，既要满足城市发展的近期需求，又要兼顾长远规划，为城市供水系统的可持续发展提供坚实保障。

3.水量可利用性

在水资源平衡分析中，水量的充足性是确保城市供水系统正常运行的基础条件。水源水量可利用性的分析直接决定了某一水源是否适合作为城市供水水源的关键因素。具体来说，水源的来水量不仅需要满足城市的用水需求，还必须确保截留和利用部分水资源时不会对下游取水设施或用水活动的正常运行产生影响。如果对水源地进行过度开发，就可能导致下游取水设施无法正常运转，造成水资源失衡，进而严重破坏生态环境。因此，水源地的水量分析尤为重要。

在地表水状况分析中，通常通过"供水保证率"和"水量来供比"两个指标来衡量水量的可利用性。水量来供比是指水源地的来水量与城市供水量之间的比值。该指标分为三个等级，来供比值越大，表示水资源的可利用性越高，但仍需确保其在安全供水范围内。供水保证率则分为五个等级，一级供水保证率最高，代表水资源的可利用性更高。

第三节　供水管网设计

近年来，随着我国城市化水平的不断提升，为了全面提高城市居民的生活质量，市政建设需大规模铺设供水管网，以满足日益增长的供水需求。供水管网作为城市基础设施和生命线工程，在城市生产与生活中具有举足轻重的地位和作用。供水管网建设必须兼顾近期和远期的发展规划，科学合理地分配供水流量，确保城市居民的正常用水需求。同时，管网设计不仅要满足供水需求，还应优先保障供水安全，尤其是水质安全。为此，需要从供水管网水质安全的影响因素入手，研究水质保障技术，以指导管网的运行管理，并为建立新时期饮用水安全保障体系提供技术支持。

一、管网设计的各项标准

（一）管网设计的原则

（1）按照城市总体规划要求，科学统筹，合理布局。在确保供水安全的基础上，注重节约投资，最大化体现工程的社会效益、环境效益和经济效益。

（2）根据输水管道沿线地形地貌的特点，优化布局和系统设计。合理规划输水路线，减少管线长度，既降低工程造价，又节约运行成本。同时，尽量减少中途泵站的设置。

（3）输水工程设计需注重管线科学布置，在降低工程成本的同时，减少能耗，优化运行费用，提升供水效率。

（4）结合国内外相关工程经验，依据水厂设备运行实际情况，确保设计造价合理，运行经济高效。

（5）在确定输水系统和管网系统的形式及安全性时，通过提升自动化控制水平，确保供水的安全性与可靠性。

（6）积极稳妥地引入先进技术、材料和设备，确保技术先进、安全可靠、水质优良、经济合理。同时，注重操作简便性和维护管理的便捷性，达到国内领先水平。

二、供水管网系统管材的选择

（一）管材选择的原则

供水管网工程为单线铺设，具有输水安全要求高、流量大的特点，因此对管材选择有严格要求。需在确保输水安全的前提下，综合考虑施工便捷、供货快速和成本节约等因素。同时，结合类似输水工程中管材的实际使用情况，根据工程所在地区的气候条件、地形地质特点，选择最适合的管材。此外，由于工程多次穿越障碍，对管道强度要求较高，因此需对多种管材进行综合比较后做出科学合理的选择。

（二）各种管材的优缺点比较

城市供水管网线路复杂且水源输送距离较长，因此合理选择管材至关重要。目前，常用的输水管材包括PE管、UPVC管、预应力混凝土管、玻璃钢夹砂管、球墨铸铁管、钢管、钢塑复合管及PCCP管。

1.PE管

PE管（polyethylene，全称为聚乙烯管）以高密度聚乙烯为原料，使用寿命可达50年以上，且卫生性能优良，不含有毒助剂。其内壁光滑，不易滋生细菌，化学稳定性高，不易结垢，具有较高的强度和韧性，维修率低，可靠性高，是一种性能优越的新型管材。连接方式为热熔连接。但其价格偏高，尤其是大口径管材的价格更高。

2.UPVC管

UPVC（unplasticized polyvinyl chloride，通常称为硬PVC）供水管具有优异的耐酸碱性，不易被腐蚀或生锈，施工工艺简单，机械强度较大。其内壁光滑，不易结垢，且无毒无害，符合国家卫生和水质标准。然而，UPVC管的最大口径为DN600 mm，无法满足大型输水工程的需求，仅适用于配水管网。

3.预应力混凝土管

预应力钢筋砼管不会影响输水水质，内壁不易结垢，且采用胶圈接口，保持良好的过水能力。但其重量较大，脆性高，易在运输和安装中受损，导致运费和破损率较高。尽管如此，其价格相对其他管材较低。

4.玻璃钢夹砂管

玻璃钢夹砂管是一种近年来兴起的新型管材，优点包括无需内外防腐、使用寿命长、重量轻、便于安装及连接灵活。然而，该管材刚度较低，价格较高，对生产运输及施工要求严格。铺设时需制作符合标准的管道基础，回填土须分层夯实并进行精细化操作，避免坚硬物体损坏管道外层。此外，玻璃钢夹砂管的质量难以保证，存在一定的供水安全隐患。

5.离心球墨铸铁管

离心球墨铸铁管是供水管网系统中广泛使用的管材，无论在国内还是国外，其使用比例均超过80%，在一些国家甚至高达85%以上。相比传统铸造方法，离心球墨铸铁管采用更为先进的铸造工艺，减少了铸造缺陷，使管材组织更为致密。20世纪50年代，球化处理工艺的诞生促进了球墨铸铁材料的研发，而离心球墨铸铁管成功结合了这一工艺与离心铸造技术，具有接近钢管的机械性能，因此迅速被推广，并广泛应用于供水管网建设中。

离心球墨铸铁管的主要优势包括以下几点。

（1）优异的力学性能

球墨铸铁管兼具钢管的强度和铁管的韧性，延伸率超过10%，抗拉强度达到420 MPa，硬度不超过230 HB，其抗拉、抗弯强度及弹性模量均可媲美钢管。

（2）良好的防腐性能

球墨铸铁管内衬树脂材料或水泥，外部喷涂锌层和沥青，具备优异的内外防腐能力，有效解决了传统铁管和钢管易腐蚀的问题。在供水施工中，无需额外采取防腐措施，从根本上避免了水质的二次污染。

（3）可靠的接口密封性

采用压兰式机械接口配胶圈密封或承插式接口，接口密封性好，允许较大角度偏转，能有效吸收地基沉降带来的应力，防止管道爆裂。

（4）施工安装便捷

球墨铸铁管的安装不受天气限制，施工工艺简单，土方量较小，不需要专业技术工人，省时省力，显著降低了安装成本。

6.钢管

钢管因其较高的内外承压能力和良好的机械强度，在供水管网中也有重要应用。钢管的主要特点如下所述。

（1）钢管具有高机械强度，能够承受较大的内外压力，管件制作灵活，连接便捷，不易漏水和爆管。

（2）钢管多采用焊接或法兰连接，施工工艺较为简单。

（3）钢管易受腐蚀，对供水水质有一定影响，因此需在铺设前做好内外防腐处理，如采用"三油两布"或"四油三布"等工艺，同时辅以电化学防腐措施，才能提高使用安全性。但这也导致钢管的整体造价较高，尤其是小口径钢管。

钢管适用于大口径供水管道（DN800 mm以上），其造价与其他管材相当。但在小口径管道中，钢管价格较高且防腐质量难以控制，因此不建议使用。

7.钢塑复合管

钢塑管（聚乙烯涂塑钢管）是传统镀锌管的升级产品，以钢管为基材，外覆塑性材料，兼具钢管的强韧性和塑料管的防腐性能，其主要具有两个特点：一是钢塑管耐压、耐冲击、抗破裂能力强，能够承受较大的土壤静荷载和地面动荷载；二是相较于镀锌管和铸铁管，钢塑管更加安全可靠、环保。

由于钢塑管生产成本较高，安装较复杂，适用于对管道安全性要求较高的场合，如穿越铁路、公路和河流时使用。

8.PCCP管

PCCP（prestressed concrete cylinder pipe，预应力钢筒混凝土管）是一种复合型管材。近年来，在供水工程中得到广泛应用，逐渐成为大口径管材的主流选择，其特点包括以下方面。

（1）PCCP结合了混凝土管的刚性和钢管的承压能力，防腐性能优良，使用寿命长，适用于高压输水工程。

（2）PCCP可与多种管型接口连接（如钢管、混凝土管等），接口采用钢制环和橡胶圈密封，杜绝漏水现象。

（3）PCCP内壁光滑，不结垢，保证水流畅通，适用于长距离输水工程。

PCCP管道重量大，运输和施工难度高，安装费用较高，小口径管材较少，限制了其在某些场景中的应用。

（三）各种管材的经济技术比较

根据管材性能的对比，结合本工程水质特点、供水需求、泵站出口压力和长距离输水的特点，为保障电厂生产用水的安全性和可靠性，初步选择PE管、玻璃钢夹砂管、钢管、球墨铸铁管以及聚乙烯涂覆钢管进行经济和技术分析比较。

（四）供水管网系统管材的确定

通过技术分析，得出以下结论：PE管水力条件优越、耐腐蚀性能突出，但造价较高；钢管虽然输水可靠性较强，但需要提高内防腐标准，实际施工中防腐质量难以保障，若采用水泥砂浆喷涂可满足要求，但施工较为复杂，且投资较大；玻璃钢夹砂管造价较低且水力条件好，但供水安全性较差；球墨铸铁管具有高承压能力、防腐性能好、造价适中的特点；钢

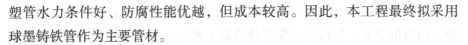

塑管水力条件好、防腐性能优越，但成本较高。因此，本工程最终拟采用球墨铸铁管作为主要管材。

在具体应用中，高密度PE管适用于中小口径管道，而球墨铸铁管多用于大口径管道。钢管使用较少，一般在水压较高或管径较大的情况下，以及在地形复杂或需穿越铁路、河流等特殊地段时因地制宜使用。玻璃钢夹砂管虽具有良好的耐腐蚀性能和轻便特点，但抗压能力较弱且成本偏高，故不宜作为首选。综合考虑当地实际情况，本工程中管径小于DN500 mm的供水管道选用PE管，管径大于等于DN500 mm的供水管道选用球墨铸铁管，局部特殊场景下使用钢管以满足安装连接和穿越障碍物的需求。

（五）供水管网系统管道附属设施

为保障输水管道的安全运行，在管道设计中需重点考虑附属设施配置。在输水管道的隆起点及倒虹管的上下游两侧设置排气阀和进气阀，用以及时排除管道内的空气，防止气阻现象发生。同时，在发生水锤效应或需要放空管道时，引入空气以避免管道内负压，确保管道正常运行。一般情况下，在平直管段上平均每1 km设置一个进气阀和排气阀。

泄水阀需设置于管道的低洼地带，并直接接入低洼区域或河沟。当水流无法自然排出时，应增设集水井，通过提水设备将多余水量排出。泄水管道通常设置在低洼地带，其直径一般为输水管道直径的三分之一。每隔2～3 km设置一个DN300 mm泄水阀。

阀门作为输水管道的重要设备，用于调控水流方向和流量。在发生事故时，阀门可迅速隔离事故管段，便于紧急抢修。设计中拟采用地下蝶阀，每2～3 km设置一个蝶阀，以满足运行需求。

三、输水管道方案的确定

（一）输水管道定线原则

输水管道定线涉及选择并确定输水管线的走向和具体位置。在进行输水管道定线时，必须综合考虑供水安全、施工安全以及劳动力节约。选线时应遵循就近原则，并确保线路符合城市规划，沿街道布局，以便于施工和检查维修。输水管线的铺设应尽量减少占用农田，并减少与公路、铁路、河流的交叉。管线应避免穿越高地下水位、河水淹没与冲刷区域，同时应绕开滑坡、岩层、沼泽和沉陷区，以利于管理和降低建设成本。通过经济技术分析，进而确定管道的管径、长度和走向。

（二）输水管道单双管确定

输水管道可选择单管铺设或双管铺设，以确保供水的安全性和可靠性。通常情况下，需要设置两条或两条以上的输水管线。如果输水管线较长且复杂，应选择两条或两条以上的输水管线。相对地，如果输水管线较短且简单，则可选择单管敷设。

1.输水管道埋深设计

在设计输水管道埋深时，需综合考虑防冻深度和安全要求。管道的覆土厚度会根据穿越障碍的要求、管道的局部水头损失、地形变化以及冻土深度等因素进行相应调整。

2.输水管道附属设施设计

（1）分段阀门

在管路上安装分段阀门，旨在确保充足的充水时间。此外，它们在事故发生时能够缩短泄水时间，减少弃水现象。阀门的口径与管道尺寸相匹配，采用型号为GD341X–10的地下蝶阀，共设置4个。

（2）松套传力接头

传力接头通过螺栓连接，形成一个完整的整体，是分段阀门与管道连接的必要组件。它允许一定的位移，可根据实际情况进行调整，以将沿管道轴线的推力传递至整个供水管道，从而对管道上安装的阀门起到保护作用。工程设计采用型单法兰松套传力接头，与阀门共同设置于阀门井内，共设置3个。

（3）排（泄）水阀

为了便于管道事故抢修时快速排出管道内的积水，需要在管道的低洼位置合理设置排（泄）水阀。根据排水量和排水压力的要求，选用口径为DN200 mm的闸阀，排水阀按照2~3 km的间距布置。设计时尽量使泄水管直接连接至道路的排水井，以实现排水过程中的自流排放。所用阀门型号为

Z45T，单次设置数量为1个。

（4）进、排气阀设计

输水管道中的气体主要来源于管道充水前以及事故维修后的残留气体。为排除管道内的气体，避免因气体积聚导致管道无法正常运行或发生爆管事故，需要在适当位置安装进、排气阀。

进、排气阀的布置要求包括：在管道所有高点安装进、排气阀，此外，在平直管段上按约1 km的间隔设置一个进、排气阀，阀门的口径为DN80 mm，总计设置7个。

（5）防水锤设计

水锤现象（又称水击）是供水管网输水过程中由于水泵突然停止运行、阀门迅速关闭或开启等原因，导致水流速度发生突变，从而引起管道内压强剧烈波动的现象。水锤效应通常分为正水锤（流速惯性作用导致的压强上升）和负水锤（压力骤降导致的管道失稳）。

水锤现象可能对输水管道系统造成极大危害，尤其是当水锤压力超过管道及附件的设计压力时，会导致管道及附件的破坏。因此，在输水系统设计时需充分考虑水锤压力的影响。

输水管道中常见的水锤多由末端阀门瞬间关闭引起，例如线路阀门、排污阀门等。在这些部位，如不采取有效的消除水锤措施，当系统中水锤压力过高时，可能引发管道失稳破坏。此外，在管道高点区域，由于供水压力较低，一旦出现供水中断现象，可能导致"水柱拉断"现象。此时，管道可能受到负压和随后的高压影响，从而引发管道破裂或其他损坏。为此，设计中需在关键节点采取必要的防水锤措施，以确保管道运行的安全性和稳定性。

（三）输水管道巡查和维护

为确保输水管道具备稳定的输水能力，保障供水安全，降低运行管理成本，必须在管道投产后进行科学的日常养护和管理。通过精心维护和科学调整，可根据生产用水需求优化管道运行，最大限度发挥输水能力，以经济合理的方式完成供水任务。

管道巡查是加强输水管道运行管理的重要措施，也是预防管道故障的关键手段。此项工作应由专人定期负责检查，具体工作内容如下。

（1）详细了解输水管道的现状和长期运行情况。对相关人员进行操作规程培训，避免因操作不当引发事故。

（2）沿输水管道布设桩点，并标注清晰的标记。检查输水管道、阀门井、排气阀、泄水阀等是否存在被埋压或被破坏的情况，特别是针对道路翻修和基础设施施工区域，应加强协调配合。

（3）对安装在套管内的管道进行检查，确保管道完好无损，并及时发现和处理漏水问题。

（4）通过巡查工作，对输水管道的相关资料进行校核和修补。这项工作是完善输水管道资料的重要途径。

（5）由于地貌变化，埋于地下的管道可能难以定位。可借助电子探管设备准确查找管道位置和埋深，以便后续维护和管理工作。

四、配水管网方案的确定

配水管网是供水系统中将自来水输送给用户的重要设施，由水管、水塔、加压泵站和附属设施组成。

（一）配水管网设计原则

配水管网作为城市建设的基础设施，具有重要作用，是城市供水系统不可或缺的一部分。无论国内外，配水管网设计均需遵循发展适宜、投资合理、供水可靠的原则。设计方案通常采用环状管网为主、支状管网为辅的形式，以确保系统的稳定性和供水的可靠性。

供水管网应沿现有管网和规划道路进行布置。环状管网能够在某段管道出现故障时，通过其他路径提供约70%的设计水量，确保供水安全。在此基础上，设计配水管网需遵循以下原则。

（1）根据城市总体规划，合理设计生活用水的需求和供水能力。

（2）系统设计需结合实际情况，综合考虑经济性与技术性，同时兼顾地形、水源和用水需求。

（3）结合现有供水管网和城市规划，分近期和远期两个阶段进行设计，满足发展需要。

（4）生活供水干管宜布置在两侧用水量较大的道路上，以减少支管的铺设。

（5）配水管道尽量与道路规划同步施工，避免后期重复作业。

（二）配水管网设计

配水管网的设计需合理布置管线，通过缩短管线长度降低成本，同时提高供水可靠性和安全性。具体设计要点如下所述。

1.环状布置

采用环状管网设计，确保在任何一段管道出现问题时，通过关闭相关阀门隔离故障管道，其余管段仍能正常供水，从而减少用户受影响的范围，提升供水的可靠性。同时，环状管网设计能够降低水锤效应的影响。

2.合理设置阀门

在干管与支管连接处安装阀门，干管每隔400～600 m设置一个阀门，且不应隔断五个以上消火栓。管线最高点设置排气阀，最低点设置泄水阀，方便排空存水。增设测流井和测压井以便监测管道运行状况。

3.消防与生活供水共用

消防与生活供水共用管道，并通过消防流量校核，确保最高日最高时仍能有70%的用水量通过。管道每隔90～120 m设置一个地下式消火栓，管径不小于DN200 mm。消火栓应布置在人行道上，距离机动车道不超过2 m，距离建筑物不少于5 m，以便消防车就近操作。

4.管道支墩设计

对于管径大于DN400 mm的供水管道，在每个管件及转弯处均需设计管道支墩以增强稳定性。

5.特殊路段的管道敷设

（1）过河段。当河底标高低于管道或无法满足填土要求时，需将管道做下弯处理。

（2）过交通道路段。繁忙交通路段需使用混凝土套管保护，套管直径根据施工方式确定。大开挖施工时套管直径应比供水管道大300 mm；顶管施工时套管直径应大600 mm。水管埋深应在道路结构层以下约1.5 m，并使用满夯砂进行填充保护。

五、管网平差

供水管网的设计质量直接决定着城市未来发展的潜力。作为城市基础设施的重要组成部分，供水管网的功能关乎城市的正常运转和长远发展。合理的管网设计可以有效提升供水系统的运行效率，而实现这种合理化的重要手段之一就是管网平差。

管网平差是一种通过水力计算对各管段流量进行重新分配的技术手段，其目的是使供水管网满足特定的水力学方程，确保其设计和运行的科学性与经济性。通过实施管网平差，不仅可以为供水系统的设计、扩建和改造提供优化方案，还能指导管网测流、测压及水质监测工作的实施。合理布置和优化各监测点的位置，有助于全面掌握供水管网的运行状况。

通过对管网的平差计算，可以模拟实际运行中的管道工作状态。以此为依据，设计出更为科学、经济的调度方案，优化供水调配。同时，平差计算还能够帮助确定阀门的开度调节，尤其是针对季节性用水量变化，找到阀门操作的最优经济状态。这不仅提升了管网的运行效率，也有助于延长管道的使用寿命，降低运营成本。

六、管网压力的确定

供水管网压力的科学确定是保障系统正常运行的关键。通过在管网中加装调压设备，可以根据不同时间段的用水量变化灵活调整管道压力，使其始终运行在最佳状态。合理的管网压力管理是减少管网漏损的最直接、有效的方法之一。

当前，城区供水管网的压力在常规情况下能够满足用水需求，但在夏季用水高峰期，由于用水量激增，特别是工业区支状管网的存在，管网压力往往会显著升高。这种压力变化可能导致管道破裂、跑水等问题，不仅造成水量浪费，还会影响居民生活用水和企业生产用水的正常供应。

随着城市供水管网规模的不断扩大，漏损管理已成为管网运营中的重要课题。过高的管道压力不仅加剧管道的老化和损坏，还显著增加了漏损风险。因此，在配水管网设计阶段，就应结合城市发展需求，合理选择管网的压力值。通过科学的压力管理，不仅可以有效降低管道损坏风险，还能延长管道的使用寿命，减少后续维护和修复的成本。

在实际操作中，确定管网压力时需要综合考虑多种因素，如用水需求、管道材质、管网布局及季节性变化等。合理的压力控制能够在保障供水需求的同时，最大限度减少漏损，确保系统的经济性和稳定性。通过先进的压力管理技术，如压力调节阀的优化使用，供水管网可以实现动态化调控，在满足用户用水需求的同时，维持管网的长期高效运行。

第九章 城市排水系统规划设计

第一节 排水泵站设计

在计算雨水量时，通过具体方法得出雨水量后，应依据分析结果确定下穿立交道路排水泵站的设计规模和标准。这样不仅能在降雨时有效解决排水不畅的问题，还能通过优化设计降低泵站的运行成本，进而减少工程投资。

城市下穿立交道路的排水系统应独立运行，避免依赖其他排水系统。排水口的设计需确保无堵塞现象，以保证雨水顺利排出。当无法通过自流排水解决问题时，可增设排水泵站来处理下穿立交道路容易积水的状况。因此，排水泵站的工程设计是城市下穿立交道路排水系统中的关键环节。设计时需综合考虑泵站的选址、水泵类型和型号、泵房布置方案、水泵数量以及水泵的组合方式，并结合实际工程需求，制订最优化的泵站设计方案。

一、泵站选址

城市下穿立交道路排水泵站的选址需在经济和技术条件的基础上进行全面研究。这需要实地勘测，并结合下穿立交周边的整体规划，综合考虑多方面因素。既要关注周边的卫生要求、地质条件、电力供应的安全性和保护泵站的相关安全措施，还需调查雨水排入河流后对水质的影响，收集相关水文资料，分析下穿立交道路排水泵站排水入河对河道的潜在影响。

此外，还需对泵站防洪能力进行详细评估。因为泵站通常应设置在城市下穿立交道路的最低标高处，如果遭遇洪水淹没，可能导致排水系统失控，进而引发严重经济损失。同时，泵站选址应尽量避开需深挖、管线复

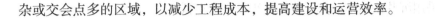

杂或交会点多的区域，以减少工程成本，提高建设和运营效率。

二、泵房的设计

（一）泵房的设计原则

泵房是泵站最重要的构筑物之一，其设计需要遵循以下四项原则。

（1）泵房内部的设备和空间应尽量紧凑合理地布置，以便于施工阶段设备的安装以及后续的维护和运营工作，从而有效降低工程投资和长期的运行成本。

（2）泵房的选址应位于下穿立交道路最低点的稳定地基上，不可在斜坡或滑坡等不稳定地段设置。泵房结构应满足在各种工况下的稳定性要求，其构件的刚度和强度需符合相关设计规范，同时具备良好的抗洪和抗震性能。

（3）泵房浸水部分的结构构件必须经过严格的防渗处理，并进行抗压抗裂性能的测试，以确保长期运行中不出现渗漏或开裂等问题。

（4）在技术经济条件允许的前提下，尽量追求泵房建筑设计的美观性与整齐性，以增强工程整体的视觉效果。

（二）泵房的主要形式

泵房的设计有多种形式，不同形式具有各自的特点和适用条件。以下是常见的泵房类型及其特点。

1.干式泵房

干式泵房将机械设备与集水池分离，形成干燥的工作环境，使设备免受雨污水的腐蚀。这种设计有利于设备的维护和保养，但对施工要求较高。

2.湿式泵房

湿式泵房结构较为简单，但由于水泵直接暴露在雨污水中，易受腐蚀，工作环境较差，使用寿命较短。

3.圆形泵房及上圆下方形泵房

圆形泵房适用于水泵台数不超过4台的情况，直径范围一般为7~15 m，

适合采用沉井法施工。其造价相对矩形泵房更低。

4.矩形泵房或组合泵房

矩形泵房或组合泵房形式适用于流量范围为$1.0 \sim 3 \ m^3/s$的大中型泵房，虽然占地面积较大且工程投资较高，但其结构简单，便于后续管理和维护。

5.自灌式泵房（或半自灌式）

自灌式泵房操作便捷、启动迅速可靠，不需要额外的引水设备，但其建设需要较深的地下开挖，导致施工成本上升。

6.非自灌式泵房

非自灌式泵房的地下开挖深度较浅，造价也比自灌式低。其结构简单，室内通风良好且环境干燥，但启动时需借助饮水设备辅助。

7.半地下式泵房

半地下式泵房综合了自灌式和非自灌式的特点，兼顾了结构合理性和经济性。

8.全地下式泵房

全地下式泵房几乎完全位于地下，地面结构较少，但环境潮湿，设备容易受到腐蚀，通常需要使用潜水泵。

9.合建式泵房

合建式泵房结构紧凑，占地面积小，常与自灌式泵房相结合，适用于用地有限的场景。

10.分建式泵房

分建式泵房的结构简单，便于施工和处理，尤其适合于自灌式泵房。其吸水管长度较长，容易导致水头损失较大，但维修检查方便且不易渗漏。

在实际工程中，通常不会单一采用某一种泵房形式，而是根据具体项目需求和现场条件，综合采用多种泵房形式。例如，在城市立交雨水泵站中，常见的选择包括矩形泵房、合建式泵房、全地下式泵房、自灌式泵房以及组合型泵房。这种多样化的设计方案能够在满足功能需求的同时，兼顾成本控制和施工便利性，为城市排水系统提供可靠的运行保障。

三、泵的选型

作为下穿立交道路雨水排水泵站的核心设备，水泵的选择尤为关键。水泵性能的优劣直接影响泵站的运行效率和安全性。为确保在降雨特别是暴雨过程中，能够高效及时地将下穿道路积水排除，我们需要针对具体情况选择合适的水泵类型。以下是几种常用的水泵类型及其特点分析。

（一）潜水泵

潜水泵机组整体可置于水中运行，其防腐性能和绝缘技术经过优化，具备以下显著优势。

（1）占地面积小。因机组直接置于水中，减少了对地面空间的需求。

（2）管路简单。安装时无需复杂的配套设备。

（3）便于维护。结构紧凑，后期管理方便。

（4）运行可靠。安全性高，故障率较低。

使用潜水泵的注意事项。

（1）避免频繁启停。启动时电流较大，频繁操作易烧毁电机。

（2）安装漏电保护器。确保工作人员和设备安全。

（3）电缆安装要求。电缆线需悬挂，避免电缆过长或受力断裂。

（4）确认电机旋转方向。反向旋转会导致出水量减少、电流增大，长期运行会损坏电机绕组。

（5）定期检查维护：及时发现问题，保障设备稳定运行。

（二）螺杆泵

螺杆泵能够输送各种流体介质，包括非流动物料，具有以下特点。

（1）输送均匀，运行稳定。

（2）自吸能力强，适用范围广。

（三）轴流泵

轴流泵常用于清水和轻度污水输送，适合规模较小的泵站，其优势包括以下方面。

（1）工程造价低。建筑结构简单，整体成本较低。

（2）安装维修便捷。机组一体化，维护简单。

（3）大流量输送。依靠叶片升力实现高效排水。

（四）离心泵

离心泵分为卧式和立式两种形式，城市排水通常选用立式泵。其特点如下所述。

（1）节省用地。结构紧凑，占地面积小。

（2）布置灵活。水泵与电动机分开设置，可优化设备布置位置。

（3）经济实用。初始投资低，适合中小型泵站。

离心泵主要具有以下缺点。

（1）轴箱推力大，零件易磨损。

（2）安装技术要求高，检修复杂度较高。

（五）混流泵

混流泵可输送清洁介质或偏酸性化学介质，结构与离心泵类似，但叶轮设计有所不同。其特点是流体在泵内的主流方向介于轴向和径向之间，兼具离心泵和轴流泵的优点。

（六）螺旋泵

螺旋泵适用于排涝、灌溉以及污水、污泥的提升，具有以下特点。

（1）流量大，能耗低。

（2）出水量可控，水头损失小。

（3）维护简单，无需复杂的集水井和密封管道。

使用注意事项。

（1）长时间停用时，应定时转动螺旋，避免长期静置导致部件变形。

（2）冬季使用前需清除冰雪，防止驱动装置受损。

（七）空气提升泵

空气提升泵多用于提升回流活性污泥，因其结构简单、管理方便而广

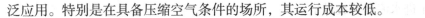

泛应用。特别是在具备压缩空气条件的场所，其运行成本较低。

水泵作为下穿立交道路雨水泵站的重要设备，其选型直接决定泵站的运行效率与安全性。在选择水泵时，应优先考虑以下因素：安装便利性：选用易安装、占地少的泵型，缩短工期；运行可靠性：确保水泵在暴雨情况下能高效排水；经济性：综合考虑设备投资、运行成本和维护费用。

目前，潜水泵是下穿立交道路泵站的首选泵型，原因有以下三方面。

（1）结构紧凑。潜水电机与泵机一体化，直接放置于流道内，节省空间。

（2）运行高效。水力性能优越，装置效率高。

（3）低噪声。运行过程中噪声小，适合城市环境。

四、雨水排水泵站

雨水排水泵站在保障城市下穿立交道路的正常运行中起着至关重要的作用。泵站能够快速提升并排除汇水区域内的雨水，尤其在暴雨期间有效预防积水问题。泵站的安全高效运行直接关系到整个排水系统的稳定性与安全性。因此，在泵站设计和运行管理中，合理布置集水池、科学计算有效容积以及优化排水系统显得尤为关键。

（一）泵站设计中的关键要素

在雨水排水泵站的设计中，集水池的布置需综合考虑实际降雨情况和泵站运行需求。暴雨期间，集水池需具备一定的有效容积，用于暂时存储雨水，从而减少水泵的频繁启停，延长设备的使用寿命。对于城市下穿立交道路的泵站而言，有效容积是指集水池最高设计水位与最低设计水位之间的水量范围。在工程实践中，集水池容积的适当扩展，结合有效的启停控制措施，能够显著提升泵站运行的可靠性。

（二）集水池常见的不利水力现象

泵站集水池中可能出现的水力问题会显著影响排水系统的运行效率。研究表明，水泵型号、布置形式及集水池形状等因素会导致以下三类不利水力现象。

1.进水流道预旋过量

水流在经过进水流道时，其速度方向会被分解为轴向和切向两个分量。当切向速度分布不均时，可能引发预旋现象，从而导致气蚀问题。气蚀不仅会降低水泵效率，还会对过流部件造成破坏，严重时甚至导致设备停运。为避免预旋影响，预旋角度应控制在5°以内。

2.水泵吸入口流速不恒定

水泵抽水时，若吸入口流速变化幅度过大，会导致叶轮和轴承负载不均，引发振动和噪声问题。虽然流速不均难以完全消除，但可通过控制吸入口轴向分速度的均值偏差在十分之一以内，减少对水泵的影响。

3.集水池水体旋涡形成

由于集水池内水流受泵站布置和水流速度的影响，流速不均常导致旋涡现象。一旦空气卷入水体，旋涡可能进一步加剧气蚀和噪声，进而降低泵站工作性能。因此，在集水池设计时应尽量避免不均匀流态的形成。

（三）优化集水池设计的措施

针对集水池可能出现的问题，可采取以下优化设计措施。

1.合理布置排水系统

在雨水流入集水池前，应尽量保证水流的正向进入。对于多方向来水的情况，应在其进入集水池前汇集并通过直线段匀速流入。延长直线段距离（通常为5～10倍进水管直径）可以有效改善流态。

2.优化集水池容积设计

我国传统的集水池设计多关注于满足水泵运行压力和吸水口容积要求，容易在暴雨时因超设计水位导致水泵频繁启停，从而降低水泵性能。为解决这一问题，建议借鉴国外大中型泵站设计中的秒换系数法或更科学的计算方法，确保雨水在暴雨期间能及时排出。

3.选址及设备优化

泵站选址应避开容易产生水流紊乱的区域，同时在条件允许时选用高效节能的泵型。结合实际工况，通过安装导流设施进一步优化水流状态。

城市下穿立交道路多位于交通要道，是防汛排水的关键节点。由于这些区域易积水，因此泵站设计更需注重高效可靠。通过科学布置排水系统、优化集水池形式以及选用合理的水泵设备，能够显著降低不利水力现象对系统的影响，提高排水系统的安全性和运行效率。在实际工程中，应根据不同下穿立交道路的特点综合分析，从整体排水系统设计到局部泵站优化，确保雨水能够高效排出，保障交通畅通及公共安全。

第二节　城市大排水系统的规划

大排水系统的构建是城市建设和排水防涝综合规划中的重要环节。在规划阶段，将大排水系统纳入综合规划体系是关键。然而，由于我国长期以来在城市规划建设中缺乏对超标降雨情境的应对策略，如何科学合理地构建大排水系统已成为当前内涝防治综合体系中亟待解决的重要问题。

一、大排水系统概念与系统构成

现有研究对大排水系统的概念、组成、形式，以及与源头减排系统、小排水系统之间的衔接关系进行了系统分析。在此基础上，进一步明确了大排水系统的构成及其与城市相关子系统的协调关系。城市大排水系统通过与微排水系统（源头减排系统）、小排水系统（排水管渠系统）以及防洪系统的协同作用，结合内涝风险分析和评估，科学合理地构建蓄排设施，完善周边竖向控制，并预留径流通道接入空间。通过合理衔接这四大系统，统筹规划以达到城市内涝防治的标准。

二、大排水系统规划

（一）大排水系统规划方法

城市大排水系统的规划应贯穿于城市总体规划、专项规划、控制性详细规划以及修建性详细规划的全过程。在规划中，蓄排系统的构建需要结合当地降雨特性、地形特点以及内涝风险分析，做到统筹考虑，合理布局。

在总体规划阶段，应明确大排水系统的控制目标，预留并保护自然雨水径流通道，以及河流、湿地、沟渠等天然蓄排空间。同时提出用地布局与竖向控制的相关要求。

在控制性详细规划阶段，应细化竖向控制，明确蓄排设施的调蓄容积及内涝防治的控制指标，确保蓄排空间的落实及其与周边区域的竖向衔接。为弥补控制性详细规划在用地之间和子系统之间指标衔接的不足，在编制控制性详细规划的过程中，应协调城市专项规划、排水防涝规划以及绿地系统规划等，确保以汇水分区为基本单元，落实竖向与空间布局，保障各子系统的完整性和有序衔接。重点分析道路、绿地、水系等蓄排设施的能力及上下游竖向衔接情况。

在修建性详细规划和设计阶段，需进一步明确和细化蓄排设施的规模、位置及场地高程，确保大排水系统各蓄排设施及其与防洪系统的有效衔接。

城市大排水系统的构建离不开城市整体竖向及用地规划的支撑。在规划阶段，应结合区域水文、地形特点及内涝风险等因素，科学规划地表蓄排系统，合理布局。在设计阶段，通过内涝风险分析，评估区域现状的排水能力、地表滞蓄情况及径流路径，确定内涝防治标准，并根据场地条件选择大排水系统的具体形式。随后，利用水力计算和模型模拟等技术，确定地表行泄通道或大型调蓄设施的规模与竖向关系，从而实现科学规划和高效建设。

（二）用地、竖向规划衔接

构建大排水系统需要对城市整体的用地与竖向布局进行深入分析，并针对不同区域的用地特性与竖向需求进行优化调整。在海绵城市专项规划中，明确提出要分析自然生态空间格局，明确保护和修复的相关要求。大排水系统规划同样需要划定用地的保护、修复和调整范围，并结合竖向规划将城市用地分为三种类型：保护型、控制型和引导型。

保护性规划强调对现状地貌特征的识别与整体保护，对于作为城市排涝水系的沟渠、水塘、河道等，需要严格保留和保护，禁止开发建设影响其防涝功能的行为。控制型规划依托GIS技术分析现状高程，识别竖向控制框架和薄弱环节，结合地形、径流路径、道路行泄通道以及内涝积水点改造等多重因素，对竖向与用地进行控制，同时根据绿线、蓝线、紫线等城市规划控制要求，优化大排水系统蓄排设施的布局和形式。引导型规划则以城市低洼区和潜在湿地区域为重点，通过合理利用地形和高程控制，在减少土方量的同时保护生态环境，以此为原则确定大排水系统规划方案及设施，推动城市规划建设的引导作用。

（三）专项规划的衔接

在专项规划阶段，应依据城市总体规划确定的目标，为后续详细规划阶段提出明确的控制要求。城市大排水系统规划需要与城市总体规划及相关专项规划（如绿地系统规划、竖向规划、水系规划、道路交通规划、排水防涝综合规划等）进行协调衔接，确保规划的一致性和完整性。以下是各专项规划的衔接要点。

1.排水防涝综合规划

（1）评估不同降雨情境下城市排水系统和内涝风险。

（2）普查城市现状排水分区，基于大排水系统调整雨水管渠系统拓扑。

（3）确定防涝标准，落实大排水与小排水系统的建设目标。

（4）运用GIS技术分析地形，明确地表漫流路径，优化径流行泄通道。

2.绿地系统规划

（1）明确不同类型绿地的建设与控制目标，如调蓄容积。

（2）分析绿地的类型、特点与布局，合理确定调蓄设施的规模和分布。

（3）实现绿地与周边集水区的有效衔接，明确汇水量，满足雨水调蓄需求。

3.水系规划

（1）合理利用天然与人工水体作为超标雨水径流的调蓄设施。

（2）满足蓝线控制和水面率要求，保证水体的调蓄能力。

（3）根据河湖水系的汇水范围，优化滨水区的调蓄功能，与湖泊、湿

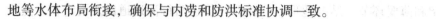

地等水体布局衔接，确保与内涝和防洪标准协调一致。

4.道路交通规划

（1）调查城市现状，利用模型模拟确定积水点的位置与范围。

（2）明确易积水路段的径流控制目标。

（3）道路断面与竖向设计需满足径流行泄通道的排水需求。

（4）在保证通行和安全的前提下，充分利用道路及周边绿地设置行泄通道。

5.城市用地规划

（1）评估城市用地适用性，优化大排水系统蓄排设施的布局与用地调整。

（2）保留天然水体和沟渠等蓄排空间。

（3）针对内涝风险严重区域，调整用地功能和布局。

三、道路在大排水系统规划中的应用

道路路面是大排水系统的重要排水通道之一。参考发达国家的经验，可将道路路面视作明渠，在保障交通安全的前提下，用作超标径流的行泄通道。目前，我国传统排水模式主要通过地下管网排除雨水，未对道路路面在大排水系统中的作用进行明确设计。然而，由于道路本身具有一定的横坡和纵坡，在暴雨条件下，未进入地下管道的地表径流仍会沿着道路坡度流动，起到"非设计通道"的作用。但由于道路纵断面常被设计为"波浪形"，容易形成局部低洼区域，这种设计既不利于排水，又可能影响暴雨期间地表径流的排放。

借鉴国外道路排水的经验，结合我国实际，总结道路路面作为大排水系统的规划方法：根据控制目标，结合地形特点，综合考虑场地限制、现有雨水排除系统等因素，通过内涝风险分析和竖向分析，对道路径流行泄通道进行科学规划。

（一）现状调研与基础资料分析

在明确工程目标后，需对现状条件和限制性因素进行深入分析。通过调研水文、地质、河湖、沟渠、绿地空间及人类活动等影响因素，结合水

文条件、地形地貌、排水管网等进行内涝风险分析。同时，分析道路与城市排水防涝、水系、绿地及用地的竖向关系，以初步确定可行方案。

场地特征评估需关注影响大排水系统规划的限制性因素，如汇水面积、竖向条件、水文地质特征、受纳水体状况、周边环境以及历史街区保护等。道路行泄通道应尽量设置在排水系统的下游区域，避免在人口密集区进行规划设计。

历史街区的用地竖向是其文化环境的重要组成部分，需重点保护和修复。结合现状地貌，识别其特征并进行整体保护，确保排水防涝要求与历史街区的竖向高程相协调。在必要时，应调整周边道路标高以与历史街区相衔接，同时适当进行修复和局部优化。

（二）竖向条件与内涝风险分析

竖向分析和内涝风险评估是大排水系统规划的关键依据。在城市规划阶段，需通过GIS技术和模型分析，不同降雨条件下的内涝风险、地表漫流路径及潜在问题。评估重点包括淹水面积、深度、时间和流速等指标，同时确保现有地表漫流路径不被破坏，保留径流通道和蓄滞洪区。

针对已建城区的大量排水问题，需要评估现有排水设施能力、河湖水系的受纳能力、内涝风险区域、地表滞蓄空间及汇流路径。这些分析结果为大排水系统与小排水系统的构建及优化提供科学依据。

（三）汇水面积分析

合理规划道路行泄通道的布局，是大排水通道有效发挥作用的关键。道路雨洪问题不仅源于道路本身，还与服务其汇水区的整体规划有关。将道路路面排水视作明渠排水时，其排水能力取决于道路断面和纵坡。但由于排水需满足安全标准，其断面和横纵坡设计均有一定的上限，因此道路路面排水的服务面积存在最大值，无法无限扩展。

此外，规划汇水分区时需考虑高重现期暴雨情况下实际汇水范围扩大的可能性，结合地形、管网、河道等因素合理确定分区边界，确保设计方案能够适应极端降雨条件。

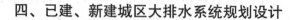

四、已建、新建城区大排水系统规划设计

(一)针对已建城区

在老城区开展大排水系统规划时,应重点对现状管网、地表漫流路径以及竖向条件进行评估分析。部分区域可通过对道路断面的微调显著提升排水标准,而不必对所有区域进行全面的管网更新或大规模建设调蓄池、调蓄隧道等设施。在内涝风险较高的区域,应优先进行重点评估和分析。有条件的地区可结合源头低影响开发(LID)措施,通过综合利用LID技术、现有排水管道以及道路路面排水,提高整体区域的排水能力和防洪标准。

由于老城区的排水管渠设施已经基本成型,短期内全面更新管网或新建大规模蓄排设施难度较大,部分区域也难以在短期内完全达到内涝防治标准。因此,可结合老城区整体改造和重点易涝点的整治,从多方面分步推进改善措施。包括加强源头雨水控制、优化汇水路径、提高现有管渠排水能力、建设超标雨水应急控制设施等多手段结合,分阶段逐步实现内涝防治目标。此外,在规划过程中,要注重减少对老城区居民生活和城市运行的影响。通过精细化设计和局部优化,如增设道路雨水入渗设施、利用地表空间疏导径流、优化道路竖向设计等,可以在有限条件下实现区域排水能力的有效提升。

(二)针对新建城区

新建城区的大排水系统规划设计,应充分利用现有的地形地貌条件,科学评估地表径流通道,并为超标径流预留合理的排放通路。同时,应识别和保护区域内的天然蓄排空间,如坑塘、湿地和河道,确保这些自然要素在大排水系统中发挥重要作用。在开发过程中,应优先选择内涝风险较低的区域进行建设,避免在易涝点或自然排水通道阻断的地区开展开发活动。

新区道路的建设需要与排水系统规划紧密结合。一方面,应评估道路的排水能力以及下游受纳水体的调蓄能力;另一方面,应将大排水系统的规划要求贯穿道路设计全过程。例如，通过优化道路断面设计、合理配置纵横坡，确保道路具备在超标雨量条件下的径流行泄功能。同时，新建城区的规划应注重多功能雨洪管理策略，在满足大排水系统功能的同时，将蓄水、防洪设施与城市景观相结合，打造具有生态效益的"海绵城市"。通过集成自然排水与工程措施，构建"源头分散控制、过程调蓄减排、末端集中排放"的多层次排水管理体系，全面提升新建城区的防洪排涝能力。

第三节 道路大排水系统设计

一、地表径流行泄通道设计

地表径流行泄通道的设计形式多样，主要包括地表漫流（通过竖向控制实现）、道路路面排水以及带状生态沟渠等形式。地表漫流作为一种重要的径流排泄方式，通常依赖于竖向规划和设计，在自然条件下形成"非设计地表径流行泄通道"，这有助于提升区域的排水和防涝能力。特别是在人行道低点逐步下凹、小区低洼处设置底部打通围墙等设计细节，可以引导地表径流顺利汇入规划的径流行泄通道及调蓄设施，从而增强整体排水效率。

对于道路或沟渠形式的径流行泄通道，其设计应严格按照当地内涝防治设计标准进行。需要通过计算设计汇水区域的总径流量以及排水管渠系统的最大排水能力，确定地表行泄通道所需排除的超标径流量。然后，根据道路或沟渠的断面、坡度等设计参数，进一步核算其排水能力下可服务的最大汇水面积，并对实际汇水范围进行反复校核与调整，直至满足设计标准的要求。

道路路面排水能力的设计需要综合考虑多种因素，包括路面积水深度、积水宽度、道路结构形式以及横纵坡度等。生态沟渠的设计原理与道路路面排水设计类似，其排水能力可通过明渠均匀流计算公式进行核算。

在高重现期降雨条件下（超过沟渠自身设计标准），生态沟渠和道路路面往往需要组合形成地表径流行泄通道。此时，需要对两者的过流能力进行叠加计算，并校核其综合排水能力是否能够满足服务范围的最大汇水面积需求。

当汇水区域面积较大且系统复杂时，建议采用模型模拟方法，分析城市排水管网、地表径流行泄通道与周边调蓄空间及末端河道的综合耦合作用，确保设计的科学性和合理性。

（一）确定地表行泄通道

确定地表行泄通道的过程中，应综合考虑当地的水文条件、地形地貌特征以及不同降雨条件下的内涝风险评估结果。在保证径流能够高效排泄的同时，要充分利用自然地形，降低建设成本和生态环境的破坏程度。

（二）汇水区水文分析

汇水区的水文分析是设计地表径流行泄通道的基础工作，其内容包括以下几方面。

（1）区域降雨资料的调研与分析。研究汇水区域的历史降雨量、降雨分布及暴雨强度等特征数据，为设计降雨条件提供依据。

（2）汇水区域的边界及竖向条件分析。明确汇水区域的地形边界，分析整体的竖向高差与用地构成，以识别潜在的径流通道及积水风险点。

（3）道路路网布局与竖向分析。分析区域道路网络的布局及其竖向条件，评估道路作为排水通道时的服务范围和水力特性。

（4）绿地生态沟渠设计潜力评估。在道路周边分析可利用的绿地分布，为生态沟渠设计提供依据。

（5）雨水管道系统的现状评估。研究雨水管道设计的重现期、管道淤堵情况以及雨水口的分布与排水能力，明确现有管网的排水限制条件。

（6）其他相关水文问题分析。包括内涝分布、污染源等问题的梳理，为地表径流行泄通道的设计提供全面的水文背景信息。

（7）地表排水方向与关键节点的确定。明确地表排水的主导方向，以及汇水区内需要重点控制的关键节点，如道路交叉口、汇流路径交叉点等，确保排水通畅。

（三）确定径流行泄通道设计重现期与暴雨强度

地表径流行泄通道主要用于承接超出地下管渠系统能力的径流，因此其排水标准需要综合小排水系统和大排水系统的能力来确定。大排水系统包括地表路面、沟渠、调蓄水体等多种设施，通过多层次组合实现较高的防洪排水标准。

设计地表径流行泄通道的降雨条件需遵循以下步骤。

（1）选择适合的设计重现期：根据区域内涝防治的需要，确定适合的降雨重现期，为设计提供基础条件。

（2）确定超标径流量：计算超过小排水系统排水能力的超标径流量，作为地表行泄通道的设计依据。

（3）选择设计降雨历时：根据区域降雨特点和汇水面积的响应时间，确定设计降雨的历时，以模拟最不利的排水条件。

（4）确定设计暴雨强度：结合管网设计的暴雨强度，推导出地表行泄通道的排水强度需求，并通过重现期与强度曲线校核通道设计的合理性。

二、汇水分区划分

在我国传统排水规划中，汇水分区的划分通常分为流域排水分区、城市排水分区和雨水管段分区，整体遵循"由大到小，逐步细化"的原则。国外对于排水分区的划分方法与国内类似，主要包括watershed（流域）、catchment（汇水区）、drainage area（排水区域）和sub-catchment（子汇水区）等。这些划分方法虽然根据不同的重现期目标进行细分，但在高重现期降雨情境下，径流可能超过管网排水能力，形成地表漫流，雨水径流会突破排水分区的界限。在这种情况下，重新划定适应超标径流情境的排水分区界线，对大排水系统的构建尤为重要。

（一）汇水分区的划分方法

1.基于GIS数字高程模型（DEM）划分

DEM是当前流域地形分析的主要工具之一，广泛用于提取流域中的

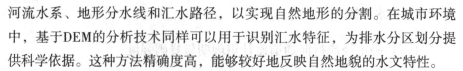

河流水系、地形分水线和汇水路径，以实现自然地形的分割。在城市环境中，基于DEM的分析技术同样可以用于识别汇水特征，为排水分区划分提供科学依据。这种方法精确度高，能够较好地反映自然地貌的水文特性。

2.实地踏勘和人为划分

实地踏勘和人为划分，是指通过收集城市水系、管网分布、地形地貌及道路网等资料，结合现场调查和主观判断，在地图或CAD图上人工勾画出城市排水分区。这种划分方法依赖人为经验，容易受到主观误差的影响，对雨水汇流路径的判断可能不够准确，导致划分精度较低。尽管如此，该方法在缺乏详细地理信息数据时仍具有一定的实用性。

3.模型模拟汇流路径划分

模型模拟汇流路径划分，是指通过构建排水模型，将1D（管网）与2D（地表）模型耦合，模拟雨水汇流路径。在此基础上，结合管网排水能力和道路汇流特性分析汇水区划分。利用DEM数据，可以分析高重现期降雨情境下径流突破分水岭的情况，从而模拟雨水管段分区的调整过程，最终得到适应超标径流情境的汇水分区。该方法能够综合考虑管网排水与地表径流的协同作用，是一种科学性较高的划分方式。

（二）不同控制目标对应的汇水分区划分

1.针对雨水管渠设计标准的汇水分区

在雨水管渠设计中，汇水分区的划分以管网设计的重现期为基础，通常以雨水出水口为终点，结合雨水管网系统的布局和地形坡度划分排水分区。分区之间相对独立，不存在重叠关系。

在地势平坦的地区，可以按照"就近排放"的原则，采用等分角线法或梯形法进行分区划定；在地势起伏较大的地区，则需要依据地表雨水径流的流向进行划分。通常采用泰森多边形工具，自动划定管段或检查井的服务范围，并最终以雨水出水口为依据将分区进行合并，从而形成完整的汇水分区。

2.针对防洪设计标准的汇水分区

防洪设计标准下的汇水分区主要以流域为划分依据，依托自然地形和河湖水系。具体划分时，以河道、行政区边界和地形分水线作为分界线，

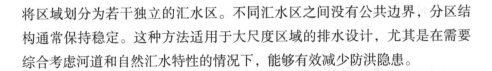

将区域划分为若干独立的汇水区。不同汇水区之间没有公共边界，分区结构通常保持稳定。这种方法适用于大尺度区域的排水设计，尤其是在需要综合考虑河道和自然汇水特性的情况下，能够有效减少防洪隐患。

三、蓄排组合设施设计

蓄排组合设施是内涝防治系统中的关键组成部分，其设计需要以城市总体规划、排水防涝规划以及海绵城市专项规划为依据，综合考虑降雨特征和暴雨内涝风险等因素，统筹布局，合理确定规模和位置。在具体的系统中，选择使用地下调蓄设施、地面调蓄设施，或两者结合的蓄排设施，需要依据项目特点具体分析。根据调蓄设施与排水管渠、径流行泄通道的位置关系及其运行特性，蓄排设施可分为在线式和离线式两种类型，具体选型应结合实际情况确定。

（一）调蓄设施的设计原则

调蓄设施的设计不仅要满足控制径流峰值的需求，还应兼顾径流污染治理和休闲娱乐等功能。其规模设计需依据调蓄设施服务区域的汇水面水文条件，结合设施调蓄水位的动态变化，对应进行出流口水力计算。通过对设施的入流和出流过程线进行计算，可以确定调蓄设施的最终规模。

调蓄设施的计算通常采用对降雨历时内径流流量进行积分的方式，得到进出调蓄设施的径流总量差值的最大值。这种方法的核心是基于径流流量的时间变化，分析设施在特定历时内的调蓄需求。当前较为精确的计算方法是基于质量守恒定律的有限差分法，通过分析一系列时间步长内的入流与出流过程线差值，确定设施的蓄水体积和水位变化情况。

（二）调蓄设施的进水方式

调蓄设施的进水一般通过排水管渠、地表径流行泄通道等路径引入。设计中提出了一种地表行泄通道与调蓄塘相结合的方式。这种设计方法的核心是处理超出小排水系统能力的超标径流流量。通过基于暴雨强度公式的芝加哥雨型或长历时降雨分配法，计算地表径流行泄通道的流量过程线。行泄通道与调蓄塘相连，通道末端的出口流量过程线即为调蓄设施的

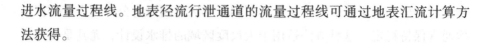

进水流量过程线。地表径流行泄通道的流量过程线可通过地表汇流计算方法获得。

（三）调蓄设施的出流控制

调蓄设施的出流设计需考虑设施的构型、形式以及出口结构，通过有限差分法对出流过程线进行演算分析。设施的最大外排流量需要与开发前相应重现期降雨条件下的峰值流量进行校核。如果计算结果不满足区域内涝防治标准，则需要调整设施出水口的尺寸或增加调蓄容积，直到符合设计要求。

（四）蓄排组合设施设计关键点与标准

（1）蓄排组合设施设计应注重各单元之间的协调性，确保调蓄设施与排水系统无缝衔接。在城市内部流域尺度上，需要考虑调蓄设施对径流峰值削减的效果，以及超标降雨情景下径流溢流路径的影响。

（2）采用基于有限差分法的精确计算手段，对不同历时内的入流与出流过程进行模拟分析，确保调蓄容积设计合理，调蓄设施的运行状态稳定。

（3）调蓄设施的设计应最终满足区域内涝防治标准，特别是在极端降雨条件下，确保排水能力与调蓄能力匹配，实现区域的排水安全。

第十章 市政给排水管网系统的设计计算

第一节 给水管网系统的设计计算

一、给水管网的布置

给水管网的合理布置对管网的运行安全性、适用性和经济性至关重要。给水管网的布置包括二级泵站至用水点之间的所有输水管、配水管及闸门、消火栓等附属设备的布置，同时还须考虑调节设备（如水塔或水池）。

（一）给水管网的布置原则

（1）按照城镇规划平面图布置管网，布置时应考虑给水系统分期建设的可能，并留有充分的发展余地。

（2）管网布置必须保证供水安全可靠，当局部管网发生事故时，断水范围应减到最小。

（3）管线遍布在整个给水区内，保证用户有足够的水量和水压。

（4）力求以最短距离敷设管线，以降低管网造价和供水能量。

（二）给水管网的布置形式

给水管网的布置形式基本上分为两种：树状网（或称枝状网）和环状网。树状网一般适用于小城镇和小型工矿企业，这类管网从水厂泵站或水塔到用户的管线布置成树枝状向供水区延伸。树状网布置简单，供水直接，管线长度短，节省投资。但其供水可靠性较差，因为管网中任一段管线损坏时，该管段以后的所有管线就会断水。另外，在树状网的末端因用水量已经很小，管中的水流缓慢甚至停滞不流动，水质容易变坏。

在环状管网中，管线连成环状，当任一管线损坏时，可关闭附近的阀门将管线隔开，进行检修，水还可从其他管线供应用户，断水的区域可以缩小，供水可靠性增加。环状网还可以大大减轻因水锤作用产生的危害，而在树状网中，则往往因水锤而使管线损坏。但是环状网的造价要明显高于树状网。

城镇给水管网宜设计成环状网，当允许间断供水时，可设计为枝状网，但应考虑将来连成环状管网的可能性。一般在城镇建设初期可采用树状网，以后发展逐步建成环状网。实际上，现有城镇的给水管网，多数是将树状网和环状网结合起来。供水可靠性要求较高的工矿企业需采用环状网，并用枝状网或双管输水到个别较远的车间。

二、给水管道定线

（一）输水管渠定线

从水源到水厂或水厂到管网的管道或渠道称为输水管渠。输水管渠定线就是选择和确定输水管渠线路的走向和具体位置。当输水管渠定线时，应先在地形平面图上初步选定几种可能的定线方案，然后沿线踏勘了解，从投资、施工、管理等方面，对各种方案进行技术经济比较后再决定。当缺乏地形图时，则需在踏勘选线的基础上，进行地形测量绘出地形图，然后在图上确定管线位置。

输水管渠定线的基本原则有以下几方面。

（1）输水管渠定线时，必须与城市建设规划相结合，尽量缩短线路长度保证供水安全、减少拆迁、少占农田减小工程量，有利施工并节省投资。

（2）应选择最佳的地形和地质条件，最好能全部或部分重力输水。

（3）尽量沿现有道路定线，便于施工和维护工作。

（4）应尽量减少与铁路、公路和河流的交叉，避免穿越沼泽、岩石、滑坡、高地下水位和河水淹没与冲刷地区、侵蚀性地区及地质不良地段等，以降低造价和便于管理，必须穿越时，需采取有效措施，保证安全供水。

为保证安全供水，可采用一条输水管并在用水区附近建造水池进行调节或者采用两条输水管。输水管条数主要根据输水量发生事故时须保证的用水量输水管渠长度、当地有无其他水源和用水量增长情况而定。供水不允许间断时，输水管一般不宜少于两条。当输水量小、输水管长或有其他水源可以利用时，可考虑单管输水另加水池的方案。

输水管渠的输水方式可分成两类：第一类是水源位置低于给水区，如取用江河水，需通过泵站加压输水，根据地形高差、管线长度和水管承压能力等情况，还有可能需在输水途中设置加压泵站；第二类是水源位置高于给水区，如取用蓄水库水，可采用重力管（渠）输水。根据水源和给水区的地形高差及地形变化，输水管渠可以是重力管或压力管。远距离输水时，地形往往起伏变化较大，采用压力管的较多。重力管输水比较经济，管理方便，应优先考虑。重力管又分为暗管和明渠两种。暗管定线简单，只要将管线埋在水力坡线以下并且尽量按最短的距离供水；明渠选线比较困难。

为避免输水管局部损坏，输水量降低过多，可在平行的两条或三条输水管之间设连接管，并装置必要的阀门，以缩小事故检修时的断水范围。

输水管的最小坡度应大于1∶5D（D为管径，以mm计）。管线坡度小于1∶1000时，应每隔0.5～1 km在管坡顶点装置排气阀。即使在平坦地区，埋管时也应人为地铺出上升和下降的坡度，以便在管坡顶点设排气阀，管坡低处设泄水阀。排气阀一般以每千米设一个为宜，在管线起伏处应适当增设。管线埋深应按当地条件确定，在严寒地区敷设的管线应注意防止冰冻。

长距离输水工程应遵守下列基本规定。

（1）应深入进行管线实地勘察和线路方案比选优化。对输水方式、管道根数按不同工况进行技术分析论证，选择安全可靠的运行系统；根据工程具体情况，进行管材、设备的比选，通过计算经济流速确定管径。

（2）应进行必要的水锤分析计算，并对管路系统采取水锤综合防护设计，根据管道纵向布置、管径、设计水量、功能要求，确定空气阀的数量、形式、口径。

（3）应设测流、测压点，并根据需要设置遥测、遥信、遥控系统。

（二）城镇给水管网

城镇给水管网定线是指在地形平面图上确定管线的走向和位置。定线时一般只限于管网的干管及干管之间的连接管，不包括从干管取水再分配到用户的分配管和接到用户的进水管。干管管径较大，用于输水到各地区。分配管是从干管取水供给用户和消火栓，管径较小，常由城镇消防流量决定所需最小管径。

由于给水管线一般敷设在街道下，就近供水给两侧用户，所以管网的形状常随城镇的总平面布置图而定。城镇给水管网定线取决于城镇平面布置，供水区的地形，水源和调节水池的位置，街区和用户（特别是大用户）的分布，河流、铁路、桥梁等的位置等，考虑的要点如下所述。

（1）在定线时，干管延伸方向应和二级泵站输水到水池、水塔、大用户的水流方向一致循水流方向，以最短的距离布置一条或数条干管，干管位置应从用水量较大的街区通过。干管的间距，可根据街区情况，采用500~800 m。从经济上来说，给水管网的布置采用一条干管接出许多支管，形成树状网，费用最省；但从供水可靠性考虑，以布置几条接近平行的干管并形成环状网为宜。干管和干管之间的连接管使管网形成环状网。连接管的间距可根据街区的大小考虑在800~1000 m。

（2）干管一般按城镇规划道路定线，但应尽量避免在高级路面或重要道路下通过，以减少今后检修时的困难。

（3）城镇生活饮用水管网，严禁与非生活饮用水的管网连接，严禁与自备水源供水系统直接连接。生活饮用水管道应避免穿过有毒物质污染及腐蚀性地段，无法避开时，应采取保护措施。

（4）管线在道路下的平面位置和标高，应符合城镇或厂区地下管线综合设计的要求，包括给水管线和建筑物、铁路及其他管道的水平净距、垂直净距等的要求。考虑了上述要求，城镇管网通常采用树状网和环状网相结合的形式，管线大致均匀地分布于整个给水区。

管网中还须安排其他一些管线和附属设备，例如在供水范围内的道路下须敷设分配管，以便把干管的水送到用户和消火栓。分配管直径至少为

100 mm，大城市采用150～200 mm，目的是在通过消防流量时，分配管中的水头损失不致过大，导致火灾地区水压过低。

（三）工业企业管网

根据企业内的生产用水和生活用水对水质和水压的要求，两者可以合用一个管网，或者可按水质或水压的不同要求分建两个管网。即使是生产用水，由于各车间对水质和水压要求也不一定完全一样，因此在同一工业企业内，往往根据水质和水压要求，分别布置管网，形成分质、分压的管网系统。消防用水管网通常不单独设置，而是和生活或生产给水管网合并，由这些管网供给消防用水。生活用水管网不供给消防用水时，可为树状网，分别供应生产车间、仓库、辅助设施等处的生活用水。生活和消防用水合并的管网，应为环状网。生产用水管网可按照生产工艺对给水可靠性的要求，采用树状网、环状网或两者相结合。不能断水的企业，生产用水管网必须是环状网，到个别距离较远的车间可用双管代替环状网。

大型工业企业的各车间用水量一般较大，所以生产用水管网不像城镇管网那样易于划分干管和分配管，定线和计算时全部管线都要加以考虑。

三、给水管网水力计算

新建和扩建的城镇管网按最高日最高时供水量计算，据此求出所有管段的直径、水头损失、水泵扬程和水塔高度（当设置水塔时），并在此管径基础上，按下列几种情况和要求进行校核。

（1）发生消防时的流量和水压的要求。

（2）最大传输时的流量和水压的要求。

（3）最不利管段发生故障时的事故用水量和水压要求。

通过校核计算可以知道按最高日最高时确定的管径和水泵扬程能否满足其他用水时的水量和水压要求，并对水泵的选择或某些管段管径进行调整，或对管网设计进行大的修改。

如同管网定线一样，管网计算只计算经过简化的干管网。要将实际的管网适当加以简化，只保留主要的干管，略去一些次要的、水力条件影响小的管线。但简化后的管网基本上能反映实际用水情况，使计算工作量可以减轻。管网图形简化是在保证计算结果接近实际情况的前提下，对管线进行的简化。

无论是新建管网、旧管网扩建或是改建，给水管网的计算步骤都是相同的，具体包括：求沿线流量和节点流量；求管段计算流量；确定各管段的管径和水头损失；进行管网水力计算或技术经济计算；确定水塔高度和水泵扬程。

（一）管段流量

1.沿线流量

在城镇给水管网中，干管和配水管上接出许多用户，沿管线配水。在水管沿线既有工厂、机关旅馆等大量用水单位，也有数量很多但用水量较少的居民用水，情况比较复杂。

如果按照实际情况来计算管网，非但难以实现，并且因用户用水量经常变化也没有必要。因此，计算时往往加以简化，即假定用水量均匀分布在全部干管上，由此得出干管线单位长度的流量叫比流量。

根据比流量，可计算出管段的配水流量，称为沿线流量。

长度比流量按用水量全部均匀分布于干管上的假定求出，忽视了沿线供水人数和用水量的差别，存在一定的缺陷。为此，也可按该管段的供水面积来计算比流量，即假定用水量全部均匀分布在整个供水面积上，由此得出面积比流量。

对于干管分布比较均匀、干管间距大致相同的管网，不必采用按供水面积计算比流量的方法，改用长度比流量比较简便。

在此应该指出，给水管网在不同的工作时间内，比流量数值是不同的，在管网计算时需分别计算。城镇内人口密度或房屋卫生设备条件不同的地区，也应根据各区的用水量和管线长度，分别计算比流量，这样比较接近实际情况。

2.节点流量

管网中任一管段的流量包括沿线配水的沿线流量和通过该管段输送到以后管段的转输流量。转输流量沿整个管段不变，沿线流量从管段起端开始循水流方向逐渐减小至零。对于流量变化的管段，难以确定管径和水头损失，所以有必要再次进行简化，将沿线流量转化为从节点流出的流量，使得管段中的流量不再变化，从而可确定管径。简化的原理是求出一个沿程不变的折算流量，使它产生的水头损失等于沿管线变化的流量产生的水头损失。

城市管网中，工业企业等大用户所需流量，可直接作为接入大用户节点的节点流量。工业企业内的生产用水管网，水量大的车间用水量也可直接作为节点流量。这样，管网图上只有集中在节点的流量，包括由沿线流量折算的节点流量和大用户的集中流量。

（二）管段的计算流量

在确定了节点流量之后，就可以进行管段的计算流量确定。确定管段计算流量的过程，实际是一个流量分配的过程。在这个过程中，可以假定离开节点的管段流量为正，流向节点的流量为负，流量分配遵循节点流量平衡原则，即流入和流出之和应为零。这一原则同样适用于树状网和环状网的计算。

单水源树状网中，从水源到各节点，只能按一个方向供水，任一管段的计算流量等于该管段以后（顺水流方向）所有节点流量总和，每一管段只有唯一的流量。

对环状网而言，若人为进行流量分配，每一管段得不到唯一的流量值。管段流量、管径及水头损失的确定需要经过管网水力计算来完成。但也需要进行初步的流量分配，其基本原则如下所述。

（1）按照管网的主要供水方向，拟定每一管段的水流方向，并选定整个管网的控制点。

（2）在平行感管中分配大致相同的流量。

（3）平行感管间的连接管，不必分配过大的流量。

对于多水源管网，应由每一水源的供水量定出其大致供水范围，初步确定各水源的供水分界线，然后从各水源开始，根据供水方向按照节点流量平衡原则，进行流量分配。分界线上各节点由几个水源同时供给。

（三）管径、管速确定

管径应按分配后的流量确定。对于圆形管道，各管段的管径按下式计算

$$D = \sqrt{\frac{4q}{\pi v}}$$

式中：D——管段直径，m；

q——管段流量，m³/s；

v——流速，m/s。

由式可知，管径不仅与计算流量有关，还与采用的流速有关。流速的选择成为一个重要的问题。为了防止管网因水锤现象出现事故，最大设计流速不应超过2.5～3.0 m/s；在输送浑浊的原水时，为了避免水中悬浮杂质在管道内沉积，最小流速通常不得小于0.6 m/s，可见技术上允许的流速变化范围较大。因此，须在上述流速范围内，再根据当地的经济条件，考虑管网的造价和经营管理费用，来确定经济合理的流速。

各城市的经济流速值应按当地条件（如水管材料及价格、施工费用、电费等）来确定，不能直接套用其他城市的数据。另外，由于水管有标准管径且分档不多，按经济管径算出的不一定是标准管径，这时可选用相近的标准管径。此外，管网中各管段的经济流速也不一样，须随管网图形、该管段在管网中的位置、管段流量和管网总流量的比例等决定。因为计算复杂，有时简便地应用界限流量表确定经济管径。

每种标准管径不仅有相应的最经济流量，并且有其界限流量，在界限流量的范围内，只要选用这一管径都是经济的。确定界限流量的条件是相邻两个商品管径的年总费用值相等。各地区因管网造价、电费、用水规律的不同，所用水头损失公式的差异，所以各地区的界限流量不同。

由于实际管网的复杂性，加之流量、管材价格、电费等情况在不断变化，从理论上计算管网造价和年管理费用相当复杂且有一定难度。在条件不具备时，设计中也可采用平均经济流速来确定管径，得出的是近似经济管径。一般大管可取大经济流速，小管的经济流速较小。

以上是指水泵供水时的经济管径的确定方法，在求经济管径时，考虑了抽水所需的电费。重力供水时，由于水源水位高于给水区所需水压，两者的高差可使水在管内重力流动。此时，各管段的经济管径或经济流速应按输水管和管网通过设计流量时的水头损失之和等于或略小于可以利用的高差来确定。

（四）水头损失计算

确定管网中管段的水头损失也是设计管网的主要内容，在知道管段的设计流量和经济管径之后就可以进行水头损失的计算。管（渠）道总水头损失，一般可按下式计算

$$h_z = h_y + h_j$$

式中：h_z——管（渠）道总水头损失，m；

h_y——管（渠）道沿程水头损失，m；

h_j——管（渠）道局部水头损失，m。

（五）树状网的水力计算

流向任何节点的流量只有一个。可利用节点流量守恒原理确定管段流量，根据经济流速确定水头损失、管径等。

（六）环状网的水力计算

在平面图上进行干管定线之后，干管环状网的形状就确定下来，然后进行计算。环状网水力计算步骤如下所述。

（1）计算总用水量。

（2）确定管段计算长度。

（3）计算比流量、沿线流量和节点流量。

（4）拟定各管段供水方向，按连续性方程进行管网流量的初步分配。进行流量分配时，要考虑沿最短的路线将水供至最远地区，同时考虑一些不利管段故障时的处置。

（5）按初步分配的流量确定管段的管径，应注意主要干线之间的管段

连接管管径的确定。

（6）管网平差。由于是人为进行的流量分配，同时在确定管径的过程中按经济流速、界限流量或平均经济流速采用的标准管径，使得环状网内闭合基环的水头损失代数和不为零，从而产生了闭合差，为了消除闭合差，需对原有的流量分配进行修正，使管段流量达到真实的流量，这一过程就是管网平差。

（7）计算管段水头损失、节点水压、自由水头，绘制等水压线，确定泵站扬程。

环状网计算原理：管网计算的目的在于求出各水源节点（如泵站、水塔等）的供水量、各管段中的流量和管径以及全部节点的水压。首先分析环状网水力计算的条件，对于任何环状网，管段数P、节点数J（包括泵站、水塔等水源节点）和环数量L之间存在下列关系

$$P = J + L - 1$$

对于树状网，因环数$L=0$，所以$P=J-1$，即树状网管段数等于节点数减一。

在管网计算时，节点流量、管段长度、管径和阻力系数等为已知，需要求解的是管网各管段的流量或水压，所以P个管段就有P个未知数。环状网计算时必须列出P个方程，才能求出P个流量。管网计算原理是基于质量守恒和能量守恒，环状网计算就是联立求解连续性方程、能量方程和压降方程。

（七）环状网的设计计算

环状网计算多采用解环方程组的哈代·克罗斯法，即管网平差计算方法，主要计算步骤如下所述。

（1）根据城镇供水情况，拟定环状网各管段水流方向，根据连续性方程，并考虑供水可靠性要求进行流量分配，得到初步分配的管段流量q。这里ij表示管段两端的节点编号。

（2）根据管段流量q_{ij}，按经济流速确定管径。

（3）求各管段的摩阻系数 $s_{ij}\left(s_{ij}=a_{ij}l_{ij}\right)$，然后求水头损失得

$$h_{ij}=s_{ij}q_{ij}^{b}$$

（4）假定各环内水流顺时针方向管段的水头损失为正，水流逆时针方向管段的水头损失为负，计算各环内管段水头损失代数和 $\sum h_{ij}$。$\sum h_{ij}$ 不等于零时，以 Δh_i 表示，称为闭合差。$\Delta h_i > 0$时，说明顺时针方向各管段中初步分配的流量多了些，逆时针方向管段中分配的流量少了些；$\Delta h_i < 0$ 时，则顺时针方向管段中初步分配的流量分配少了些，而逆时针方向管段中分配的流量多了些。

（八）多水源管网特点

许多大、中城镇随着用水量的增长，逐步发展成为多水源给水系统。多水源管网的计算原理虽然和单水源相同，但有其特点。

（1）各水源有其供水范围，分配流量时应按每一水源的供水量和用水情况确定大致的供水范围，经过管网平差再得出供水分界线的确切位置。

（2）从各水源节点开始，按经济和供水可靠性考虑分配流量，每一个节点符合流量连续性方程的条件。

（3）位于分界线上的各节点的流量，由几个水源供给，也就是说，各水源供水范围内的节点流量总和加上分界线上由该水源供给的节点流量之和，等于该水源供水量。

（九）给水管网设计校核

管网的管径和水泵的扬程按设计年限内最高日最高时的用水量和水压要求决定。但是用水量是发展的，也是经常变化的，为了核算所定的管径和水泵能否满足不同工作情况下的要求，就须进行其他用水量条件下的计算，以确保经济合理地供水。管网的核算条件如下：

1.消防时的水量和水压要求

消防时的管网核算，是以最高时用水量确定的管径为基础按最高用水时另行增加消防时的流量进行分配求出消防时的管段流量和水头损失。按

照消防要求仅为一处失火时，计算时只在控制点额外增加一个集中的消防流量即可；按照消防要求同时有两处失火时，则可以从经济和安全等方面考虑，将消防流量一处放在控制点，另一处放在离二级泵站较远或靠近大用户和工业企业的节点处。虽然消防时比最高时所需自由水压要小得多，但因消防时通过管网的流量增大，各管段的水头损失相应增加，按最高用水时确定的水泵扬程有可能不能满足消防时的需要，这时须放大个别管段的管径，以减小水头损失。个别情况下，因最高用水时和消防时的水泵扬程相差很大，须设专用消防水泵供消防时使用。

2.转输时的流量和水压要求

设对置水塔的管网，在最高用水时，由水泵和水塔同时向管网供水，但在一天抽水量大于用水量的一段时间里，多余的水将送进水塔内储存，因此这种管网还应按最大转输时的流量来核算，以确定水泵能否将水送入水塔。核算时节点流量须按最大转输时的用水量求出。因节点流量随用水量的变化成比例地增减，所以最大转输时的各节点流量可按下式计算：

$$最大传输时节点流量=\frac{最大传输时用水量}{最高时用水量}\times 最高用水时该节点的流量$$

然后按最大转输时的流量进行分配和平差计算，方法和最高用水时相同。

3.不利管段发生故障时的事故用水量和水压要求

管网主要管线损坏时必须及时检修，在检修时间内供水量允许减少。一般按最不利管段损坏而需断水检修的条件，核算发生事故时的流量和水压是否满足要求。至于发生事故时应有的流量，在城镇未设计用水量的70%，在工业企业按有关规定考虑。

经过核算不符合要求时，应在技术上采取措施。如当地给水管理部门有较强的检修力量，损坏的管段能迅速修复，且断水产生的损失较小时，事故时的管网核算要求可适当降低。

二、输水管设计

从水源至净水厂的原水输水管（渠）的设计流量，应按最高日平均时供水量确定，并计入输水管（渠）的漏损水量和净水厂自用水量。从净水厂至管网的清水输水管道的设计流量，应按最高日最高时用水条件下，由净水厂负担的供水量计算确定。上述输水管（渠）若还承担消防给水任务，应包括消防补充流量或消防流量。

输水干管不宜少于两条，当有安全储水池或其他安全供水措施时，也可修建一条。输水干管和连通管的管径及连通管根数，应按输水干管任何一段发生故障时仍能通过事故用水量计算确定，城镇的事故用水量为设计水量的70%。

输水管（渠）计算的任务是确定管径和水头损失。确定大型输水管渠的尺寸时，应考虑到具体埋设条件、所用材料、附属构筑物数量和特点、输水管渠条数等，通过方案比较确定。

第二节　排水管道系统的设计计算

一、排水系统的整体规划设计

排水工程的设计对象是需要新建、改建或扩建排水工程的城市、工业企业和工业区。主要任务是对排水管道系统和污水厂进行规划与设计。排水工程的规划与设计是在区域规划及城市和工业企业的总体规划基础上进行的，应以区域规划及城市和工业企业的规划与设计方案为依据，确定排水系统的排水区界、设计规模、设计期限。

（一）排水工程规划设计原则

（1）排水工程的规划应符合区域规划及城市和工业企业的总体规划。城市和工业企业的道路规划、地下设施规划、竖向规划、人防工程规划等单项工程规划对排水工程的规划设计都有影响，要从全局观点出发，合理解决，构成有机的整体。

（2）排水工程的规划与设计，要与邻近区域内的污水和污泥的处理和处置相协调。一个区域的污水系统，可能影响邻近区域，特别是影响下游区域的环境质量，故在确定规划区域的处理水平和处置方案时，必须在较大区域范围内综合考虑。根据排水规划，有几个区域同时或几乎同时修建时，应考虑合并起来处理和处置的可能性。

（3）排水工程规划与设计，应处理好污染源治理与集中处理的关系。城市污水应以点源治理与集中处理相结合，以城市集中处理为主的原则加以实施。

（4）城市污水是可贵的淡水资源，在规划中要考虑污水经再生后回用的方案。城市污水回用于工业用水是解决缺水城市资源短缺和水环境污染的可行之路。

（5）如设计排水区域内尚需考虑给水和防洪问题，污水排水工程应与给水工程协调，雨水排水工程应与防洪工程协调，以节省总投资。

（6）排水工程的设计应全面规划，按近期设计，考虑远期发展有扩建的可能。并应根据使用要求和技术经济的合理性等因素，对近期工程做出分期建设的安排。排水工程的建设费用很大，分期建设可以更好地节省初期投资，并能更快地发挥工程建设的作用。分期建设应首先建设最急需的工程设施，使它尽早地服务于最迫切需要的地区和建筑物。

（7）对城市和工业企业原有的排水工程进行改建和扩建时，应从实际出发，在满足环境保护的要求下，充分利用和发挥其效能，有计划、有步骤地加以改造，使其逐步达到完善和合理化。

（8）在规划与设计排水工程时，必须认真贯彻执行国家和地方有关部门制定的现行有关标准、规范或规定。

（二）涉及资料的调查

排水工程设计应先了解、研究设计任务书或批准文件的内容，弄清本工程的范围和要求，然后赴现场勘探、分析、核实、收集、补充有关的基础资料。进行排水工程设计时，通常需要有以下几方面的基础资料。

1.明确任务的资料

与本工程有关的城镇（地区）的总体规划；道路、交通、给水、排水、电力、电信、防洪、环保、燃气、园林绿化等各项专业工程的规划；

需要明确本工程的设计范围、设计期限、设计人口数；拟用的排水体制；污水处置方式；受纳水体的位置及防治污染的要求；各类污水量定额及其主要水质指标；现有雨水、污水管道系统的走向，排出口位置和高程及其存在的问题；与给水、电力、电信燃气等工程管线及其他市政设施可能的交叉；工程投资情况等。

2.自然因素方面的资料

主要包括地形图气象资料、水文资料、地质资料等。

3.工程情况的资料

道路的现状和规划，如道路等级、路面宽度及材料；地面建筑物和地铁、其他地下建筑的位置和高程；给水、排水、电力、电信电缆、燃气等各种地下管线的位置；本地区建筑材料、管道制品、电力供应的情况和价格；建筑、安装单位的等级和装备情况等。

（三）设计方案的确定

在掌握了较为完整可靠的设计基础资料后，设计人员可根据工程的要求和特点，对工程中一些原则性的、涉及面较广的问题提出不同的解决办法，这些问题包括：排水体制的选择问题；接纳工业废水并进行集中处理和处置的可能性问题；污水分散处理或集中处理问题；近期建设和远期发展如何结合问题；设计期限的划分与相互衔接问题；与给水、防洪等工程协调问题；污水出水口位置与形式选择问题；污水处理程度和污水、污泥处理工艺的选择问题；污水管道的布局、走向、长度、断面尺寸、埋设深度、管道材料，与障碍物相交时采取的工程措施的问题；中途泵站的数目与位置等。

为使确定的设计方案体现国家现行方针政策，既技术先进，又切合实际，安全适用，具有良好的环境效益、经济效益和社会效益，必须对提出的设计方案进行技术经济比较，进行优选。技术经济比较内容包括：排水系统的布局是否合理，是否体现了环境保护等各项方针政策的要求；工程量、工程材料、施工运输条件、新技术采用情况；占地、搬迁、基建投资和运行管理费用多少；操作管理是否方便等。

（四）城市排水系统总平面布置

1.影响排水系统布置的主要因素

城市、居住区或工业企业的排水系统在平面上的布置应依据地形、竖向规划、污水厂的位置、土壤条件、河流情况以及污水的种类和污染程度等因素而定。在工厂中，车间的位置、厂内交通运输线及地下设施等因素都将影响工业企业排水系统的布置。在上述因素中，地形因素常常是影响系统平面布置的主要因素。

2.排水系统的主要布置形式

（1）正交布置

在地势向水体适当倾斜的地区，各排水流域的干管可以最短距离沿与水体垂直相交的方向布置，这种布置也称正交布置。

正交布置的优点是干管长度短、管径小，因而经济，污水排出也迅速；缺点是由于污水未经处理就直接排放，会使水体遭受严重污染，影响环境。在现代城市中，这种布置形式仅用于排除雨水。

（2）截流式布置

若沿河岸再敷设主干管，并将各干管的污水截送至污水厂，这种布置形式称为截流式布置，所以截流式是正交式发展的结果。对减轻水体污染、改善和保护环境有重大作用。

截流式布置的优点是若用于分流制污水排水系统，除具有正交式的优点外，还解决了污染问题；缺点是若用于截流式合流制排水系统，因雨天有部分混合污水排入水体，造成水体污染。它适用于分流制排水系统和截流式合流制排水系统。

（3）平行式布置

在地势向河流方向有较大倾斜的地区，为了避免因干管坡度及管内流速过大，使管道受到严重冲刷，可使干管与等高线及河道基本上平行、主干管与等高线及河道成一定斜角敷设，这种布置称为平行式布置。

平行式布置的优点是减少管道冲刷，便于维护管理；缺点是干管长度增加。它适用于分流制及合流制排水系统，地面坡度较大的情况。

（4）分区布置

在地势高低相差很大的地区，当污水不能靠重力流流至污水厂时，可分别在高地区和低地区敷设独立的管道系统。高地区的污水靠重力流直接流入污水厂，而低地区的污水用水泵抽送至高地区干管或污水厂。这种布置形式叫作分区布置形式。

其优点是能充分利用地形排水，节省电力，但这种布置只能用于个别阶梯地形或起伏很大的地区。

（5）辐射状分散布置

当城市周围有河流，或城市中央部分地势高、地势向周围倾斜的地区，各排水流域的干管常采用辐射状分散布置，各排水流域具有独立的排水系统。

这种布置的优点是具有干管长度短、管径小、管道埋深浅、便于污水灌溉。缺点是污水厂和泵站（如需要设置时）的数量将增多。在地势平坦的大城市，采用辐射状分散布置可能是比较有利的。

（6）环绕式布置

近年来，由于建造污水厂用地不足，以及建造大型污水厂的基建投资和运行管理费用也较建小型厂更经济等因素，故不希望建造数量多、规模小的污水厂，而倾向于建造规模大的污水厂，所以由分散式发展成环绕式布置。这种形式是沿四周布置主干管，将各干管的污水截流送往污水厂。

二、城市排水管道系统的设计计算

城市排水管道系统的设计的计算涵盖了污水管道系统的设计计算、雨水管渠系统及防洪工程设计计算、合流制管渠系统的设计计算等，篇幅所限，本节我们以污水管道系统的设计计算为例来简单介绍。

污水管道系统是由管道及其附属构筑物组成的。它的设计是依据批准的当地城镇（地区）总体规划及排水工程总体规划进行的。设计的主要内容和深度应按照基本建设程序及有关的设计规定、规程确定，并以可靠的资料为依据。

污水管道系统设计的主要内容包括：①设计基础数据（包括设计地区的面积、设计人口数、污水定额、防洪标准等）的确定；②污水管道系统的平面布置；③污水管道设计流量计算和水力计算；④污水管道系统上某些附属构筑物，如污水中途泵站、倒虹吸管、管桥等的设计计算；⑤污水管道在街道横断面上位置的确定；⑥绘制污水管道系统平面图和纵剖面图。

（一）污水量计算

污水管道系统的设计流量是污水管道及其附属构筑物能保证通过的最大流量。通常以最大日最大时流量作为污水管道系统的设计流量，其单位为L/s。它主要包括生活污水设计流量和工业废水设计流量两大部分。就生活污水而言又可分为居民生活污水、公共设施排水和工业企业内生活污水和淋浴污水三部分。

1.生活污水设计流量

城市生活污水量包括居住区生活污水量和工业企业生活污水量两部分。

（1）居住区生活污水的设计流量计算

居住区生活污水设计流量按下式计算

$$Q_1 = \frac{nNK_z}{24 \times 3600}$$

式中：Q_1——居住区生活污水设计流量，L/s；

n——居住区生活污水定额，升/（人·天）；

N——设计人口数；

K_z——生活污水量总变化系数。

（2）工业企业生活污水及淋浴污水的设计流量计算

工业企业的生活污水及淋浴污水主要来自生产区的食堂、卫生间、浴室等。其设计流量的大小与工业企业的性质、污染程度、卫生要求有关。一般按下式进行计算

$$Q_2 = \frac{A_1 B_1 K_1 + A_2 B_2 K_2}{3600T} + \frac{C_1 D_1 + C_2 D_2}{3600}$$

式中：Q_2——工业企业生活污水及淋浴污水设计流量，L/s；

A_1——一般车间最大班职工人数，人；

A_2——热车间最大班职工人数，人；

B_1——一般车间职工生活污水定额，以25升/（人·班）计；

B_2——热车间职工生活污水定额，以35升/（人·班）计；

K_1——一般车间生活污水量时变化系数，以3.0计；

K_2——热车间生活污水量时变化系数，以2.5计；

C_1——一般车间最大班使用淋浴的职工人数，人；

C_2——热车间最大班使用淋浴的职工人数，人；

D_1——一般车间的淋浴污水定额，以40升/（人·班）计；

D_2——高温、污染严重车间的淋浴污水定额，以60升/（人·班）计；

T——每班工作时数，h。

淋浴时间以60 min计。

2.工业废水设计流量

工业废水设计流量按下式计算

$$Q_3 = \frac{mMK_z}{3600T}$$

式中：Q_3——工业废水设计流量，L/s；

m——生产过程中每单位产品的废水量，L/单位产品；

M——产品的平均日产量；

K_z——总变化系数；

T——每日生产时数，h。

生产单位产品或加工单位数量原料所排出的平均废水量，也称作生产过程中单位产品的废水量定额。工业企业的工业废水量随各行业类型、采用的原材料、生产工艺特点和管理水平等有很大差异。《污水综合排放标准》对矿山工业、焦化企业（煤气厂）、有色金属冶炼及金属加工、石油炼制工业、合成洗涤剂工业、合成脂肪酸工业、湿法生产纤维板工业、制糖工业、皮革工业、发酵及酿造工业、铬盐工业、硫酸工业（水洗法）黏胶纤维工业（单纯纤维）铁路货车洗刷、电影洗片、石油沥青工业等部分行业规定了最高允许排水量或最低允许水重复利用率。在排水工程设计时，可根据工业企业的类别、生产工艺特点等情况，按有关规定选用工业废水量定额。

在不同的工业企业中，工业废水的排出情况很不一致。某些工厂的工业废水是均匀排出的，但很多工厂废水排出情况变化很大，甚至一些个别车间的废水也可能在短时间内一次排放。因而工业废水量的变化取决于工厂的性质和生产工艺过程。工业废水量的日变化一般较少，其日变化系数可取1。某些工业废水量的日变化系数大致如下（可供参考用）：冶金工业1.0~1.1，化学工业1.3~1.5，纺织工业1.5~2.0，食品工业1.5~2.0，皮革工业1.5~2.0，造纸工业1.3~1.8。

3.地下水渗入量

在地下水位较高地区，因当地土质、管道、接口材料及施工质量等因素的影响，一般均存在地下水渗入现象，设计污水管道系统时宜适当考虑地下水渗入量。地下水渗入量Q_4一般以单位管道长（m）或单位服务面积（hm²）计算。为简化计算，也可按每人每日最大污水量的10%~20%计地下水渗入量。

4.城镇污水设计总流量计算

城市污水管道系统的设计总流量一般采用直接求和的方法进行计算，即直接将上述各项污水设计流量计算结果相加，作为污水管道设计的依据，城市污水管道系统的设计总流量可用下式计算

$$Q = Q_1 + Q_2 + Q_3 + Q_4 (\mathrm{L/s})$$

上述求污水总设计流量的方法，是假定排出的各种污水，都在同一时间内出现最大流量。在设计污水泵站和污水厂时，如果也采用各项污水最大时流量之和作为设计依据，将很不经济。因为各种污水量最大时流量同时发生的可能性较少，各种污水流量汇合时，可能互相调节，而使流量高峰降低。因此，为了正确地、合理地决定污水泵站和污水厂各处理构筑物的最大污水设计流量，就必须考虑各种污水流量的逐时变化。即知道一天中各种污水每小时的流量，然后将相同小时的各种流量相加，求出一日中流量的逐时变化，取最大时流量作为总设计流量。按这种综合流量计算法求得的最大污水量，作为污水泵站和污水厂处理构筑物的设计流量，是比

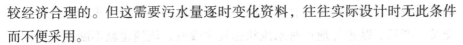

较经济合理的。但这需要污水量逐时变化资料，往往实际设计时无此条件而不便采用。

5.服务面积法计算设计管道的设计流量

排水管道系统的设计管段是指两个检查井之间的坡度、流量和管径预计不改变的连续管段。

服务面积法具有不需要考查计算对象（某一特定设计管段）的本段流量、转输流量，过程简单，不容易出错的优点，其计算步骤如下所述。

（1）按照专业要求和经验划分排水流域。

（2）进行排水管道定线和布置。

（3）划分设计管段并进行编号。

（4）计算每一设计管段的服务面积。每一设计管段的服务面积就是该管段收纳排水的区域面积。

（5）分别计算设计管段服务面积内的生活污水设计流量和其他排水的流量，求和即得该设计管段的设计流量。

特别指出的是，生活污水设计流量需要特别列出单独计算，因为生活污水流量的变化规律经过统计分析已在《室外排水设计规范》中予以明确。其他排水如工业污水，其变化规律与工业企业的规模、行业和技术水平密切相关，千差万别，故需要另外予以计算，然后求和得出设计管段的设计流量。

（二）污水管道水力计算与设计

1.污水管道中污水流动的特点

污水由支管流入干管，由干管流入主干管，再由主干管流入污水处理厂，管道由小到大，分布类似河流，呈树枝状，与给水管网的环流贯通情况完全不同。污水在管道中一般是靠管道两端的水面高差，即靠重力流流动，管道内部不承受压力。流入污水管道的污水中含有一定数量的有机物和无机物，比重小的漂浮在水面并随污水漂流；较重的分布在水流断面上并呈悬浮状态流动；最重的沿着管底移动或淤积在管壁上。这种情况与清水的流动略有不同。但总的说来，污水含水率一般在99%以上，可按照一般水体流动的规律，并假定管道内水流是均匀流。但在污水管道中实测流速的结果表明管内的流速是有变化的。这主要是因为管道中水流流经转弯、交叉、变径、跌水等地点时水流状态发生改变，流速也就不断变化，同时流量也在变化。因此，污水管道内水流不是均匀流。但在直线管段上，当流量没有很大变化又无沉淀物时，管内污水的流动状态可接近均匀流。如果在设计与施工中，注意改善管道的水力条件，则可使管内水流尽可能接近均匀流。所以，在污水管道设计中采用均匀流相关水力学计算方法是合理的。

2.水力计算的基本公式

污水管道水力计算的目的，在于经济合理地选择管道断面尺寸、坡度和埋深。由于这种计算是根据水力学规律，所以称作管道的水力计算。根据前面所述，如果在设计与施工中注意改善管道的水力条件，可使管内污水的流动状态尽可能地接近均匀流。

明渠均匀流水力计算的基本公式是谢才公式，即

$$v = C\sqrt{RI}$$

由于明渠均匀流水力坡度I与管渠底坡i相等，$I=i$，故谢才公式可写为

$$v = C\sqrt{Ri}$$

若明渠过流断面面积为A，则流量为

$$Q = CA\sqrt{Ri} = K\sqrt{i}$$

式中：v——过流断面平均流速，m/s；

C——谢才系数，综合反映断面形状、尺寸和渠壁粗糙情况对流速的影响，一般由经验公式求得，$m^{1/2}$/s；

R——水力半径，m；

I——水力坡度；

i——管渠底坡度；

Q——过流断面流量，m^3/s；

K——流量模数，m^3/s。

流量模数综合反映渠道断面形状、尺寸和壁面粗糙程度对明渠输水能

力的影响，当渠壁粗糙系数n一定时，K仅与明渠的断面形状、尺寸及水深有关。

由于土木工程中明渠水流多处于紊流粗糙区，因此谢才系数C可采用曼宁公式计算，即

$$C = \frac{1}{n} R^{\frac{1}{6}}$$

式中：n——粗糙系数，反映渠道壁面粗糙程度的综合系数。

对于人工渠道，可根据人们的长期工程经验和实验资料确定其粗糙系数n值。该值根据管渠材料而定。混凝土和钢筋混凝土污水管道的管壁粗糙系数一般采用0.014。

3.污水管道水力计算的设计数据

（1）设计充满度

当无压圆管均匀流的充满度接近1时，均匀流不易稳定，一旦受外界波动干扰，则易形成有压流和无压流的交替流动，且不易恢复至稳定的无压均匀流的流态。工程上进行无压圆管断面设计时，其设计充满度并不能达到输水性能最优充满度或是过流速度最优充满度，而应根据有关规范的规定，不允许超过最大设计充满度。

这样规定的原因：①有必要预留一部分管道断面，为未预见水量的介入留出空间，避免污水溢出妨碍环境卫生。因为污水流量时刻在变化，很难精确计算，而且雨水可能通过检查井盖上的孔口流入，地下水也可能通过管道接口渗入污水管道。②污水管道内沉积的污泥可能厌氧降解释放出一些有害气体。此外，污水中如含有汽油、苯、石油等易燃液体时，可能产生爆炸性气体，故需留出适当的空间，以利管道的通风，及时排除有害气体及易爆气体。③便于管道的疏通和维护管理。

（2）设计流速

与设计流量、设计充满度相对应的水流平均速度称为设计流速。污水在管内流动缓慢时，污水中所含杂质可能下沉，产生淤积；当污水流速增大时，可能产生冲刷现象，甚至损坏管道。为了防止管道中产生淤积或冲刷，设计流速不宜过小或过大，应在最小设计流速和最大设计流速范

围内。

最小设计流速是保证管道内不致发生沉淀淤积的流速。这一最低的限值与污水中所含悬浮物的成分和粒度有关，与管道的水力半径、管壁的粗糙系数有关。从实际运行情况看，流速是防止管道中污水所含悬浮物沉淀的重要因素，但不是唯一的因素。根据国内污水管道实际运行情况的观测数据并参考国外经验，污水管道的最小设计流速定为0.6 m/s。含有金属、矿物固体或重油杂质的生产污水管道，其最小设计流速宜适当加大，其值要根据试验或运行经验确定。最大设计流速是保证管道不被冲刷损坏的流速。该值与管道材料有关，通常金属管道的最大设计流速为10 m/s，非金属管道的最大设计流速为5 m/s。

（3）最小管径

一般污水在污水管道系统的上游部分，设计污水流量很小，若根据流量计算，则管径会很小。根据养护经验，管径过小极易堵塞，比如150 mm支管的堵塞次数，有时达到200 mm支管堵塞次数的两倍，使养护管道的费用增加。而200 mm与150 mm管道在同样埋深下，施工费用相差不多。此外，因采用较大的管径，可选用较小的坡度，使管道埋深减小。因此，为了养护工作的方便，常规定一个允许的最小管径。在街坊和厂区内最小管径为200 mm，在街道下为300 mm。在进行管道水力计算时，上游管段由于服务的排水面积小，因而设计流量小、按此流量计算得出的管径小于最小管径，此时就采用最小管径值。因此，一般可根据最小管径在最小设计流速和最大充满度情况下能通过的最大流量值，进一步估算出设计管段服务的排水面积。若设计管段的服务面积小于此值，即直接采用最小管径和相应的最小坡度而不再进行水力计算，这种管段称为非计算管段。在这些管段中，当有适当的冲洗水源时，可考虑设置冲洗井，以保证这类小管径管道的畅通。

（4）最小设计坡度

在污水管道系统设计时，通常使管道埋设坡度与设计地区的地面坡度基本一致，但管道坡度造成的流速应等于或大于最小设计流速，以防止管道内产生沉淀。这一点在地势平坦或管道走向与地面坡度相反时尤为重要。因此，将对应于管内流速为最小设计流速时的管道坡度叫作最小设计坡度。

　　从水力计算公式看出，设计坡度与设计流速的平方成正比，与水力半径的4/9次方成反比。由于水力半径又是过水断面积与湿周的比值，因此当在给定设计充满度条件下管径越大，相应的最小设计坡度值也就越小。所以，只需规定最小管径的最小设计坡度值即可。具体规定是，管径200 mm的最小设计坡度为0.004；管径300 mm的最小设计坡度为0.003。

　　在给定管径和坡度的圆形管道中，满流与半满流运行时的流速是相等的，处于满流和半满流之间的理论流速则略大，而随着水深降至半满流以下，则其流速逐渐下降。所以，在确定最小管径的最小坡度时采用的设计充满度为0.5。

第十一章　给排水工程施工技术

第一节　给排水工程施工技术与质量控制

一、市政给排水工程施工技术控制要点分析

（一）准备工作

1.在市政给排水工程的准备阶段，其管理改进的切入点之一体现在图纸管理上

市政给排水工程的图纸管理在整个施工中起到了相当重要的作用，工程的图纸一定要进行针对性的细化，尽量具体到哪一天哪些人要干哪些事情，从而确保整个图纸在工程建设中的指导意义。另外，图纸是市政给排水工程的设计蓝图，承载着市政给排水工程专家工程师对于工程实施方法的心血，一定要做好相关图纸的保密工作，对于废旧的图纸进行销毁处理，从而保证市政给排水工程的图纸在管理上的安全、高效。

2.设计管理

在市政给排水工程的设计过程中，相应的设计水平也要进行提升。在设计上，设计师要综合考虑市政给排水工程多方面的情况，可以考虑2～3个设计师一起设计的方法；设计中继续集思广益，将应考虑的方面进行扩大，充分考虑民生的各方面，从而提高市政给排水工程在基层群众中的支持率。另外，新时期的市政给排水工程不能继续沿袭传统的粗犷式发展，在市政给排水工程的一些细节上要给予一定的关注，将一些施工细节也考虑在设计中，让市政给排水工程设计充分发挥"精益思想"。

（二）施工阶段

1.测量放线技术

良好的市政给排水施工测量，能够给整个施工过程带来非常积极的影响，所以，这项工作一定要由拥有丰富经验的技术人员来完成，保证测量的精准和及时。想要保证每个施工环节都能够顺利开展，就必须严格测量要求，在自检自测环节中可以提高50%的允许偏差精度比来要求自身。这部分可以让另外的专业技术人员来独自完成，然后由另外一位进行复核。

2.沟槽开挖与施工

在市政给排水工程施工的过程中，土方开挖的工程量通常较大。并且，在沟槽开挖过程中，几乎都是挖掘机、推土机、人工开挖相结合的方式，施工质量的控制难度较大。为此，需要在沟槽开挖时根据放坡范围以及施工高程状况，严格控制开挖深度，不宜过度开挖。此外，在施工过程中，还要严格避免沟槽处理不到位造成管基下沉，影响整个管道运行。在市政给排水工程的施工过程中，对施工测量技术性能的要求较高。为此，施工单位必须安排专业人员进行施工测量，确保施工测量数据的准确性。因为，精准的施工测量是实现管道安装合格的前提条件。在施工测量过程中，还要注意时刻检测仪器的性能，避免因为仪器性能不稳定影响施工的测量精度。

3.管道安装

在给排水管道安装过程中，施工人员必须严格按照设计规范来施工，不能贪图方便、我行我素地施工。在施工过程中遇到阻碍，要第一时间反馈设计人员，沟通情况。在管道安装期间发生中断施工操作时，要将管口密封好，尤其是在安装竖管时特别注意，可使用麻袋、木板或者布来堵塞管口，避免杂物流入管道中，造成管道堵塞的情况。在给排水安装过程中，不慎造成管道阻塞，这时一定要尝试清理干净堵塞物，或者直接更换管道、重新安装。发生管道系统堵塞时，施工人员可以采取区域检查的方式来找到堵塞位置，进行补救措施。

（三）竣工验收技术

管道施工全部完成后，需要通过闭水试验做好管道的全面检查。验收需要在施工完成以后进行，通过检查，及时发现管道是否存在拥堵、破漏现象；如果出现管道间对接处渗水漏水、通道基底部不稳固的问题，一定要及时修整，避免埋下安全隐患。排水管道做闭水试验应按设计要求和试验方案进行，试验管段应按井距分隔、抽样选取、带井试验。试验管段灌满水后浸泡时间不应少于24 h，检查管道是否存在漏水现象。

综上所述，市政给排水管道工程是城市建设中不可缺少的一部分内容。因此，在进行给排水工程施工的过程中，一定要不断地变换思维、深入研究、大胆创新，采用可行的新技术、新工艺，防止出现监管缺位的情况，严格施工的同时还应该加大给排水施工过程的监管力度，避免出现工程质量、安全事故。

二、市政给排水设计的合理性建议

（一）市政给排水施工概述

1.市政给排水

城市给水和供水工作是城市给排水系统中的重要组成部分。我国城市居民不断增加，因此对于水资源的需求和消耗也在不断增加。同时，近年来随着人们生活水平的不断提升，人们对于水资源质量的要求也在不断提高。城市给水和供水工作直接关系到人们的正常生产生活，同时是保障人们生命安全的重要设施和系统，因此政府应当加强对城市整体供水系统的建设，保障充足的供水量和供水质量。

2.城市地表和地下排水工程

目前，城市主要采用的是硬化路面。硬化路面虽然能够方便人们的生活，但是在下雨时会有大量的积水，严重时会产生城市内涝的现象。人们在生产和生活的过程中会产生大量的生活污水和工业污水。如此大量的污水存在对于城市的环境来说是很大的压力，因此在进行排水工程建设的过程中往往进行城市地表和地下排水工程的建设工作；如果不对这些污水进行很好的处理，就会影响到人们的正常生产生活，也会对城市的环境造成恶劣的影响。

3.市政给排水施工的重要性

我国的城市给排水系统工程的发展已经达到了一定程度，有着一定的良好基础，但是还远远不能满足城市对给排水工程建设的需要，还有很多需要完善的地方。建立一个更加完善的城市给排水系统对于人们的生产生活有着十分重要的影响，同时给排水工程建设对于政府形象的提升有着重要的作用，能够成为一个城市整体建设质量的名片。

（二）提升我国城市给排水工作质量的建议

1.充分开发和利用水资源

要想提升我国城市整体的给排水质量，就需充分开发和利用水资源。我国许多城市的供水系统存在问题，其中最大的问题就是清洁水源的缺乏，因此进行水资源开发和循环再利用能够大大缓解水资源紧张的情况。要对城市周围的江河湖泊进行合理的开发工作，保证城市供水资源的充足。同时，应当加强对水资源的综合利用，要对生活污水和工业污水进行处理，要保证处理过的污水能够达到规定的水质标准。目前，在水资源利用方面的最大难点就是污水处理技术不高，用户不敢使用循环利用的水，因此应当提升污水处理的整体质量，保证循环利用水的安全。

2.妥善进行市政给排水管道的修改和设计

我国以往在进行市政给排水管道设计和施工的过程中存在给排水管道网络混乱的情况，这严重影响了给排水管道的正常使用。因此，我国应当在建设的过程中根据城市具体的发展情况对以往不符合规范或者混乱的管道重新建设，同时要设计并规划出合理的城市给排水管道网络。在以后的城市给排水管道建设过程中应当依照设计好的网络进行建设工作，这样能够防止城市给排水管道的混乱，提升城市给排水管道建设的质量。

3.加强对排水工程的投入和建设

进行城市排水工作需要很大的人力、物力和财力投入，因此政府想要使排水工程达到更好的排水效果，就需要加大对城市排水工程的资金投入和人力投入。资金的投入主要是对整体工程的建设，人力的投入主要是对排水工程后期的维护和检修。要对城市的高污染企业的排水和用水进行限制；要求高污染企业对其自身的高污染设备进行更换和升级，同时要安装节能减排设施进行生产和建设；对于不符合相关要求的企业，要责令其停业整顿。同时，要在城市建立完善的排水和污水处理设施，要对排放的污水进行及时的处理，加大对水资源的循环利用。

综上所述，我国近年来在开展给排水工作的建设过程中存在诸多问题，如城市给水资源缺乏、城市给排水管道混乱以及城市给排水系统管理混乱等情况。这些情况导致很多问题的出现，会严重影响到人们的正常生产和生活，所以说城市的相关部门应当进行很好的给排水工程建设，应当充分地开发和利用水资源，完善城市排水系统建设，加强对于城市整体给排水工程的管理工作。只有对给排水工程进行较好的建设，才能够真正发挥城市基础设施的作用，树立更好的政府形象。

三、市政给排水工程管道施工管理要点

市政给排水管道是一个城市建设发展的必备基础设施，也直接关系着一个城市的面貌。在给排水工程中，管道是最重要的构成要件，管道施工的质量直接影响着城市给排水的畅通。市政给排水工程相较于其他工程来说具有一定的特殊性，致使给排水工程的监管不是很到位；再加上施工技术、施工材料等因素的影响，市政给排水管道的施工质量难以把控，效果差强人意。市政给排水工程是一项相对隐蔽的工程，管道铺设在地下，施工作业需要挖开地面。随着城市的发展，城市地下管线错综复杂，给排水施工不仅要避开其他管线，还要根据地形地质工程需要作科学规划，在施工时也要与其他部门协调沟通好，才能顺利进行施工。在给排水管道铺设时要高度重视工程质量，加强对施工质量要点的管控，尽量降低安全隐患和后期维修概率。

（一）市政给排水管道施工准备阶段的质量管理

1.完善图纸设计，熟悉施工过程

图纸是施工的依据和标准。在进行施工之前，必须对施工现场进行勘测检查，做全面的分析，对地层、地下水的情况做详细了解，根据给排水

系统功能的需要设计出相应的管道位置、深浅、尺寸等，综合工程实际情况进行图纸设计，并且施工单位的工作人员要掌握数据的精准性，以免在今后的施工中出现偏差；图纸设计好后，在施工前，要让所有相关的施工人员对项目图纸进行熟悉，明确施工中应注意的技术要点和难点，特别把控工程质量符合设计的要求规定，对有可能出现的质量问题提前做好防范措施，以减少返工和后期维修。

2.对施工材料的质量进行全面检验

在施工过程中要对所使用的材料进行检验，无论是管材、配件、砂石、水泥等材料都要做详细的检查，对产品合格证、生产许可证等相关材料进行验看；如果有质量问题必不能投入使用，要确保材料的质量过关。在安装前要进行第二次检查，发现有疑问的材料要停止使用或者处理合格后方可继续使用。

（二）市政给排水管道施工过程中的质量管理

1.沟槽开挖与支护施工管理

沟槽开挖是管道安装的前提，也是基础工作，对管道施工质量有最直接的影响。因此，在沟槽开挖时要注意：在开挖前要明确施工中的关键部位，对地下已存的电缆和其他管道、构筑物进行排查，并与相关部门做确认沟通，保证清除开挖的障碍物，对开挖地区进行重点保护；要明确开挖现场的地质、水文情况，根据实际来确定开挖方式；如果采取机械开挖，则需要在槽底铺设20~30 cm的保护层，施工完毕后再行清理；要做好沟槽的防水工作，并防止沟槽内出现积水现象。

沟槽开挖快要完结时，要迅速做好管道基础的准备工作；为减少沟底基土的暴露时间，应尽快将碎石摊平压实以及进行浇筑。支撑管道用的撑木、撑板应衔接紧密，如果发现松动的现象，则应立即采取措施加固。

2.管道安装的质量管理

要保证管材和配件的质量过关，对于不符合标准要求的材料不予入场；垫层验收合格后可下管安装，管道安装前要对管内外清洁处理，保证其干净无杂物；下管时要采用柔性吊索，不可使用钢丝绳直接穿入管内吊起，以防对管壁造成损坏；吊管前要测量好管体的重心并做出标记，以便

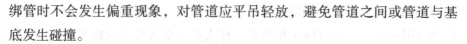

绑管时不会发生偏重现象，对管道应平吊轻放，避免管道之间或管道与基底发生碰撞。

3.进行闭水试验，检测管道严密性

管道安装完毕后进行严密性测试，要确保管道外观质量符合要求，沟槽内没有积水、没有回填土。对管道进行隔段测试，每段管道的长度最好在1 km之内，逐段进行检测。需要检测的管段应将管口封堵严实，然后往管内注满水，观察24 h。闭水实验是为检测管道是否存在漏水现象，是一个确定渗水量的过程；当测定出的渗水量低于最小渗水量要求时，可以认定管道的严密性符合规定的要求。

4.沟槽回填的质量管理

当管道施工验收合格后则要对沟槽进行回填，要注意沟槽两侧同时进行回填，以保持其平衡性。槽底至管顶以上50 cm处的回填土内不得含有冻土、有机物、大块砖石等杂物，在抹带接口处要注意使用细粒回填料进行填充，回填材料应当夯实压紧。对填土的含水量进行测试，确保含水量不会影响填土的密实度。填土表面要平整光洁，不得出现松散、离析现象。

城市建设的飞速发展带动了市政给排水工程建设的不断增多，但同时对市政给排水工程提出了更高要求。因此，我们在做市政给排水施工时要严格按照设计与国家规范规定的标准来执行，建设符合实际情况的给排水工程，加强对施工各环节的质量把控与统筹管理，努力提高工程质量，能够节约水资源，缓解城市用水压力，让市政给排水管网更好地为人民服务。

四、市政给排水施工和质量控制

（一）严格进行给排水工程设计图审核，强化技术交底效用

要强化市政给排水工程的施工质量控制，就要严格审核给排水工程的设计图纸，做好技术交底工作。要掌控市政给排水工程的施工质量，就要在工程正式开工前对其设计图纸进行审核与复查，由该工程的建设单位、监理单位、施工单位及设计单位对施工图图纸细节进行推敲与审核，深入探讨图纸细节，对市政给排水工程中管网的厚度、材料、直径、管长、走

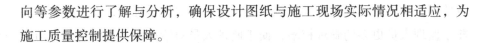

向等参数进行了解与分析，确保设计图纸与施工现场实际情况相适应，为施工质量控制提供保障。

（二）集中编制给排水施工技术，促进施工质量管理规范化发展

施工单位重视给排水工程施工技术编制工作。施工单位要结合市政给排水工程的施工地理位置、当地气候、洪涝灾害情况，对工程选用的施工技术与工艺进行整体优化，并依照"排水泵房—排水主管线—排水支管线"的顺序对工程排水系统进行优化测试。施工单位还要结合过去参与过的市政给水工程的施工经验，补充本次工程的施工细节与检验程序，严格划分控制点等级，明确质量检验方法，并认真填写质量检验报告，促进施工质量管理规范化发展。

（三）严格遵守国家质检标准，加强质量控制监督工作

建设单位要严格遵守国家相关质检标准，依照国家提出的市政给排水工程施工质量管理相关条例与质检规范开展工作，加大对施工单位的监督力度，强化质量控制监督工作。如今，我国市政给排水工程是各地区政府开展公共基础设施建设的主要内容之一，建设单位的质检人员要将国家标准作为工作导向，对工程施工的各个环节进行严格的监督与管理，防止出现偷工减料、投机取巧现象。

（四）重点关注管件管材安装质量，保证材料性能稳定

要加强对市政给排水工程的施工质量控制，还要重点关注给排水工程的管件管材选用环节，严格管理管件管材质量与安装技术，以保证市政给排水工程的施工质量。建设单位工作人员要基于现阶段对管道材料的要求，进一步强化对管道材料的监管，不仅要严格检验管道材料的抗压性、抗渗性及稳定性，还要分别在材料选定、材料采购、材料进库、材料进场及正式安装之间对管件管材进行检查，最大限度地保证管件管材的质量。

（五）建立健全第三方监理标准，提高质量控制水平

要基于现阶段"第三方监管单位工作缺失"的情况，建立健全的第三

方监理工作标准，规范监理单位市场，统一建立质量标准，在工程管理中赋予监理人员更多的管理权限，便于监理人员对给排水工程的各个环节进行监督、管理及协调，从而提高监理效用，进一步强化市政给排水工程的施工质量控制。

综上所述，市政给排水工程的质量控制是关乎我国现阶段公共基础建设发展的重点话题，各有关部门及单位要重视给排水工程的质量控制问题，分别从设计技术、质量管理、施工监督、管材安装、第三方监理等多个角度入手，提升设计水平与施工质量，端正质量控制态度，树立严谨的工作作风。各有关部门要从市政给排水工程的各个环节入手，有效解决常见的施工质量问题，强化我国给排水工程质量。

第二节　给排水规划设计与技术测量

一、城市市政给排水规划设计

城市市政给排水工程是城市建设基础设施之一，其建设质量的优劣，可以体现出一个城市生态文明建设水平以及城市经济发展建设水平。通过合理化、科学化地规划与建设城市市政给排水工程，能很好地解决人们的生活用水、水污染以及城市内涝等问题，促进城市生态文明建设。市政给排水是城市基础设施建设中不可缺少的组成部分，给排水工程有效的规划与设计直接关系到城市的可持续发展以及人们的生活质量。针对水资源匮乏的现状，规划与设计城市市政给排水时，应充分利用好有限的水资源，确保城市居民日常生活用水，并与当前城市规划发展相结合。

（一）城市市政给排水规划设计的要求与意义

1.水资源合理利用

水是人类的生命之源。水与人们的生活有着十分密切的关系，也是城市持续发展建设的重要资源之一。能够合理开发水资源将是城市持续发展的关键，人们的生活离不开水，城市的发展更需要足够的水资源。为此，通过合理化、科学化地对市政给排水系统规划设计，可以在很大程度上提升水资源的利用率，更好地保障城市持续、健康地发展。目前，水危机已经影响了我国经济的发展，给我们敲响了警钟，也引起相关部门的高度重视。比如，市政给排水系统出现规划设计不合理或者未能满足城市未来发展的需求，直接影响到城市水资源的充分利用，不仅严重浪费水资源，还严重破坏了水环境，从而影响了城市经济的发展。因此，在市政给排水工程设计阶段，一定要遵循相关设计规范与标准的要求，提高水资源的利用率，规划与设计出最佳的城市给排水方案。

2.提升城市环境的质量

近些年来，随着我国国民经济与城市化步伐的不断加快，城市环境污染问题尤其突出，发展的趋势也越来越严重，其中水环境污染更为严重，已经对人们的身体健康带来了威胁，影响了人们的生活质量。城市市政给排水系统对水环境有一定的影响。为此，在规划与设计市政给排水工作时，首先要满足当前城市发展需求，其次要为未来城市发展前瞻性考虑，以最大限度改善整个城市的水环境质量，并提升整个城市的环境质量。

3.满足城市整体规划

在城市建设与规划工作中，市政给排水规划设计是其中较为重要的工作，其设计工作的合理性、科学性直接影响到城市的发展与前景。市政给排水规划必须与实际城市整体规划融合与协调在一起。在给排水工程规划设计中，必须考虑到城市整体规划的内容、设计出的方案是否能与城市规划协调起来；只有两者协调起来才是最佳的方案，才能更好地促进城市快速发展。

（二）城市市政给排水规划设计的思考

1.给排水系统规划与设计

伴随着城市化进程的不断扩大，居民用水量也不断增加。规划与设计好给水系统工程能够给城市生态环境提供保障，促进城市持续性发展。近年来，我国大量人口涌向城市生活，城市人口越来越多，造成城市水资源供应出现较为紧张的状况。城市水资源的缺乏已成为社会关注的问题，水资源的开发与再利用便成为设计人员急需解决的课题。由于各个区域水资源空间分布有着不均衡的情况，水质问题在设计过程中需要考量，依据水的用途具体情况，合理分配与优化水资源。为此，设计人员要做好前期用水量的预测工作。城市市政排水系统以防洪排涝为宗旨，应该对城市的气候、降雨量、排洪流域面积等因素进行综合考量，选取科学、合理的方案措施，将雨水收集另作他用。另外，针对城市污水将其回收利用，经过科学处理后再循环利用，这样可以减少对水资源的污染。

2.合理选用给水水源

城市市政给水源的选择过程必须做到以下几点：①保持城市用水水量的充足，水质必须达到国家卫生要求与标准。②城市给水水源选用地下水时，根据城市实际水储量的能力适当开采，不可以超出实际使用量，避免造成水资源的缺乏后果；若选用地表水为给水水源时，必须确保水源地在枯水期的保证率不能低于90%。③针对水资源缺乏的现象，城市可以建设相关储存天然降水的存储设施，对天然降水进行充分的利用。

3.雨水系统规划与设计

城市的发展给自然环境带来严重的破坏，引发了各种各样的自然灾害，对人们的生命与财产安全造成威胁。在我国南涝北旱的情况越发严重，比如，近年来，南方夏季雨量不断增加，对城市防洪排涝的能力是一种严峻考验，城市给排水系统可以起到防洪排涝的功能，良好的排水系统可以大大减少洪涝灾害带来的安全隐患，避免出现不必要的经济损失，所以城市市政给排水系统的规划与设计工作至关重要。通过将城市的防洪防涝系统与城市的雨水系统有效结合，以城市竖向规划为辅助，这样可以保证城市给排水系统工程有一定的良好效果。

4.污水系统规划与设计

在日常生活中，人们每天有大量的生活污水排放，在老城区一般采取集中处理形式，在新城区则采取分流处理形式。从目前城市排水系统来说，分流处理形式不利于现代城市建设，因为城市雨水与污水会出现交叉处理的情况，分流处理形式将会变成集中处理。上述问题，可以使用分流处理形式对化粪池进行处理，并结合高技术施工方式，需要确保污水管道施工标准，加强监督。特别是在多雨季节，可以选择截留处理形式，减少

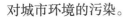

对城市环境的污染。

5.排水材料的选择

在城市市政给排水系统工程中所使用材料的选择会直接影响到整体工程的质量，也是市政给排水工程设计中的重中之重。预应力混凝土管道是市政排水工程中常用材料，也是主要构件部分。为此，必须保证管道的质量。混凝土管道的选用一定要能够满足市政排水实际要求，一般管道直径选用20 cm以上。由于混凝土管道自身价格与性能都有显著的优点，强度稳定性较高以及不容易受到腐蚀，城市市政排水一些主干管道在设计过程中经常选用该种材料。另外，PE管材也是城市市政排水工程的结构材料。PE管材又可以划分为低密度PE管材、中密度PE管材以及高密度PE管材。因为PE管材自身有着较高分子材料的特性，在城市市政工程中以最大限度发挥其延展性与材料柔性优点，PE管材的结构耐冲击能力也较强，能够很好地解决与适合城市市政排水工程的各种问题。除此之外，要充分发挥PE管材物理、化学的稳定性以及抗腐蚀等优点，使得市政排水工程满足城市建设实际发展的需求。

科技的发展，产生了很多新型材料，铝塑复合管就是当今市政排水工程新型材料之一，其有着非常好的抗腐蚀能力以及可加工的特性优势。在城市市政给排水工程设计过程中，在一些比较特殊的部位与节点上可以选用铝塑复合管，最大限度发挥出其管材的物理与化学稳定性能的优点，构建出科学合理与高效的城市市政排水系统。

在城市市政排水材料设计过程中，要合理选择功能性复合管。孔网钢带塑料复合管也是目前主要使用的材料，也属于复合型管材，其有着聚乙烯、钢等材质的优点，在城市市政排水工程中也得到了广泛使用，能够满足工程需要。

市政给排水工程能够营造出一个便利与优质的城市环境，并能够提升整个城市的综合服务能力与质量，也是城市基础设施建设中主要的组成部分。随着城市化的快速发展，市政给排水设施出现了诸多问题。为此，必须合理、科学地做好城市市政给排水的规划与设计工作，为城市持续发展奠定良好的基础。

二、市政给排水设施工程质量管理中技术测量

当前我国城市化进程持续加快，各地政府为了提升民众的生活质量，重点关注民生的基础设施建设。市政工程的工程质量以及管理水平在很大程度上体现了该城市的宜居程度和建设水平，而市政给排水工程则是其中非常重要的一环。

（一）市政工程质量管理

工程质量的高低优劣，很大程度上决定了工程建设项目是否能实现其功能属性。在工程的设计、实施以及验收的过程中，质量控制与管理就是要完成对参与人员管理的过程，即保证项目质量符合合同规定的标准。

市政工程与普通建设工程不同的地方主要在于：项目的客户或业主是政府部门。市政工程具有公益性、长期投资性、与民众的生活密切相关的特点。因此，做好市政工程质量管理能极大地改善民生，提升人民的幸福感。

1.工程质量管理的概念

工程质量管理概念就是在工程实施目标中设立合理的质量标准，并在各个实施环节、验收环节能够达到预期的质量标准，通过监管保证项目参与人员完成的项目达到预期的质量标准，即工程质量管理是为了保证项目工程验收时达到业主或者客户的预期（合同中规定）质量要求，是实现项目目标的重要管理手段。工程项目的各个环节都需要严格遵守项目管理的标准和规范，具体如发包、竞标、造价、开展施工、项目验收等环节。

2.质量管理的主要原则和方法

设定科学并且规范的管理模式是在市政工程项目实施之前，它是完成高质量工程的关键。在市政工程项目实施中，施工各个流程以及施工现场的管理工作都需要通过有效的管理手段进行监控，以便能根据施工中出现的问题来调整具体方案的执行。主要原则包括：合同准则作为首要准则，做好施工人员的管理工作，借助项目管理思维来统筹项目工作，做好施工现场的管理工作，能够应对施工项目中出现的各种突发状况。

技术一直在发展，因此相应的工程质量与行业标准也在不断优化与提

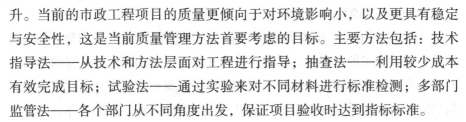

升。当前的市政工程项目的质量更倾向于对环境影响小，以及更具有稳定与安全性，这是当前质量管理方法首要考虑的目标。主要方法包括：技术指导法——从技术和方法层面对工程进行指导；抽查法——利用较少成本有效完成目标；试验法——通过实验来对不同材料进行标准检测；多部门监管法——各个部门从不同角度出发，保证项目验收时达到指标标准。

3.市政工程质量控制的主要内容

市政工程质量管理的一个重要环节就是做好项目的质量控制。质量控制是为了保证工程质量目标完整实现的必要管理手段。质量控制的具体内容包括以下方面：首先是做好工程参与人员的质量控制，这是质量控制的核心环节，因为工程具体实施需要高素质的参与人员来完成；其次是严格控制施工材料的质量，施工材料不符合相应的项目规定，极大增加"豆腐渣"项目工程出现的概率；最后是保证施工设备的质量控制，保证员工的人身安全，保证施工方法的合理性，因为市政工程的主体是政府，很难做到持续性监管，需要验证方法后才能施工。

（二）给排水市政工程施工中出现技术测量问题

1.出现技术测量问题

在顶管施工技术中，是通过地下施工方式，通过各类交通要道以及建筑物的穿越来实现地下管线建设的。顶管施工技术有着人力成本低、避免地面交通以及生产秩序破坏、缩短工期的优点，因此被广泛应用。但是该技术有着非常重要的注意事项，即对地质状况要求高，需要进行详细的测量、跟进以及分析；否则，在施工过程中容易发生质量缺陷。

施工单位因为其技术测量上的疏漏，导致施工人员对管道进行施工时，顶管施工高程和中心线产生明显位移，导致后续工程无法进一步开展，并且有塌陷的危险。

2.技术测量问题产生的原因

（1）客观原因。施工地段的土层主要成分是流沙，在项目动工的时候没有预料到后期的连续降水，因此，在项目正式动工时，一方面由于本土的地下水水位处于较高的水位，另一方面则是因为近期的连续降水导致水位继续提升，地下管道没有受到均衡压力作用，最终导致利用顶管施工技

术时发生了机头漂移。

（2）主观原因。市政给排水工程中的管道高程问题比较明显，但是在该项目正式施工的过程中，该施工单位并没有对此问题给予足够的重视，并没有严控该工程施工中的技术测量，导致管道顶进工序开展过程中出现问题时，再进行质量纠正时已经难以进行动态的调整。除此之外，由于现场持续观测的岗位人员没有做好第一时间的质量事故处理，导致工程停滞，所幸未造成人员伤亡。

（三）给排水市政工程中质量问题的对策

1.快速组建团队进行问题整改

项目主管团队发现问题后，迅速组建应急队伍，停止施工的同时快速确定问题由技术测量错误引起，并针对性地提出补救与整改措施。解决问题后，该应急队伍重组成特别应急管理项目组，以便于工程中再出现质量问题，保证各类紧急情况出现后能够及时有效应对。施工问题发生后，针对施工过程中缺乏合理监控、施工人员粗心大意等存在的问题，项目方实行更加严格的监督人员责任制，分段划分责任人员，并且对施工人员进行思想教育；项目验收采用互检的方式，进一步加强验收标准。

2.分阶段开展市政给排水工程的质量管理

（1）在施工前，保障市政给排水工作质量控制的合理实施。具体如下：保证施工人员了解工程细节，施工前需要联合业主方（政府）、监理方、设计方与施工方进行会审，保障工程的各项设计细节被全面地了解与熟悉；进行给排水管材的材料选取以及质量检测，质量控制的重点环节之一就是做好给排水工程材料的选取与质量检测，避免后续工程由于管材质量问题而难以开展下去；做好施工前期保障工作，根据质量控制的原则做好各项准备工作，如要提前做好封闭方案，因为管道设计经常会涉及道路发生交会的部分。

（2）施工阶段，要严格执行质量控制措施。具体如下：控制管道部分的施工细节，比如，在砌井施工环节中，不仅要检测砂浆饱满状态，还需要确保井壁尺寸是否符合标准等；控制闭水试验检测的施工细节，排水工程中最重要的检测就是排水功能是否合乎要求，一般监测排水管道工程

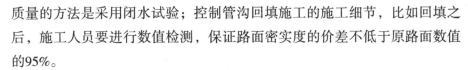

质量的方法是采用闭水试验；控制管沟回填施工的施工细节，比如回填之后，施工人员要进行数值检测，保证路面密实度的价差不低于原路面数值的95%。

（3）验收阶段。对市政给排水工程而言，因为市政工程有着公益性、长期投资性、与民众的生活密切相关的特点，需要进行严格的检验验收，在每个环节都要贯彻严格检查的思想，以保证给排水工程的质量合乎标准。

3.加强施工团队的组织管理

在市政工程中，做好对人的管理工作是质量控制的核心环节。国家强调精细化经营需要取代以往的粗放式经营模式，因此要不断地提高行业标准以及明确规范，要严格施工团队的资格认定以及准入标准，不断地加强监管力度，进一步提升施工团队的质量与管理意识，保证落实市政工程项目的质量管理。

第十二章 市政给排水工程的维护管理

第一节 给水管网的维护管理

给水管网的维护管理是保障城市供水系统正常运行的重要工作，主要包括管网的监测、检漏和维护管理。通过监测管网的水压和流量，能够及时发现运行中的异常情况。检漏工作可以减少水资源的浪费，提升供水效率。维护则是对管网及相关设施进行定期维护和更新，以延长设备使用寿命，确保供水系统的可靠性和安全性。维护管理工作的整体目标是确保管网的正常运行，减少故障发生，保障用户的持续稳定供水。

一、给水管网的监测检漏

(一) 给水管网水压和流量测定

1.管道测压和测流的目的

在管网管理中，测压与测流是不可或缺的重要环节。这些操作能够系统地监控输配水管道的运行状况，包括了解管网中各节点的自由压力变化和管道内的实际水流情况，为城市给水系统的日常调度提供科学依据。

长期对管网的测压与测流数据进行收集和分析，并结合管道粗糙系数的测定，可以为优化管网运营管理提供有力支持。通过定期进行测压与测流工作，可以有效发现并解决环状管网中存在的问题。对于管道各段压力和流量的监测，还能准确评估输水管道的阻力变化，并识别结垢严重的管段，从而为管网的维护管理和检修工作提供指导。

在必要时，可根据测量结果对问题管段采取刮管、涂衬等大修措施，以恢复管道的良好水力条件。此外，在主要输水和配水干管的新管道投入运行前后，对全管网或局部管网进行测压与测流，还能评估新管道对整体输配水系统的影响程度。同时，管网的改建与扩建也需要基于长期积累的测压与测流数据，进行科学决策。

2.水压的测定

（1）管道压力测点的布设和测量

在进行给水管网水压测定时，首先需要选择具有代表性的测压点，并同时记录水压数据，以便准确分析管网的输配水情况。测压点的布设应能真实反映区域水压情况，同时分布要均匀合理，确保每个测压点能够有效代表其周边区域的水压水平。一般情况下，测压点通常布设在大中口径输配水干管的交叉点、大型用水用户的分支点、水厂、加压站以及管网末端等区域，不宜选择在进户支管或用水量大的用户附近。此外，在进行测压和测流时，可以将测压孔与测流孔合并设置，以提高效率。

在实际测压操作中，可将压力表安装在消防栓或给水龙头上，并定时记录水压数据。如果采用自动记录压力仪器，则更加便利，能够生成24 h的水压变化曲线，为分析管网运行状态提供数据支持。通过水压测定，不仅可以了解管网的运行状况，还能识别薄弱环节。依据测压数据，可在管网平面图上绘制等水压线图（等水压线按照0.5~1.0 m水压差绘制），以直观反映各管线的负荷情况。同时，通过等水压线标高减去地面标高，可以得出各点的自由水压，进一步绘制等自由水压线图，从而快速判断管网内是否存在低水压区域。

为了实时监测管网关键节点的水压变化，城市给水系统调度中心通常采用远程传输方式，将各测压点的压力数据传回调度中心，实现数据的即时显示、记录和分析。这种方式能够有效提升管网的管理与调度效率。

（2）管道测压的仪表

管道压力测定通常使用压力表作为主要仪器。这种仪表可以显示即时的压力数值，如果配备计时器、纸盘和记录笔等装置，则可升级为自动记录压力仪，能够绘制出24 h内的水压变化曲线，为分析管网运行提供直观的数据支持。

常用的压力测量仪器种类丰富，包括单圈弹簧管压力表、电阻式、电感式、电容式、应变式、压阻式、压电式和振频式等远传压力表。其中，单圈弹簧管压力表适合现场直接显示压力数据，而远传式压力表通过压力变送器将压力信号传输到显示或控制设备，实现远程数据管理。

对于给水管网的测压孔，可以利用压力变送器将压力值转换为电信号，借助有线或无线方式将信号传送至终端设备（如调度中心）。在终端，这些数据可用于显示、记录、报警、自控或进一步处理，帮助运营人员掌握管网的运行状况。

目前，许多自来水公司广泛使用压力远传设备，这些设备结合了分散目标和无线传输功能。通过无线电通道，管网测压点的压力等参数能够被实时传送至调度中心。即便在不进行数据传输时，系统也可切换为通话模式，便于调度指挥与沟通。这种现代化的测压方式，不仅提升了管网监控的效率，还为优化调度提供了精准、可靠的技术支持。

（3）管道流量测定

在环状给水管网中，每个管段一般都需要设置测流孔。对于较长的管段，尤其是有多个分支管道接入的情况下，通常在管段的两端分别设置测流孔；而对于较短的管段且没有分支管道接入的情况，可以只设置一个测流孔。如果管段中存在较大的分支输水管，则需要适当增加测流孔的数量。测流的管段通常选择管网中的主干管道，某些情况下也可以在支管上临时设置测流孔，以便采集配水流量等数据，为配水管道的改造提供依据。

测流孔应布置在直线管段上，与分支管、弯管和阀门保持一定的距离。一些城市规定，测流孔前后直线管段的长度应为管径的30~50倍，以保证测量精度。

测流孔的设置应尽量选择交通流量较小、便于测量操作的地段，并且要将测流孔砌筑在井室内，以保护设施和便于后续维护管理。

根据管道材质和口径的不同，测流孔的开设方式有所区别。

①铸铁管和水泥压力管：可以通过安装管鞍或旋塞，并采用不停水开孔的方式完成。

②中小口径铸铁管：同样可以采用不停水的开孔方式。

③钢管：通常通过焊接短管节后，再安装旋塞的方法完成开孔。

通常使用毕托管来测定流量，测定流量时，常用毕托管将其插入待测水管的测流孔中进行测量。毕托管的两个管嘴分别面向和背对水流，其间产生的压差（h）可以通过U型压差计读取。首先，精确测定水管的实际内径，然后将管径分为均匀的10个测点（包括管道圆心，共11个测点）。利用毕托管逐一测量各点的流速。由于圆管截面各点的流速分布并不均匀，因此需要计算各测点流速的平均值（V），再乘以水管的横截面积，最终得到流量。使用毕托管测量流量的误差一般在3%～5%。

除了毕托管，还可以使用多种新型流量测量仪器，如便携式超声波流量计、电磁流量计、其他高精度仪器。这些设备能够快速读取流量、流速和流向等参数，并提供打印功能，极大地方便了数据采集和分析工作。

（二）给水管网检漏

1.给水管网漏水的原因

城市供水管网漏水问题较为严重，尤其是地下管道接口的暗漏，占据了漏水事件的大多数。长期研究和分析表明，导致漏水的原因主要包括以下几点。

（1）管材质量不合格

使用质量不达标的管材会增加漏水的可能性。例如，如果管道材料和接口材料质量较差，当管网水压超过或邻近管道的工作压力时，易产生裂痕甚至爆管。

（2）接口质量不合格

接口制作不良或质量不过关也会导致漏水问题。管道连接不可靠，比如连接处腐蚀、连接处密封性能不够，这些情况都是造成连接处漏水的主要原因。

（3）施工质量问题

施工质量不良包括管道基础不稳固、接口填料不当、支墩后座土壤松动、水管弯曲角度过大等，这些都容易导致接头损坏或脱开，埋设深度不足也会造成问题。

（4）水压过高

水压过高时，水管受力增加，增加了爆管和漏水的风险。

（5）温度变化

温度变化会导致管道材料的膨胀和收缩，可能引发漏水问题。例如，当气温低于0℃时，土壤中孔隙水冻结且体积发生改变，对管网产生了冻胀力，加上力与温度的正比关系，导致供水点之间存在温差。在此期间，如果对管网进行加压、补水，供水，管道将会受到应力损坏，从而引发管网的漏损问题。

（6）水锤效应

水锤现象可能对管道造成损坏，从而导致漏水。

（7）管道防腐不足

缺乏有效的防腐措施也会加剧漏水问题。

（8）道路交通负载过大

如果管道埋设过浅或者受到车辆过重的动荷载，会增加对管道的压力，容易导致接头漏水或爆管的情况发生。

以上原因共同作用，导致了城市供水管网的漏水问题。针对这些问题，需要采取相应的预防和修复措施，以减少水资源的浪费和经济损失。

2.给水管检漏的传统方法

（1）音频检漏

当水管出现漏水时，压力水通过小孔喷出，与孔壁摩擦，部分能量在孔口附近消散，产生振动，形成漏水声。音频检漏法包括两种形式：阀栓听音法和地面听音法。前者用于漏水点的初步定位，后者则进一步实现精准定位。

①阀栓听音法：借助听漏棒或电子放大听漏仪，在管道暴露的部位（如消防栓、阀门等）直接监听漏水声，以锁定漏水管道，缩小检测范围。

②漏水声自动监测法：利用由多台泄漏噪声记录仪和控制器组成的系统，在管网多个位置布置记录仪。这些记录仪按设定时间自动记录漏水声信号，随后通过数字化处理和计算机分析，快速判断管网是否存在漏水。

③地面听音定位法：在锁定漏水管段后，使用电子放大听漏仪沿着管道方向逐点监听。随着拾音器逐渐靠近漏水点，听到的漏水声会逐渐增强，从而精准定位漏水点的位置。

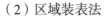

（2）区域装表法

区域装表法是指将整个供水管网划分为多个小区，通过分区检测漏水量，具体操作如下。

①关闭与其他区域相连的阀门，暂停该区供水，仅打开安装水表的进水管阀门。如果水表指针转动，则表明该区域存在漏水问题。

②干管漏水检测：关闭干管两端的阀门及所有支管阀门，在阀门两端焊接DN15 mm小管并安装水表。水表读数即为该干管的漏水量。

③区域漏水检测：同时记录区域水表的流量数据，分析漏水情况。

④基于用户停水时的检测：利用停水时水池的水位变化，测量水位下降量以计算漏水量。

（3）质量平衡检漏法

质量平衡检漏法基于流体力学原理：在一定时间内，测量管道内流入水量和流出水量的差值。如果不相等，则表明存在漏水。

（4）水力坡降线法

水力坡降线法是指通过计算管道的水力坡降线定位泄漏点。

①根据上游站和下游站的流量及压力，绘制水力坡降线图。

②图线交点即为可能的泄漏点。

此方法对流量、压力及温度的测量精度要求较高。

（5）统计检漏法

统计检漏法无须依赖管道模型，通过连续监测管道入口和出口的流量与压力，分析泄漏的概率分布。

①利用序列概率比试验，确定最佳检测时机。

②通过测量数据结合最小二乘算法，估算泄漏量并定位泄漏点。

（6）基于神经网络的检漏法

基于神经网络的检漏法利用人工神经网络进行学习和识别，适应多种管道工况。

①模拟人类认知过程，通过分析管道运行数据，快速检测管道故障。

②具有较强的抗环境干扰能力，在噪声复杂的场景下依然能够准确识别漏水。

试验表明，基于神经网络的方法灵敏度高，检测效果良好，适用于现

代管网的智能化检漏需求。

3.管网漏水的处理与预防

（1）管网漏水的处理方法

当发现给水管网的漏水量超出正常范围时，需进一步精确地检测以确定漏水具体位置，之后根据实际漏水情况采取相应的处理措施。

①针对管道直端的漏水，首先需将表面清洁干净，在停水情况下进行焊接以修补漏点。

②在处理法兰盘处的漏水时，应替换损坏的橡皮垫圈，并确保使用数量相匹配的螺栓，安装时需注意螺栓要均匀加固。若漏水由管道支撑不当引起，应加固或新增支撑结构。

③对于承接口处的漏水，如果漏水区域较小，应去除泄漏点两侧宽30 mm、深50 mm的老化封口材料，操作中应避免损坏周围完好部分。清理后，重新填充油麻并密实，然后使用青铅或石棉水泥封堵。

（2）管道渗漏的修补

面对接口渗水、窜水、砂眼喷水及管壁破裂等多种渗漏形式，可使用快速抢修剂进行紧急修补。该产品是利用稀土材料制成的高科技急修材料，能在数分钟内迅速固化并有效止水。此种抢修剂不仅密封性能好，抗水压能力强，而且适用于各种管材和阀门，如钢管、铸铁管、UPVC管和混凝土管等。

二、给水管网的维护管理更新

（一）给水管道防腐

1.给水管道的外腐蚀

金属管材的腐蚀主要有两大类原因：化学腐蚀（包括微生物腐蚀）和电化学腐蚀（包括杂散电流腐蚀）。

（1）化学腐蚀

化学腐蚀是金属与其周边环境介质直接作用所引起的现象。以铁为例，当二氧化碳从空气中溶解入水中，形成碳酸后，该碳酸与土壤接触，转化为可溶的酸式碳酸铁。这些碳酸盐在氧的作用下进一步转变为。

（2）电化学腐蚀

电化学腐蚀是指腐蚀电池的形成，分为微观和宏观腐蚀电池。微观腐蚀电池发生在金属管道与土壤直接接触的地方，由于金属组成的不均匀性而引起。宏观腐蚀电池则是因为管道沿线土壤特性的差异造成的电位差。此外，杂散电流的腐蚀属于电化学腐蚀的一种特殊形式，其影响类似于电解作用，由于其电位高、电流强，因此导致的腐蚀通常比常规电化学腐蚀更为严重。

2.给水管道的内腐蚀

（1）金属管道内壁侵蚀

内部侵蚀同样可分为化学和电化学腐蚀。金属管道内的水本身就是电解液，因此管道腐蚀大多呈现电化学特性。

（2）水中含铁量过高

根据饮用水质量标准，水中铁的最大允许浓度为0.3 mg/L。如果超出这一标准，水中的铁会以酸式碳酸铁的形式存在，并进一步在水中形成氢氧化亚铁的絮状沉淀。

（3）管道内的生物性腐蚀

虽然城市给水管网的水通常经过充分的处理和消毒，不含有机物或活跃的生物，但铁细菌这类特殊的滋养细菌能够在水中生存，通过氧化铁盐维持生命，并能产生大量氢氧化铁。这些氢氧化铁的形成有时会在管道内形成严重的堵塞现象。

3.防止管道外腐蚀的措施

为了减少管道外部的腐蚀，除了采用耐腐蚀性能强的管材之外，还有多种外部防腐方法，包括金属或非金属材料的覆盖防腐技术和电化学防腐技术。

（1）覆盖防腐技术

①金属表面的处理。在进行覆盖式防腐前，需对金属表面进行彻底清洁，这通常包括机械与化学两种处理方式。

②覆盖式防腐处理。依据管材特性，覆盖式防腐处理各不相同。例如，对于小直径的钢管及管件，普遍使用热浸镀锌法。暴露的钢管则在除锈后，通常涂上油漆以防腐蚀，并同时具备装饰与标识功能。埋设在地沟

的钢管则可采用涂底漆及热沥青处理。根据周围土壤对管道的腐蚀影响，选用适当的防腐层。

③铸铁管外壁的防腐处理。对铸铁管外壁的防腐处理通常选择浸泡热沥青法或喷涂热沥青法。

（2）电化学防腐技术

①排流法。当金属管道受到杂散电流的电化学腐蚀时，可通过排流法减少腐蚀。该方法将受腐蚀部位的金属管道与电源（如变电站负极或钢轨）之间用低电阻导线连接，让杂散电流直接流回电源，避免通过土壤流动，从而防止腐蚀。

②阴极保护法。阴极保护法通过在管道外部施加直流电流来平衡金属管道表面的电位不均，阻止腐蚀电流的产生，从而保护管道。外加电流法和牺牲阳极法是两种主要的阴极保护方式。外加电流法利用外部直流电源，通过地下或水中的电极向金属管道输送必要的防腐电流；而牺牲阳极法则使用电位较低的金属材料作为阳极，依靠两种金属间的电位差产生防腐电流。

4.防止管道内腐蚀的措施

（1）传统措施

针对管道内壁的防腐问题，常见的做法是采用涂层和内衬。对于小口径的钢管，广泛采用的防腐措施是热浸镀锌。而对于大口径的管道，通常使用成本较低且耐用的水泥砂浆作为衬里，这种方法对水质无不良影响。

过去，使用沥青层进行防腐处理，目的是隔离水与金属，但沥青层过薄无法有效隔离，尤其是在腐蚀性强的水环境下，钢管或铸铁管可能在使用3～5年开始出现腐蚀。使用环氧沥青或环氧煤焦油作为涂层的方法因其潜在的毒性也存在争议。

（2）其他措施

①投加缓蚀剂能在金属管道的内壁形成一层保护膜，从而控制腐蚀。由于缓蚀剂成本较高并可能影响水质，因此主要用于循环水系统中。

②对水质进行稳定处理，通过加入碱性药剂（通常是石灰）来提高水的pH值和稳定性，这可以在管道内壁形成一层保护膜，降低水中的氢离子浓度和游离二氧化碳浓度，抑制微生物的生长，从而防止腐蚀。

（3）管道氯化法

通过向管道中投加氯来抑制铁硫菌，防止"红水"和"黑水"事故的发生，有效控制金属管道的腐蚀。当管网出现腐蚀结瘤时，首先进行次氯消毒来抑制结瘤细菌，随后持续投加氯，以保持管网中的余氯值，达到稳定的防腐效果后，可以改为间歇性投加氯。

（二）给水管道清垢和涂料

1.管线清垢的方式

（1）水冲洗

①水冲洗是清除管道内软硬不同结垢的常用方法。通过高于正常流速1.5～3倍的水压进行周期性冲洗，能有效去除沉积在管底的悬浮物或铁盐。在特定管段内放置冰球、橡皮球或塑料球等物体，借助这些球体在管道狭窄处产生较大的流速，以此来增强冲洗效果。冰球放入后通常不需取出。

②气水冲洗：该方法是结合高压水射流的气水冲洗方法，通过5～30 MPa的高压水产生反向动力，促使水流运动，从而使管道内的结垢脱落并随水排出。这种方法适合于中小型管道，通常使用的高压胶管长度为50～70 m。

③气压脉冲清洗：此法设备简单，操作方便，成本低廉。通过在检查井中安装进气和排水设备，无须进行断管或挖掘，便可以进行清洗。

（2）机械清洗

当管道内壁结垢严重，仅靠水冲洗无法彻底清除时，必须采用机械刮除的方法。刮管器的种类多样，通常适用于较小口径水管内的结垢清理，其主要结构包括切削环、刮管环和钢丝刷等。清洁过程中，使用钢丝绳将刮管器在管内来回拖动。首先，切削环在管壁的结垢层上刻下深痕；接着，刮管环将结垢刮除；最后，通过钢丝刷进一步清理残留物。

刮管法的优点在于操作条件较好且清理速度较快，但也存在一定缺陷，例如刮管器与管壁间的摩擦力较大，往返拖动时耗费较多力气，且清洁效果难以达到完全理想。对于口径在500～1200 mm的管道，可采用锤击式电动刮管机进行清洗。这种设备通过电动机带动链轮旋转，利用链轮上的榔头对管壁进行锤击，从而有效去除管道内壁的结垢。锤击式刮管机可在地下管道中自动行走，其刮管速度为每分钟1.3~1.5 m，每次清理的管道长度可达150 m。该设备的主要部件包括注油密封电机、齿轮减速装置、刮盘、链条锤头以及行走动力机构等。

此外，另一种方法是弹性清管器法，这是一项成熟的国外技术。该方法使用由聚氨酯等材料制成的"炮弹型"清管器，在压力水的推动下运行于管道内。清管器外部附有钢刷或铁钉，通过与管壁的摩擦作用将锈垢刮除。与此同时，压力水流经清管器与管壁间的缝隙时，形成高速水流，将刮下的锈垢冲刷到清管器的前方，并最终从管道出口排出。

（3）化学清洗

化学清洗是指将浓度为10%~20%的硫酸、盐酸或食用醋注入管道中，经过约16 h的浸泡，使管道内的结垢充分溶解，然后将酸液排出，利用高压水冲洗管道，确保其干净无残留。

2.清洗后涂料

为了确保给水管网的输水能力和使用寿命，清除管壁上的结垢之后，需要对管道进行涂料内衬处理，形成一层保护性涂层。涂层可以有效防止腐蚀、减少水质污染，并提高输水的效率。以下介绍了几种常见的涂料处理方法。

（1）水泥砂浆

在清除管道内壁的积垢之后，需要在管道内部涂覆保护性材料，以增强输水能力并延长管道的使用寿命。水泥砂浆内衬是一种传统而有效的涂覆方式，通常采用水泥砂浆或聚合物改性水泥砂浆进行内衬处理。水泥砂浆具有优异的抗腐蚀性能，其涂层厚度通常为3~5 mm，能够有效阻隔水流与金属管壁的直接接触，减少腐蚀的发生。

聚合物改性水泥砂浆是一种改进型的涂层材料，相较于普通水泥砂浆，聚合物改性水泥砂浆具有更好的附着力和耐久性，且涂层厚度较薄，一般为1.5~2 mm。该材料不仅提高了抗渗性和耐腐蚀性，还能够有效抵抗水流冲击，使管道的输水功能更加稳定。

（2）环氧树脂涂衬法

环氧树脂是一种具备耐磨性、柔韧性和密封性的涂层材料，其在给水管网中的应用越来越广泛。环氧树脂与硬化剂混合后形成反应型树脂，能够快速固化，形成强韧而持久的涂层。采用高速离心喷射的方法对环氧树脂进行喷涂，每次喷涂的厚度控制在0.5～1 mm，足以满足管道的防腐需求。

环氧树脂的涂衬过程相对简单且施工速度较快，一般在施工完成后当天即可恢复供水。此外，环氧树脂涂层不会对水质产生不良影响，是一种环保型的内衬材料。然而，该方法在设备要求上较为严格，施工操作也相对复杂，需要专业的喷涂设备和施工技术人员来完成，这使得施工成本较高，且对工人的操作能力提出了更高的要求。

（3）内衬软管法

内衬软管法是一种通过在旧管道内加装套管来修复管道的防腐方式。该方法包括滑衬法、反转衬里法、"袜法"以及使用弹性清管器拖带聚氨酯薄膜等技术。通过这些方式，可以在旧管道内形成"管中管"结构，有效提升防腐效果。

内衬软管法的主要优势在于它能够彻底改变旧管道的内壁状态，使其具备优异的防腐性能，从而大幅度延长管道的使用寿命。然而，由于内衬软管的材料多需进口，且施工工艺复杂，导致其成本较高，现阶段在市政管网改造中的推广受到一定限制。

（4）风送涂料法

风送涂料法是一种较为新颖的防腐处理方法，目前，在国内多个市政工程中得到了推广应用。该方法利用压缩空气推进清扫器和涂管器，对管道进行彻底的清洁和涂覆作业。施工开始前，首先需要多次清扫管道内壁，去除管壁上的铁锈和杂物，以确保涂覆过程的顺利进行。随后，通过高压水对管段进行冲洗，并用压缩空气将管道内残余的水分排出，保证管道内部干燥。

在涂覆过程中，将两个涂管器依次放置到管道内，并按照设计要求将涂层材料分层均匀地装入管道中。压缩空气的作用下，涂管器在管道内移动，完成第一遍涂层的防腐施工。第一遍涂层完成后，需要进行5 h的静置维护管理，以确保涂层的充分固化。之后，再进行第二遍涂层的施工，以形成更加致密和耐用的保护层。

风送涂料法的优势在于施工速度快、效率高，同时能够在较短的时间内完成管道的防腐处理，减少对城市供水的影响。然而，由于施工需要较长的准备时间，并且需要多次清扫和涂覆，因此在施工期间会对供水产生一定程度的影响。

综上所述，水泥砂浆、环氧树脂、内衬软管以及风送涂料这几种方法在市政给水管网的维护管理更新中各有优势。水泥砂浆和聚合物改性水泥砂浆具有较好的性价比，适用于大多数一般性的管道内衬施工；环氧树脂涂层则因其施工速度快且环保的特性，适合对施工效率和水质要求较高的场合；内衬软管法更适合旧管道的改造，但其较高的成本和复杂的施工工艺限制了大规模推广；风送涂料法则适用于需要快速施工并减少供水中断时间的情况，这些涂料处理方法能够显著改善市政给水管网的输水能力，其施工成本相较于新建管道大大降低，仅为新建管道的1/10～1/12。此外，通过内衬处理后的管道，水质能够得到有效的保障，从而减少水质污染的风险，确保居民的用水安全。

（三）阀门的管理

1.阀门井的安全要求

阀门井属于地下结构，因长期处于密闭环境，内部常存在氧气不足的情况。为确保安全，维修人员打开井盖后，不得立即进入井内作业，以免发生窒息或中毒事件。应首先进行充分的通风，至少持续半小时，待有害气体完全散尽后方可下井操作。同时，要保持阀门井设施的整洁与完好，避免设备受损或污染。

2.阀门井的启闭

为防止水锤现象的产生，在启闭阀门时必须缓慢操作。通常，阀门在管网中主要用于启闭功能，为减少损耗，应确保在开启时完全打开，而在关闭时确保密封严密。

3.阀门故障的主要原因及处理

（1）阀杆端部与启闭钥匙打滑。可能是因规格不匹配或阀杆端部的四边形棱边损坏导致，应立即进行修复或更换。

（2）阀杆折断。多由操作方向错误导致，应及时更换阀杆，并加强操作规范培训。

（3）阀门无法严密关闭。多因阀体底部堆积杂物所致，可通过安装沉渣槽并定期清除杂物加以解决。

（4）阀杆锈蚀。阀杆长期浸泡在水中易出现严重锈蚀问题，建议使用不锈钢材质的阀杆和铜合金制的阀门丝母。为防止锈蚀卡死，阀门应定期活动，建议每季度进行一次启闭操作。

4.阀门的技术管理

阀门现状的图纸应长期妥善保存，确保其与实际位置和登记卡信息一致。每年应对图纸、物料及登记卡进行全面检查，及时更新相关信息。工作人员需在图纸和登记卡上清晰标注阀门的位置、控制范围、启闭次数及所用工具等信息。按照既定的巡视计划周期，对阀门进行定期巡视，并详细记录维护、更换部件及重新涂漆等情况。阀门的启闭操作应由专人负责，非授权人员不得擅自操作。在夜间进行管网控制阀门的启闭工作，以减少对用户供水的影响。同时，需定期排水冲洗流量较少的管段，以确保管道内水质良好；定期检查通气阀的运行状况，以防止负压和水锤现象。

5.阀门管理要求

阀门的启闭完好率需达到100%。每季度应全面巡查所有阀门，重点输水管道上的阀门每季度需进行一次检修和启闭操作；配水干管上的阀门则需每年进行一次检修和启闭，以确保供水系统的安全可靠。

第二节　排水管网的维护管理

排水管网的维护管理是保障城市排水系统正常运行的核心环节，对于防治内涝、保护环境具有重要意义。科学的维护管理工作不仅能延长管网的使用寿命，还能提升城市排水的整体效率。维护管理工作涵盖了从检查井、雨水口到管道的全面管理。定期检查和清理管网是日常维护管理的基础，能够及时发现和清除淤积物及其他杂质，确保排水通畅。此外，疏通和封堵是应对管道堵塞、突发事故的重要措施，通过专业设备和技术手段快速恢复管道功能，防止污水外泄对周边环境造成污染。井下作业是排

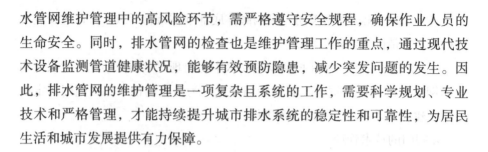

水管网维护管理中的高风险环节，需严格遵守安全规程，确保作业人员的生命安全。同时，排水管网的检查也是维护管理工作的重点，通过现代技术设备监测管道健康状况，能够有效预防隐患，减少突发问题的发生。因此，排水管网的维护管理是一项复杂且系统的工作，需要科学规划、专业技术和严格管理，才能持续提升城市排水系统的稳定性和可靠性，为居民生活和城市发展提供有力保障。

一、检查井、雨水口维护管理

（一）检查井的功能与维护管理

检查井是排水管网的重要组成部分，它连接上下游管道，是排水管网的核心节点。检查井不仅方便维护人员对管网进行检查和维护，同时还承担着保证排水顺畅的职责。

1.井盖安全性与沉泥清理

检查井的日常维护管理工作包括对井盖安全性的检查及井内沉泥的清理。为防止铸铁井盖或雨水箅被盗，需加装防丢失装置。首选防盗型井盖，或使用混凝土、塑料树脂等非金属材料制造的井盖。特别需要注意的是，井盖的标识应与管道属性相匹配。例如，雨水、污水以及雨污合流管道的井盖必须分别标注其对应属性。

2.井盖下沉问题

井盖下沉是检查井常见的问题。传统设计中，井框通常直接放置于井筒上，车辆荷载全部作用于井筒，长此以往，容易导致检查井下沉及路面凹陷。解决井盖下沉问题，需要优化设计并加强维护管理，确保井框和井筒的连接牢固且荷载分散合理。

3.安全操作规范

开启和关闭检查井盖是日常工作的重要部分，但直接用手操作存在较大的安全风险。因此，维护人员必须采取相应安全措施。例如，可立即加盖安全网或设置安全护栏，并在白天挂置三角红旗，夜间加装红灯或反光锥。此外，为解决井盖卡死的问题，可以采用液压开盖器，这种设备通过千斤顶的作用能够轻松打开卡死的井盖，大幅提升效率。

（二）雨水口的功能与维护管理

雨水口主要用于收集地表雨水，雨水算则安装于雨水口的顶部，起到拦截垃圾、防止坠落的作用，同时允许雨水通过。以下是雨水口维护管理的重点：

1.材料选择与防盗措施

为防止雨水算被盗，通常将金属雨水算更换为非金属材料。然而，替换后的材料必须保证过水断面不小于设计标准，以免影响排水效果。

2.防臭与水封设计

在合流制排水系统中，雨水口的异味问题尤为突出。为此，可以采用安装防臭挡板或水封的措施。水封的设计有两种方式：一种是直接采用带水封的预制雨水口，另一种是为普通雨水口加装塑料水封。但需要注意的是，水封在少雨季节可能因水量不足而失效，因此需要定期补充水量。

二、清掏作业

清掏作业是排水系统维护管理的核心部分，其工作量通常占到整个维护管理工作的60%～70%。清掏的主要目标是清理管道、检查井和雨水口中的沉积物及阻塞物，确保排水系统的畅通。

（一）传统清掏方式的局限性

长期以来，我国的排水系统清掏技术较为落后，多数城镇仍然依靠人工工具，如铁勺和铁铲等，工作效率低、劳动强度大且安全隐患多。为提升清掏效率并降低维护管理人员的劳动强度，应优先推广机械化作业设备，如吸泥车和抓泥车。

（二）吸泥车的分类与特点

吸泥车根据工作原理可分为以下三种。

1.真空式吸泥车

真空式吸泥车利用气体静压原理，通过真空泵抽取储泥罐内的空气，从而创造负压环境，并借助大气压力将井底的泥水吸入储泥罐。此类设备

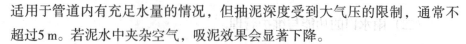

适用于管道内有充足水量的情况，但抽泥深度受到大气压的限制，通常不超过5 m。若泥水中夹杂空气，吸泥效果会显著下降。

2.风机式吸泥车

风机式吸泥车利用高速气流形成负压环境，适用于水量较少的管道。然而，其吸泥管无法深入水下作业，因此在高水位区域效果有限。

3.混合式吸泥车

混合式吸泥车结合了真空式和风机式的特点，既可处理较高水位的管道，也能应对水量较少的情况。这种设备工作效率较高，适用范围更广。

（三）抓泥车的应用与发展

近年来，抓泥车因其高效和便捷的特点被广泛推广。抓泥车通过液压抓斗进行作业，泥水分离效果较好，且污泥含水率较低。但抓泥车存在一定局限性，如无法完全清理剩余污泥，且只有在配备沉泥槽的检查井中才能充分发挥作用。为适应抓泥车的使用需求，管理部门在新建或改建雨水管道时，建议每隔两座检查井设置一座带有沉泥槽的落地井，槽深不小于1 m。

三、管道疏通

管道疏通是一项专业性强且技术要求较高的工作，其实施需要依靠多种专用工具和设备。其中，通沟器（俗称"通沟牛"）是管道疏通中的核心工具，常见的形式有桶形、铲形和圆刷形等。以下将从五种主要的疏通方法进行详细说明，包括绞车疏通、推杆疏通、转杆疏通、射水疏通和水力疏通。

（一）绞车疏通

绞车疏通是通过绞车牵引通沟器清除管道内部沉积物的一种传统方法。这种方法在我国已有百余年的历史，至今仍是许多城市的主要疏通手段。

1.所需设备

绞车疏通需要以下设备配合使用。

（1）绞车。分为手动和机动两种。

（2）滑轮架。用于减少钢索与管口或井口之间的摩擦。

（3）通沟牛。用来清除管道内的污泥或其他沉积物。

2.操作流程

在操作时，通沟器通过钢索牵引进入管道，将内部的沉积物清除。针对管道内不同类型和数量的沉积物，例如建筑工地排放的泥浆沉积物，可能需要反复操作，逐步使用从小到大的通沟器以达到彻底清理的目的。这种反复操作被称为"复摇"。

3.优缺点

绞车疏通简单可靠，适用于大部分城市的管道疏通需求。但其效率较低，对操作人员的劳动强度要求较高，同时存在一定的安全隐患。

（二）推杆疏通

推杆疏通利用竹片或钢条等长杆状工具，由人力推动清除管道内的堵塞物。根据推杆材质的不同，可分为竹片疏通和钢条疏通。

1.使用方法

（1）竹片疏通。将弹性较好的竹片插入管道，通过前后推拉的动作清除堵塞物。

（2）钢条疏通。钢条比竹片更坚硬，适用于较为顽固的堵塞物，但操作难度也更大。

2.适用场景

推杆疏通适合短距离、小直径管道的疏通工作，其工具成本低、操作简便，但对于长距离或复杂管网的疏通效果有限。

（三）转杆疏通

转杆疏通是通过旋转疏通杆清理管道的一种方法，又称轴疏通或弹簧疏通。根据动力来源的不同，可分为手动、电动和内燃三种形式，目前我国主要生产手动和电动两种。

1.工作原理

转杆疏通机配备各种功能钻头，针对不同类型的堵塞物（如树根、泥沙、布条等）进行处理。手动转杆适合简单场景，而电动转杆则适用于复杂的堵塞情况。

2.优势与局限

转杆疏通在清理效率和适用范围上明显优于推杆疏通，但电动设备在户外使用时面临供电不便的问题。此外，其成本较高，对操作人员的技能要求也更高。

（四）射水疏通

射水疏通是利用高压水射流清除管道内部堵塞物的一种高效疏通方法。近年来，这种方法在我国许多城市逐渐推广。

1.方法特点

（1）高压水射流能有效清除管道壁上的油垢、淤泥等沉积物。

（2）适用于小型管道（如支管）的疏通工作。

2.设备升级

一些城市引进了具备射水和真空吸泥功能的联合吸污车，部分车辆甚至能够对吸入的污水进行过滤后再用于清洗。这不仅提高了疏通效率，还能节约水资源。

3.技术限制

（1）在管道水位较高的情况下，水流速度受到阻碍，疏通效果会显著降低。

（2）设备成本较高，不适用于所有场景。

4.技术参数

大多数射水车的水压为14.7 MPa，部分先进设备可达到19.6 MPa。这种高压水射流在排满管流的条件下，对于清理管壁附着物表现尤为出色。

（五）水力疏通

水力疏通是一种通过增加管道上下游的水位差来加大流速，从而清除管道沉积物的方法。

1.工作原理

（1）在管道中设置自动或手动闸门，蓄高水位后突然开启闸门形成大流速。

（2）暂停提升泵站运转，蓄高水位后再次启动泵站，形成大流速疏通管道。

（3）使用疏通浮球减少过水断面，从而增加流速清除污泥。

2.优势与局限

水力疏通设备简单、效率高、成本低，能耗少，适用范围广。

水力疏通主要具有以下局限性："逃牛"现象，高流速可能将泥沙冲入泵站排水系统，导致泵机故障或损坏；协调困难，在管道和泵站分开管理的情况下，操作配合较为复杂；环境影响，在直排入江河的排水系统中，泥沙可能对水体环境造成污染。

尽管水力疏通具有多项优点，但因其对环境和设备的潜在影响，目前许多城市已经减少甚至停止了这种方法的使用。

四、管道封堵

在城市排水系统的维护管理和施工中，管道封堵是必不可少的一个环节。无论是进行管道检测、疏通，还是修理作业，往往需要先对原有管道进行封堵，以防止水流干扰施工。然而，传统封堵方法存在诸多弊端，而现代技术则通过使用充气管塞等工具大大提升了封堵效率和施工质量。

（一）传统封堵方法及其局限性

过去，在对管道进行封堵时，人们通常采用如麻袋、砖墙等封堵方式。这些方法虽然简单易行，但其缺点也显而易见。

（1）工期长。传统封堵方式需要较长时间完成，尤其是砖墙封堵，施工过程耗时耗力。

（2）工作条件差。作业人员常需要在管道内高湿、高污染的环境中工作，劳动强度大。

（3）封堵成本高。材料、人工和施工时间的消耗，使得总体成本较高。

（4）拆除困难。传统封堵物在拆除时容易留下残留物，严重影响后续管道排水功能。

基于以上问题，传统封堵方式已逐渐被现代化、便捷的技术手段所

取代。

（二）充气管塞的优势

相较传统方法，充气管塞是一种更为高效、安全和环保的管道封堵工具。它的操作十分简单，只需几个步骤即可完成。

（1）清理管道底部污泥，确保管塞能够稳固安装。

（2）将管塞放入管口，并通过充气操作使其膨胀。

（3）加装防滑支撑，以确保管塞在封堵期间不会滑动。在正常情况下，使用充气管塞封堵直径为1500 mm的管道，只需约半小时。拆除封堵时，同样十分便捷，不会像砖墙拆除那样留下残留物。此外，充气管塞具备以下显著优势：

（4）高效率：施工和拆除均快速便捷，显著节省工时。

（5）环保性：避免了传统封堵方法中可能产生的残留废弃物。

（6）灵活性：充气管塞能够根据管道直径的不同灵活调整，适用范围广。

（三）充气管塞的结构与分类

充气管塞主要由橡胶和高强度尼龙线制成，并配有充气嘴、阀门、胶管和压力表等附件，以确保其操作安全性和实用性。根据其功能和使用场景的不同，充气管塞可分为以下几类。

1.按膨胀率分类

（1）单一尺寸管塞。只能适用于特定管径的管道。例如，某型号的管塞可能仅适用于直径为500 mm的管道。

（2）多尺寸管塞。能够适应一定范围内的不同管径。

（3）小号管塞。适用于直径300～600 mm的管道。

（4）中号管塞。适用于直径600～1000 mm的管道。

2.按功能分类

（1）封堵型管塞。用于完全封堵管道，阻止任何水流通过。

（2）过水型管塞（旁通型）。带有旁通管道设计，能够在封堵管道的同时，将上游水流引入下游，适用于施工期间临时排水。

（3）检测型管塞。可用于管道渗漏检测，以及管道验收前的闭水或闭气试验。

（四）充气管塞的实际应用

充气管塞因其性能优异和操作简便，在现代城市管网维护管理中得到了广泛应用。例如：

（1）在管道检修前，施工单位使用封堵型管塞临时阻断水流，保障施工环境的干燥和安全。

（2）在市政工程中，通过过水型管塞维持管道的正常排水，减少施工对周边环境的影响。

（3）在验收阶段，使用检测型管塞进行闭水试验，以确认管道的密闭性和质量是否达标。

尽管多尺寸管塞的采购成本较高，并且部分型号需要依赖进口，但其多功能性和高效性使其成为施工单位的首选。

（五）使用充气管塞的注意事项

为了保证充气管塞的安全性和高效性，在使用过程中需严格遵守操作规范，注意以下几点。

（1）使用前应仔细阅读产品出厂说明，特别是背水压力值。如果管道内的水流压力超过管塞与管道之间的摩擦力，可能导致管塞滑动，进而引发施工事故。

（2）在充气时，必须确保充气压力处于产品规定范围内，避免因过度充气而导致管塞爆炸，危及施工人员安全。

（3）由于充气管塞可能在使用过程中出现缓慢漏气现象，操作人员需定时检查压力并及时补气。此外，充气管塞仅适用于短时间封堵，且不适合管道内有人员作业的场景。

五、井下作业

在进行井下清淤作业时，为了保障人员安全和作业效率，建议优先采用机械化操作，同时严格限制人员进入管道内作业。任何井下作业都需

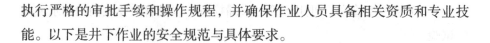

执行严格的审批手续和操作规程，并确保作业人员具备相关资质和专业技能。以下是井下作业的安全规范与具体要求。

（一）作业前的准备

1.人员资质

下井作业人员需接受专业的安全技术培训，通过考核后方可取得下井作业资格。同时，作业人员必须熟练掌握急救技能及防护设备、照明和通信设备的正确使用方法。

2.井口通风

作业开始前，需打开作业井盖和上下游井盖，进行至少30分钟的自然通风，以确保井下空气的含氧量不低于19.5%。如通风条件不足，则需采用机械通风，确保管道内的平均风速达到0.8 m/s以上。针对有毒有害、易燃易爆气体浓度可能变化较大的场所，应持续进行机械通风，以保持空气流通和作业环境安全。

3.安全交底

在下井前，需对作业人员进行安全交底，详细说明作业内容、潜在风险、安全防护措施以及自救和互救的具体方法。作业前还需完成降水、通风、照明、通信等准备工作，并检测管道内的有害气体浓度。

（二）作业中的安全防护

1.防护装备

当作业人员进入井下时，必须佩戴以下防护装备。

（1）隔离式防毒面具。防止吸入有害气体。

（2）安全带和安全绳。确保人员的安全吊挂。

（3）安全帽。防护头部免受意外冲击。

2.检测与监控

在作业过程中，必须携带气体检测仪器，随时检测管道内的有害气体浓度，并对仪器的正确使用方法进行培训。此外，需安排专人进行现场监护和井上呼应，确保作业安全。

3.时间控制

井下作业人员的连续工作时间不得超过1 h，以防止因缺氧或有害气体暴露时间过长而引发健康问题。

（三）特殊场所的安全措施

对于存在毒性强或爆炸性气体的高危作业场所，应额外采取以下措施。

（1）连续通风。确保有害气体被有效排出，降低浓度至安全范围。

（2）专用工具。使用符合防爆要求的工具，防止因操作引发火花或气体燃爆。

（3）监护制度。安排监护人员时刻与作业人员保持通信联络，确保快速响应突发情况。

（四）应急处理与救援

为应对井下作业中可能发生的突发事件，应提前制订详细的应急预案，内容包括以下方面。

（1）自救与互救。作业人员需熟悉自救器材的使用，掌握急救技巧，并能在紧急情况下迅速互助。

（2）紧急撤离。井上监护人员需在发生危险时及时指挥井下作业人员安全撤离。

六、排水管道检查

排水管道的检查主要包括日常巡查、接管验收检查以及应急事故检查三大类。日常巡查的内容：污水外溢、管道塌陷、违规占压、违法排放、私自接管等情况。同时，管线施工和桩基施工等可能威胁排水管道安全运行的行为也在巡查范围内。对于新建、改建、维修或新增接入的排水管道，必须在正式移交使用前进行接管验收检查，以确保管道结构完整、运行畅通，方可投入使用。当排水管道发生突发事故时，在完成修复与清通工作后，相关维护管理部门需对管道内部进行应急检查，以评估管道状况并保障后续安全运行。管道检查的项目可分为功能状况检测和结构状况检测两类。功能状况检测主要用于评估管道的畅通程度，而结构状况检测则聚焦于管道的整体结构完整性，包括接头、管壁及管基础等部位的检查，这直接关系到管道的结构强度及使用寿命。功能状况检测的操作较为简便，但由于管道内部淤泥沉积变化较快，其检测周期较短；而结构状况检测因技术复杂、成本较高，加之管道结构变化缓慢，故检测周期较长。在开展结构状况检测前，需对管道进行彻底的清通和清洗，以保证管道内壁无淤泥覆盖，从而提高检测的准确性。

排水管道的检查方法多种多样，常见的技术手段包括电视检查、声呐检测、反光镜检查、人员进入管道、水力坡降检查以及潜水检查等。

（一）电视检查

管网健康检查通常采用管道内窥电视检测系统，即闭路电视（CCTV）检测。这项技术通过远程采集图像，并利用有线传输方式实时显示和记录管道内部的状况。CCTV检测技术始于20世纪50年代，并在20世纪80年代趋于成熟。该系统能够深入管道内部进行摄像记录，技术人员通过分析录像，评估管道状态，从而选择最适合的修复方法。

CCTV系统主要分为自走式和牵引式两种类型，其中自走式应用较为广泛。检测过程中需确保管道内的水位不超过管径的20%。在对每段管道进行拍摄之前，必须先拍摄看板图像。看板应明确标注检测区域的名称、起点和终点编号、管道属性、管径以及检测时间等信息。爬行器的移动方向需与水流方向一致。当管径小于等于200 mm时，直线摄像的行进速度不应超过0.1 m/s；当管径大于200 mm时，速度不得超过0.15 m/s。对于圆形或矩形管道，摄像头的移动轨迹需保持在管道中轴线上；对于蛋形管道，移动轨迹应位于管道高度的三分之二位置，偏差不得超过±10%。

影像解析时，应现场确认并录入管道缺陷的类型及相应代码。剪辑图像时，需选取最佳角度和最清晰的画面。特殊情况下，可通过回放录像进行图片抓取，确保记录的完整性和准确性。

（二）声呐检查

声呐技术是一种利用水中声波探测和定位的电子设备，最早用于海军作战，后逐步扩展至海洋地貌勘测及鱼群探测等领域。在排水管道检测中，声呐主要用于管道水下功能检测，应用时间较短。声呐检测与电视检测可以互为补充。电视检测需在无水或低水位环境中进行，而声呐则适用于高水位环境，特别是在管道内充满水、能见度极低的情况下，声呐技术显得尤为重要。

声呐检测通过将传感器浸入水中，利用旋转声呐探头发射声波并接收反射信号，经计算机处理后生成管道的纵横断面图。这项技术对管道变形、积泥情况的检查非常精确，尽管其无法识别裂缝等细微缺陷，但在功能性检测方面具有明显优势。

声呐设备主要由声呐探头、线缆和显示器等组成。在检测过程中，声呐探头的移动方向需与水流方向一致，行进速度不应超过0.1 m/s，且管道内的水深不得低于300 mm。声呐系统的技术参数包括：最大反射范围不小于3 m；在125 mm范围内的分辨率需小于0.5 mm；均匀采样点数量需大于250个。在检测开始前，需从管道内取水样以校准声波速度，并调整设备参数。在记录每段管道影像前，需输入检测区域名称及管段的起点和终点编号，以保证检测数据的准确性和规范性。

（三）人员进入管内检查

在进行人工管道检查时，需确保管道直径不小于800 mm，水流速度不超过0.5 m/s，且水深不得超过0.5 m。在检查过程中，建议通过摄影或录像的方式详细记录管道内的状况，以便后续分析和处理。

（四）潜水检查

针对潜水方式的管道检查，要求管道直径不得小于1200 mm，且水流速度需控制在0.5 m/s以下。参与潜水检查的单位和潜水员必须具备特种作业资质，并遵守相关安全规范。

（五）水力坡降检查

水力坡降检查是用于评估管道水力情况的一种重要手段，能够有效帮助确定管道堵塞的具体位置。检查前需掌握管道的基本信息，包括管径、管底高程、地面高程以及检查井之间的距离等。水力坡降检测一般在低水位条件下进行，尤其适用于泵站抽水范围内的管道。

操作流程如下所述。

（1）准备阶段。绘制标有检查井位置和管线流向的图纸，明确管径、检查井间距、地面及管底高程等数据。

（2）测量开始。在检测当天，先暂停下游泵站运行，使管道水位上升，并安排测量人员分别在指定检查井位置测量水位。当泵站停止运行时，各测点水位应保持水平。

（3）泵站运行测量。泵站启动后，每隔5～10 min同步测量各测点水位，连续监测1～2 h。

结果分析：将测量数据绘制成水力坡降图，图中应标明地面高程线、管顶高程线、管底高程线及不同时间液面坡降线。如果液面坡降线与管底坡降线基本平行，则表明管道畅通；若某段坡降线异常陡峭，则可能存在堵塞。测点越密，检测结果越精准。

（六）雨污水混合排查

在我国分流排水系统中，雨污水混合是常见问题。污水进入雨水管道会造成水体污染，而雨水流入污水管道则会增加污水处理厂的运行负担。为排查雨污水混合情况，常使用染色试验和烟雾试验。染色试验，是指向污水管道注入染料（如高锰酸钾），随后打开附近的雨水井盖观察。如果雨水管道中出现染色，说明存在雨污水混合。烟雾试验，是指利用送风设备将烟雾注入检查井，观察周围环境。如果烟雾出现在不应出现的区域，可能表明管道存在混合、裂缝或泄漏。

（七）电子漏水检测

地下水渗入排水管道的检测方法有多种，如供排水量对比法、水桶测绘法、COD浓度对比法、温度对比法以及电视检查法等。然而，这些传统方法普遍存在工作量大、效率低、准确性不足的问题。

近年来，一种基于电流的漏水检测技术——FELL（快速、电子、泄漏、定位仪）逐渐引起广泛关注。该技术通过检测管壁电阻变化来精准定位漏水点。

FELL技术具有以下显著优势。

（1）操作简单高效。一次检测即可识别管道内所有错接、破裂等泄漏点。

（2）精准定位。能精确找到缺陷位置，误差不超过2 cm。

（3）成本低、效率高。检测成本仅为CCTV电视检查的1/4，但效率却是CCTV检测的3倍。

FELL技术因其高效、经济、精准的特点，为管道漏水检测提供了一种可靠的解决方案。

（八）对用户接管的审批和监督

为加强用户排水许可的管理，排水管理部门需严格执行《城市排水许可管理办法》的相关规定，对用户的排水行为进行全面审核和有效监督。当用户需进行排水操作时，必须到排水管理部门办理申报登记，根据其水质、水量及相关图纸资料申请排水许可证。排水管理部门将根据申请情况统一制订排水方案，严禁用户私自连接管道或非法接入市政排水系统，以确保雨污水分流彻底。此外，用户排水管道出口应设置水质检测井。对于重点工业企业，需安装水质在线监测设备，以确保排放水质符合国家标准。当居民区接管时，则需进行严格的水质审查和水量核算，并明确管道连接位置与接管方式，同时对施工进行监督和指导。通常，用户接入管道的连接要求需满足以下规定。

（1）污水出户管道。含粪便污水的管道必须直接接入污水管或合流管，不得接入其他管道系统。

（2）禁止混接。无论是雨水管道还是污水管道，出户管均不得接入雨水口。

（3）分流明确。污水管道不得接入雨水管，雨水管道亦不得接入污水管。若合流出户管需接入污水管，必须设置截流装置。

第十三章　道路硬化技术中的灰土应用与实践

第一节　道路硬化的基本概念

一、道路硬化的定义与目的

（一）道路硬化的科学定义

道路硬化是通过物理或化学手段，将原本松散的土壤或颗粒材料转变为具有较高强度和稳定性的固体路面结构的过程。这一过程包括材料的选择、混合、压实和固化等步骤，目的是增强路面的承载能力、抗变形能力和耐久性。从广义上来说，道路硬化不仅涉及路面层的加固，还包括对路基结构的强化以及排水系统的完善，以整体提高道路的功能性和耐用性。

（二）道路硬化的主要目标

1.提高承载能力

道路硬化的首要目标是增强路面的承载能力，以适应不断增长的交通需求。通过科学的硬化技术，路面材料能够更均匀地分散并承受车辆荷载，减少因重压造成的沉降或损坏。

2.提升路面稳定性

硬化后的路面结构更加稳固，具备更强的抗变形能力。这种稳定性在面对复杂的气候和水文条件时尤为重要，能够有效减少路面破损，保障道路长期安全可靠。

3.延长使用寿命

道路硬化能够显著提升路面的耐久性。硬化后的路面更能抵御风雨侵蚀及外力破坏，维修频率明显降低，不仅节省了维护成本，还延长了道路的整体使用年限。

4.改善交通条件

硬化后的路面平整度高，摩擦力大，有助于提高车辆行驶的安全性和舒适性。与此同时，硬化路面能够减少车辆产生的噪声，降低尾气排放，从而对环境保护起到积极作用。

5.助力经济发展

作为交通基础设施的重要组成部分，道路硬化对经济发展具有深远影响。硬化后的道路加快了物资流通速度，提升了生产效率和居民生活质量，同时也为区域经济合作和全球化发展奠定了坚实基础。

二、道路硬化的分类与技术

（一）道路硬化的分类

道路硬化是现代交通基础设施建设中的重要环节，其技术种类繁多，具体可根据硬化材料、施工工艺及用途的不同进行分类。下面将从三方面详细探讨道路硬化的分类及其技术特点。

1.按硬化材料分类

（1）水泥混凝土硬化

水泥混凝土硬化方式以水泥、砂、石等材料为主要成分，通过科学配比制成混凝土，最终形成高强度、耐久性优异的路面。这种路面不仅承载力强，还能长期抵抗自然环境的侵蚀，广泛应用于高等级公路及重要交通干道。

（2）沥青混凝土硬化

沥青混凝土硬化是以沥青作为黏结剂，配合碎石、砂等矿料，通过搅拌、摊铺和压实形成的路面。这种路面以平整度高、抗滑性能好而著称，尤其适合城市道路及高速公路的应用，能够有效提升行车的舒适性和安全性。

（3）灰土硬化

灰土硬化以石灰和土为主要材料，通过混合、压实和固化等工艺形成路面。这种硬化方式施工简便、成本低廉，适用于乡村道路及经济性要求较高的地区，是一种既实用又经济的解决方案。

2.按施工工艺分类

（1）机械压实法

机械压实法，是指利用压路机等机械设备对路面材料进行压实处理，提高材料的密实度和整体强度。机械压实法施工效率高，适合各种硬化材料，尤其是需要快速成型的工程项目。

（2）化学固化法

化学固化法通过添加化学固化剂或采用其他化学处理方式，使路面材料发生化学反应，形成坚硬的固体结构。这种方法适用于需要快速固化或增强特定性能的道路硬化工程。

（3）热拌热铺法

热拌热铺法是将沥青混合料在高温下进行搅拌后，运至施工现场进行摊铺和压实的一种工艺。这种方法适合高等级公路及城市主干道，能够保证路面的均匀性和稳定性，同时满足高强度需求。

（4）冷拌冷铺法

冷拌冷铺法则在常温下对沥青混合料进行拌和和铺设，适合低等级公路及维修工程。与热拌热铺法相比，这种工艺更加经济，但性能上可能略有不足。

3.按用途分类

（1）高速公路硬化

高速公路对路面的要求极为严格，必须确保高平整度、大承载能力及优异的耐久性，因此通常采用水泥混凝土或沥青混凝土进行硬化。这些材料能够在高速行驶条件下提供稳定的支撑，并长期维持良好的路面状态。

（2）城市道路硬化

城市道路硬化不仅需要满足行车舒适性和安全性的基本要求，还需兼顾景观效果和环保需求。沥青混凝土由于其平整、抗滑且易于维修的特点，成为城市道路硬化的主要选择。

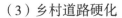

（3）乡村道路硬化

对于乡村道路，经济性和实用性是主要考虑因素。灰土等低成本硬化材料广泛应用于此类道路建设中，这种材料虽然性能不及混凝土和沥青，但能够有效满足乡村地区的基本交通需求，且成本控制效果显著。

（二）道路硬化的技术

1.水泥混凝土硬化技术

水泥混凝土硬化技术具有强度高、耐久性好、抗变形能力强等显著特点。这种技术所形成的路面不仅能够承受高强度荷载，还能在各种复杂气候条件下保持稳定。这种技术广泛应用于高速公路、城市道路、桥梁等需要高强度和高耐久性的硬化处理场景。其稳定性和承载能力使其成为重载交通道路建设的首选。随着新材料的不断研发，高性能混凝土和自密实混凝土等新型材料的应用逐渐普及。这些材料不仅提升了路面的使用寿命，还降低了施工中的能耗和环境污染。

2.沥青混凝土硬化技术

沥青混凝土技术以平整度高、抗滑性强、施工速度快而著称。其路面具备较好的弹性和柔性，能够有效缓解车辆行驶带来的震动和噪声。该技术适用于城市道路、高等级公路、机场跑道等需要高平整度和良好行车性能的场所。特别是在城市道路中，其抗滑性和耐磨性显得尤为重要。近年来，环保型沥青混合料的研究与应用成为一大热点。例如，温拌沥青和再生沥青的技术逐渐成熟。这些新型材料在降低施工温度、减少能源消耗的同时，也能实现废旧沥青材料的循环利用。

3.灰土硬化技术

灰土硬化技术因其成本低、施工简单、适应性强而广受欢迎。这种技术所需材料易得，对施工环境的要求较低，特别适合经济性要求较高的项目。灰土硬化技术常用于乡村道路、低等级公路和临时道路的建设。这类道路通常对承载力和耐久性的要求较低，但需要满足基本的通行功能。为提升灰土硬化技术的性能，研究人员通过添加改良剂、优化施工工艺等方式，显著提高了灰土材料的强度和耐久性。这一技术改进使其在某些特殊场景中也能发挥更大的作用。

4.其他硬化技术

（1）化学固化法

化学固化法通过使用化学固化剂，使土壤或颗粒材料发生化学反应，从而形成坚硬的固体结构。这种方法主要用于软弱地基处理、路面加固等工程中。化学固化法不仅施工效率高，还能根据不同地质条件调整固化剂配比，具有较强的适应性。

（2）土壤稳定化技术

土壤稳定化技术通过加入水泥、石灰等稳定剂，或采取其他物理、化学方法，提升土壤的强度和稳定性。这种技术能够适应各种土壤类型，尤其是在地基较差的地区，为道路建设提供了经济且可靠的解决方案。

（3）微表处技术

微表处技术采用高分子聚合物乳液作为黏结剂，与矿料混合后铺设在路面表层，形成一层薄而坚固的封层。这种技术常用于提升路面抗滑性能、降低交通噪声以及防止路面受水损害等场景。微表处技术施工快速、环保，且对现有路面影响较小。

三、灰土硬化

在众多道路硬化技术中，灰土硬化因其独特优势和广泛的应用领域受到广泛关注。这种技术以灰土为核心材料，因其制备工艺简便、成本低廉、施工过程便捷且具备良好的力学性能和耐久性，成为道路建设尤其是乡村道路和低等级公路建设中的重要选择。此外，灰土硬化还被广泛应用于软弱地基的加固以及路基改良等领域。随着技术的不断发展与工程实践的深入，灰土硬化技术正逐步完善，其未来应用潜力巨大。

（一）灰土硬化的基本原理

灰土硬化的核心在于石灰与土料按一定比例混合后，通过加水拌和、压实以及适当的养护，使其发生一系列物理与化学反应，最终形成具有一定强度和稳定性的硬化体。石灰在这一过程中发挥着至关重要的作用。石灰经过消解后，与土料中的活性成分（如硅、铝等）发生化学反应，生成硅酸钙和铝酸钙等化合物。这些化合物在反应过程中逐渐硬化，最终形成

致密而坚硬的固体结构，赋予路面良好的承载性能。

（二）灰土硬化的优势

1.成本低廉

与水泥混凝土和沥青混凝土相比，灰土硬化技术具有显著的经济优势。灰土作为主要原料，来源广泛且价格低廉，施工过程中无须使用复杂设备，进一步降低了工程成本。

2.施工便捷

灰土硬化技术的施工工艺简单，适合农村和边远地区的道路建设。无须依赖高端机械设备或专业技术团队，便可完成高质量的路面铺设工作。

3.优良的力学性能

灰土硬化后的路面具备较高的承载能力和抗变形能力，可满足日常交通需求。其性能表现尤其适用于乡村道路、低等级公路及场地硬化等对载荷要求不高的工程场景。

4.良好的耐久性和水稳定性

灰土硬化材料具备较强的抗水性和耐候性，能够适应多种气候条件和复杂水文环境，适合长期使用。

（三）灰土硬化的局限性

尽管灰土硬化技术优势明显，但其应用仍存在一定限制。

1.强度和耐久性不足

灰土硬化材料的性能相较水泥或沥青材料略显不足，难以满足高等级公路或承载重型交通的需求。

2.对施工质量要求较高

灰土硬化技术对施工过程的精确控制和后期养护条件依赖性较强，稍有疏忽可能导致硬化效果不佳或寿命缩短。因此，在施工过程中，需要对石灰和土料的比例、拌和均匀度、压实程度及养护时间进行严格把控。

由于其力学性能的限制，灰土硬化技术更多应用于低等级道路、乡村道路和场地加固等项目，难以在高强度要求的场合中发挥作用。随着科技进步，灰土硬化技术正在不断优化。例如，通过改进石灰配比、添加增强剂、优化施工工艺等方式，可以有效提升其力学性能和耐久性。此外，借助现代检测技术对施工质量的实时监控，也为其广泛推广提供了有力保障。未来，灰土硬化技术在道路建设中仍将扮演重要角色。在乡村振兴和低等级公路建设中，其经济适用性无可替代。同时，随着绿色环保理念的深入推进，灰土硬化材料因其环保优势也可能在更多领域得到应用。

第二节　灰土材料的特性与制备工艺

一、灰土材料的组成与性质

（一）灰土材料的组成

灰土是一种传统的道路硬化材料，其组成主要包括土料、石灰和水三种基本成分。

1.土料

土料作为灰土的主要骨架，提供了必要的力学支撑。理想的土料应具备适宜的塑性指数、良好的级配和一定的活性成分。塑性指数是衡量土料塑性和黏性的重要指标，它决定了土料在加水后的可塑性和易于压实的性质。通常，塑性指数在10～20之间的黏性土或粉质黏土是制备灰土的理想选择。此外，土料还应经过筛选，去除其中的杂质和超大颗粒，以确保灰土的均匀性和质量。

2.石灰

石灰是灰土中的活性成分，它通过与土料中的矿物质发生化学反应，生成硅酸钙、铝酸钙等化合物，这些化合物在水中逐渐硬化并形成坚硬的固体结构。因此，石灰的质量和选择对灰土的性能具有决定性影响。在选择石灰时，应优先考虑其新鲜度、消解程度和细度。新鲜度是指石灰未经过长时间存放而保持其活性；消解程度是指石灰在水中充分消解并释放出氢氧化钙的程度；细度则是指石灰颗粒的粒径大小，细度越高，石灰与土

料的接触面积越大，反应越充分。

3.水

水在灰土制备过程中起着至关重要的作用。它不仅是反应过程中的媒介，还促进了石灰的消解和与土料的充分混合。因此，水的质量和用量对灰土的性能具有重要影响。在制备灰土时，应使用洁净的饮用水或符合施工要求的水源，避免使用含有杂质或有害物质的水。同时，水的用量也应严格控制，过多或过少都会对灰土的性能产生不利影响。

（二）灰土材料的性质

灰土材料因其独特的物理、化学和力学性质，被广泛应用于道路硬化领域。这些性质不仅决定了灰土材料的工程适应性，还体现出其优异的综合性能。以下将从物理性质、化学性质、力学性质和耐久性四方面对灰土材料的性质进行分析。

1.物理性质

灰土材料具有良好的可塑性、压实性和透水性，这些特点使其在道路建设中表现出色。

（1）可塑性与压实性

灰土在适量加水后，能够形成均匀的塑性体，便于施工时的整形和压实。经过压实处理的灰土可以形成致密的结构，从而提升其整体强度。

（2）透水性

灰土的孔隙结构使其具备较好的透水性，能够有效排除路面下的积水，减少因水侵害导致的路基破坏。这种特性特别适合在多雨地区或需要良好排水性能的路段使用。

2.化学性质

灰土材料的化学性质主要体现在石灰与土料反应生成的胶凝化合物上，这些化合物是灰土强度和稳定性的主要来源。

（1）胶凝作用

石灰与土料中的活性矿物质发生化学反应，生成硅酸钙和铝酸钙等胶凝化合物。这些物质在水的作用下逐步硬化，形成坚固的固体结构，赋予灰土较高的强度。

（2）抗酸碱性

灰土材料还具有一定的抗酸碱能力，能够抵御部分化学物质的侵蚀。这种特性提升了灰土材料的耐久性，使其在多种复杂环境下均能保持稳定。

3.力学性质

灰土材料的力学性能优越，表现为较高的抗压强度和抗剪强度以及良好的弹塑性变形能力。

（1）抗压与抗剪强度

灰土硬化后能承受较大的荷载，其抗压强度满足多种道路施工需求。此外，其抗剪强度也较高，在复杂受力条件下，仍能保持稳定性，不易发生滑移或破坏。

（2）弹塑性变形能力

灰土在荷载作用下能够产生一定的弹塑性变形，但不会丧失承载能力。这种性能使其能够适应道路在长期使用中的轻微沉降或变形，保证道路的使用寿命。

4.耐久性

灰土材料的耐久性主要体现在其抗自然侵蚀能力和自我修复能力上。

（1）抗自然侵蚀能力

在长期暴露于自然环境中，灰土材料不易受到水、风、雨等因素的侵蚀，能够保持较高的强度和稳定性。这种特性使得灰土材料特别适用于各种气候条件。

（2）自我修复能力

灰土材料还具有一定的自愈性能。在微裂缝产生后，其内部的化学反应可以部分填补裂缝，恢复性能。这一特性有效延长了灰土结构的使用寿命，降低了后期维护成本。

二、灰土的配合比设计

（一）配合比的基本原则与影响因素

1.基本原则

（1）满足强度要求

灰土的强度是其最重要的性能指标之一，直接决定了工程质量。配合比设计应根据道路等级、交通量及使用年限等因素，明确灰土的强度等级，并制订相应的配合比方案，以确保灰土的承载能力。

（2）经济效益优先

在满足强度和质量要求的前提下，应尽可能优化材料用量，以降低工程成本。通过合理选择材料和优化配合比，可以提高资源利用率，实现经济效益的最大化。

（3）施工性能保障

配合比设计还需充分考虑施工过程中的实际操作要求，包括灰土的可塑性、压实性和成形性等。优良的施工性能可以降低施工难度，提高工程效率，同时保证施工质量。

2.配合比设计的主要影响因素

（1）土料性质

土料的物理和化学性质对配合比设计起着决定性作用。土料的塑性指数、颗粒级配及活性成分等直接影响灰土的强度和稳定性。例如，高塑性土可能需要增加石灰的掺量，而粒径分布均匀的土料有助于提高混合物的密实度。

（2）石灰质量

石灰的品质对灰土的最终性能有显著影响。新鲜度高、消解充分且细度均匀的石灰更能发挥其稳定土料的作用。在选购石灰时，应优先选择消解时间短、细度适中的优质石灰，以提高灰土的整体性能。

（3）用水量的控制

水分对灰土性能的影响至关重要。适宜的含水量能提高灰土的压实性和强度，但过量或不足都会影响其稳定性。例如，过多的水会导致材料

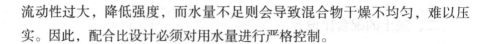

流动性过大，降低强度，而水量不足则会导致混合物干燥不均匀，难以压实。因此，配合比设计必须对用水量进行严格控制。

（二）实验室配合比试验与调整

实验室试验是确定灰土最佳配合比的重要途径。通过试验，能够直观评估不同配合比下灰土的强度、压实性和稳定性等性能，从而优化设计方案。

1.试验前的准备工作

试验前需要做好充分的准备，包括材料筛选、设备检查和工艺规划。

（1）材料准备。对土料、石灰和水等材料进行严格筛选和预处理，确保其符合试验要求。土料需经过筛分以去除杂质，石灰需检测其消解度和细度，水则应保持洁净无杂质。

（2）设备准备。试验设备包括搅拌机、压实机和万能试验机等，这些仪器需在试验前进行校准和检查，以保证数据的准确性和可靠性。

2.试验的具体步骤

（1）试样制备。按照预定的配合比，将土料、石灰和水按比例混合，搅拌均匀后制备成一定尺寸的试样。试样的尺寸和形状应符合相关标准要求，以便进行后续测试。

（2）压实处理。将制备好的试样放入压实机中，逐层进行压实处理，直至试样达到设计要求的密实度和密度。在压实过程中，需注意操作规范，以确保试样的一致性。

（3）性能测试。对压实后的试样进行性能测试，主要包括以下内容。

①强度测试。测试灰土的抗压强度，评估其承载能力。

②稳定性测试。分析灰土的抗破坏能力，判断其是否能够长期保持性能。

③压实性测试。测定试样的最大干密度和最优含水量，优化施工参数。

3.数据分析与配合比调整

（1）试验数据分析。通过整理和分析试验数据，比较不同配合比下灰土的性能指标，确定其是否满足工程要求。如果测试结果不符合设计标准，需要对配合比进行调整。

（2）调整与再试验。根据数据分析结果，对配合比进行适当调整，如改变土料的比例、增加石灰掺量或优化用水量等。调整后的配合比需重新进行试验，直至满足所有设计要求为止。

三、灰土的制备工艺

（一）土料的筛选与预处理

土料的筛选与预处理是灰土制备过程中的首要环节，其目的是去除土料中的杂质和超大颗粒，从而确保灰土成品的质量和均匀性。与此同时，预处理可以进一步提升土料的活性和反应能力，为后续工艺奠定基础。

1.筛选

将原始土料放置在筛网上进行筛选，目的是剔除杂质和过大的颗粒物。经过筛选的土料，应达到颗粒均匀、无明显杂质的标准，以便在后续步骤中发挥其最大作用。

2.预处理

对筛选后的土料进行必要的预处理，如破碎和研磨。这些操作能够进一步提升土料的表面活性，增强其与石灰的反应能力。如果需要，还可以对土料进行适当的加湿处理，以改善其塑形，方便压实操作。

（二）石灰的消解与质量控制

石灰的消解是灰土制备工艺的核心步骤之一。消解后的石灰能够释放出氢氧化钙等活性成分，与土料中的矿物质发生化学反应，生成具备胶凝性质的物质，从而提升灰土的稳定性和强度。因此，石灰的消解过程及其质量控制直接关系到灰土的最终性能。

1.消解方法

常用的石灰消解方式分为干法和湿法两种。

（1）干法消解。将生石灰投入消解炉，通过高温加热使其分解，释放出氢氧化钙，形成活性物质。

（2）湿法消解。将石灰与适量水混合，置于消解池中，通过搅拌和适度加热促进充分消解。此方法更适合大规模生产。

2.质量控制

在石灰的消解过程中，需要严格把控消解的温度、时间及水量等关键参数。只有消解条件精确，才能确保生成的氢氧化钙质量合格。同时，还需要对消解后的石灰进行细度检测和质量评估，确保其满足设计标准，避免因原材料问题影响灰土性能。

（三）灰土的拌和与运输

灰土的拌和和运输是制备流程中的重要环节。拌和的目的在于使土料、石灰和水充分混合，形成均匀的灰土材料，而科学的运输方式能够确保成品材料在运输过程中保持完整性和性能。

1.拌和方法

根据施工需求，灰土的拌和方式通常分为机械拌和和人工拌和两类：

（1）机械拌和。通过搅拌机将土料、石灰和水等材料按比例均匀混合。该方法具有拌和效率高、质量均匀等优点，适用于大规模施工。

（2）人工拌和。人工拌和主要依靠手工操作，适用于小规模工程或设备受限的场合，但效率较低。

2.运输方式

灰土运输方式的选择需要结合施工场地、道路条件和运输距离等多方面因素进行决策。常用的运输方式包括以下方面。

（1）自卸车运输。适合短距离或中等规模的材料运输。

（2）皮带机运输。适用于连续性要求较高的施工场合。

（3）管道输送。主要用于特定条件下的远距离运输。

在运输过程中，需要采取必要的措施，确保灰土不受污染、不出现分离现象，同时保持适宜的湿度和温度条件，以防止材料性能下降。

第三节　灰土在道路硬化中的应用实践

一、灰土道路硬化的施工工艺

（一）施工前的准备工作

在开展灰土道路硬化施工之前，需要充分做好前期准备，确保施工过程顺利开展和工程质量达到预期。这些准备工作主要包括施工场地的清理、测量放样、材料准备以及机械设备的合理调配等。

1.施工场地清理

在施工开始前，要对施工场地进行彻底清理。清除杂草、垃圾、碎石等一切可能影响施工的杂物，确保场地平整清洁。同时，要针对施工区域的排水问题进行处理，避免积水影响施工进度及硬化效果。

2.测量放样

根据施工图纸和道路设计要求，开展测量放样工作。具体内容包括确定道路的中心线、边界线和高程等关键数据，精确标定相关点位。所有测量和放样工作应严格遵循技术规范，以确保施工中达到设计标准。

3.材料准备

按照设计要求和配合比方案，准备所需材料，包括合格的土料、石灰和水等。在材料使用前，需进行严格的质量检测和筛选，确保其性能和规格符合施工标准，避免因材料问题影响工程质量。

4.机械设备调配

根据施工规模和任务需求，合理调配施工机械设备，如挖掘机、装载机、压路机和搅拌机等。在施工开始前，对所有设备进行检查和维护，确保设备的完好性和施工适用性，避免因机械故障造成施工中断。

（二）灰土混合料的拌制与运输

灰土混合料的拌制是灰土道路硬化施工中的重要环节，其质量直接影响道路的强度和稳定性。在这一过程中，需要严格控制材料比例、加水量以及拌制时间等关键参数，确保混合料的均匀性和性能达标。

1.材料比例控制

根据设计的配合比要求，严格控制土料、石灰和水的比例。通过精准计量设备，确保各种材料的用量符合设计标准，避免因比例失调影响混合料的质量和硬化效果。

2.加水量控制

在混合料拌制过程中，需要根据施工要求合理控制加水量。如果加水过多，混合料会因过湿而难以压实，强度降低；加水不足，则混合料偏干，不易成型。因此，应根据现场实际条件和试验结果，调整加水量，使混合料达到适宜的施工湿度。

3.拌制时间控制

混合料拌制时间对均匀性和性能有直接影响。拌制时间过短，混合料可能混合不均，影响后续施工质量；时间过长则可能引发材料磨损和过热，降低强度。因此，在施工过程中，必须严格按照规定时间操作，确保混合料的均匀性和理化性能符合要求。

4.混合料运输

拌制完成的混合料需及时运输至施工现场。在运输过程中，必须注意保持混合料的湿度和温度，防止其因失水或过度蒸发导致性能下降。此外，运输车辆应保持平稳运行，避免混合料受到震动或污染，确保运输安全和材料完好。

（三）灰土混合料的摊铺与压实

灰土混合料的摊铺与压实是灰土道路硬化的重要环节之一。摊铺时需保证混合料的均匀性与平整度，压实时则需确保其密实度与强度达到要求。

1.摊铺工艺

混合料摊铺可采用机械摊铺或人工摊铺的方式。机械摊铺效率高、平整度好，适合大规模施工；人工摊铺则更适用于小范围或地形复杂的施工环境。摊铺过程中，必须确保混合料分布均匀且表面平整，避免出现厚度不均或波浪状的问题。

2.压实工艺

压实是保证灰土混合料密实度和强度的关键。压实时需选择合适的压路机和压实方法，对混合料进行充分处理，具体要求如下所述。

（1）选择合适的压路机。根据混合料特性及压实要求，选择适当型号和吨位的压路机。

（2）控制压实速度。压实速度过快会导致混合料无法充分压实，而过慢则可能使压路机过度磨损。应根据施工条件合理调整速度。

（3）确定压实遍数。压实遍数过少会影响混合料的密实度，而遍数过多可能导致材料过度磨损和变形。因此，应依据试验结果合理确定压实次数。

（4）注意压实顺序。压实时应按照"先静压后振动、先边缘后中间、先慢后快"的顺序操作，以确保混合料的密实度和均匀性。

（四）养生与后期维护

养生与后期维护是保证灰土道路硬化质量及延长使用寿命的重要步骤。通过科学的养生处理和定期维护，可有效保持道路表面的平整度和强度，减少病害发生。

1.养生措施

灰土道路硬化完成后，需进行养生处理。在养生期间，保持道路表面湿润，避免阳光直射、强风或暴雨等不利因素影响。常见的养生方法包括覆盖保湿材料或定期洒水保湿。养生时间应根据具体条件及试验数据确定。

2.后期维护

道路使用过程中，应定期开展维护保养，包括修补裂缝、填补坑槽和清理排水设施等。发现裂缝或坑槽需及时修复，以防问题扩大。同时，保持排水设施通畅与路面干燥清洁也是延长道路使用寿命的重要保障。

二、灰土道路硬化的质量控制与检测

(一) 质量控制要点

灰土道路硬化施工中，质量控制是确保工程质量的核心环节。以下为施工中需重点把控的几个关键环节。

1.材料质量控制

对土料、石灰和水等原材料进行严格的质量检测和筛选，确保其符合施工技术要求。同时，还需做好材料的储存和保护工作，防止材料因存放不当而发生变质或损坏。

2.配合比控制

严格按照设计要求控制土料、石灰和水的比例，确保混合料配比的准确性和性能稳定性。在混合料拌制过程中，应定期进行抽样检测与试验，以验证配合比是否符合设计标准并具备可靠性。

3.施工工艺控制

对摊铺、压实等施工工艺实施全过程严格监控。保证工艺流程科学合理，避免因施工不当而引发质量问题。同时，应对施工中可能出现的异常情况及时采取调整和处理措施，以确保施工质量。

4.养生与后期维护控制

加强养生阶段与后期维护工作的管理，确保养生措施能够有效实施，维护工作能够及时开展。对道路使用过程中可能出现的病害进行定期检测，并及时修复，避免进一步恶化。

(二) 质量检测方法

为确保灰土道路硬化工程质量达到设计要求，需要开展一系列检测工作。以下为常用的几种检测方法。

1.密度检测

使用核子密度仪或灌砂法检测灰土混合料的密度。通过对比实际检测值与设计密度的差异，评估混合料的密实度及质量。

2.强度检测

采用无侧限抗压强度试验或回弹模量试验等方法，测定灰土混合料的强度。通过对其抗压强度或回弹模量的测量，评估混合料的承载能力与耐久性。

3.平整度检测

使用3 m直尺或连续式平整度仪对道路表面平整度进行检测。通过测量表面凹凸程度，评估道路的平整性及行车舒适性。

4.厚度检测

利用挖坑法或雷达探测仪检测各道路结构层的实际厚度。将检测值与设计厚度对比，判断道路结构的完整性和可靠性。

（三）质量缺陷处理

在灰土道路硬化施工中，可能会出现一些质量问题。这些问题如果不及时处理，会对道路的承载能力及使用寿命产生不利影响。以下为常见质量问题及处理方法。

1.混合料不均匀

如果发现混合料分布不均匀，可采取重新拌制或局部修补的方式进行处理。重新拌制可确保混合料性能一致，局部修补则可有效修复受损区域并恢复其功能。

2.压实度不足

对于压实度未达到标准的区域，可通过增加压实遍数或调整压路机的型号及吨位来解决。增加压实遍数能提高混合料的密实性和强度，而调整压路机参数则更能满足不同工况需求。

3.裂缝和坑槽

若施工完成后出现裂缝或坑槽，应立即修补。可采用填充材料、注浆或铺设新混合料的方式修复。在修补过程中，应确保修补材料与原材料的匹配性，同时严格遵循合理的施工工艺，确保修复效果的质量。

4.排水不畅

道路排水不畅可能导致积水，从而影响道路使用性能。针对这一问题，可采取清理排水设施、增加排水设施或调整排水方案等措施。清理排

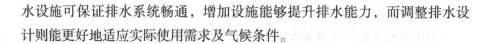
水设施可保证排水系统畅通，增加设施能够提升排水能力，而调整排水设计则能更好地适应实际使用需求及气候条件。

三、灰土道路硬化的经济效益与社会效益分析

（一）经济效益分析

灰土道路硬化是一种经济高效的道路建设方式，具有显著的经济效益，其优势体现在以下方面。

1.材料成本低

灰土作为一种常见的建筑材料，来源广泛且价格低廉。由于可以就地取材，运输成本大幅减少，与其他道路建设材料相比，灰土材料在成本方面具有明显的竞争力。

2.施工效率高

灰土道路硬化的施工工艺较为简单，且易于掌握，同时机械化程度高，施工速度快。这种高效的施工模式不仅能够缩短工期，还能显著降低人工及设备投入，从而大幅减少总体建设成本。

3.维护成本低

硬化后的灰土道路强度高、耐久性强，能有效抵御各种自然环境的侵蚀以及交通荷载的损耗。与传统道路相比，其维护频率和修复成本更低，大幅节约了后期维护费用。

4.带动地方经济发展

灰土道路硬化改善了交通条件，提升了物资流通效率与便利性，为地方经济发展注入了活力。便捷的交通体系推动了商业活动的增长，同时提高了居民的生活质量和幸福指数。

（二）社会效益分析

灰土道路硬化不仅在经济领域具有优势，还能为社会发展带来深远影响，其主要社会效益包括以下几方面。

1.改善交通条件

通过灰土道路硬化，道路通行能力得以大幅提升，车辆行驶更加平

稳，交通安全性明显增强。硬化后的道路减少了泥泞和积水问题，有助于降低交通事故发生率，保障出行安全，提高道路使用者的满意度。

2.促进区域联动发展

硬化道路在加强区域之间交通联系的同时，促进了经济合作。道路的改善提升了物资流通效率，加速了人员往来，推动了区域经济协调发展，为产业合作创造了更多可能。

3.提升城市形象

灰土道路硬化后的路面平整且美观，不仅减少了扬尘污染，还提升了整体市容市貌。这种改善是基础设施的优化，更是城市品位和治理能力的体现，给外界留下良好的印象。

4.提高居民生活质量

硬化道路能够减少扬尘和积水现象，改善周边空气质量和居住环境。同时，为居民提供了更安全、便捷的出行条件，提升步行和骑行的舒适性。道路的完善还增强了社区内部的互动与交流，提升了社区活力与凝聚力。

（三）环境保护与可持续发展

灰土道路硬化对环境保护和可持续发展也具有重要意义。

1.减少资源消耗

灰土作为一种天然且可再生的资源，其使用减少了对传统建筑材料如水泥和沥青的依赖。这不仅降低了资源消耗，还在一定程度上减少了生产过程中可能带来的环境污染。

2.防止水土流失

经过硬化的灰土道路表面更加稳固，有效减少了土壤侵蚀和水土流失现象。同时，良好的道路硬化设计还能保护周边生态环境，为植被生长提供稳定的支持。

3.改善排水性能

灰土道路硬化提升了路面的排水能力，减少了雨水径流对土壤和环境的侵害。通过减少雨水携带污染物进入水体的可能性，还能够有效保护水质，推动生态环境的可持续发展。

4.降低环境污染

硬化后的道路减少了扬尘污染，改善了沿线空气质量。对居民生活和交通使用者而言，这种环保优势既提升了日常体验，也有助于构建更为绿色和可持续的社会环境。

参考文献

[1]陈俊. 市政道路工程中沥青混凝土路面平整度影响因素及对策研究[J]. 中国建筑金属结构，2024，23（11）：75-77.

[2]曾宪瑞. 市政道路工程EPC项目管理模式探讨 [J]. 大众标准化，2024（22）：101-103.

[3]袁俊嵩. 市政给排水工程设计常见的问题与对策探究 [J]. 城市建设理论研究（电子版），2024（33）：55-57.

[4]刘东星. 城市道路工程中海绵城市的实施性与设计应用——以健明六路建设工程为例 [J]. 城市建设理论研究（电子版），2024（33）：161-163.

[5]黎贵超. 市政道路桥梁工程中沉降段路基路面施工技术运用 [J]. 城市建设理论研究（电子版），2024（33）：143-145.

[6]张耀辉. 浅谈市政工程道路排水管道施工技术要点 [J]. 居业，2024（11）：58-60.

[7]雷治. 市政给排水工程施工中的管材选择及质量控制分析 [J]. 建材发展导向，2024，22（22）：19-22.

[8]陈尚莲. 市政给排水工程设计中节能技术的应用 [J]. 大众标准化，2024（21）：116-118.

[9]马思敏. 基于海绵城市概念下给排水系统构建问题探讨 [J]. 建材发展导向，2024，22（21）：136-138.

[10]邹灿锋. 城市排水系统规划和设计的优化策略 [J]. 城市建设理论研究（电子版），2024（31）：28-30.

[11]李国楹. 城市供水系统中水与能源协同作用分析 [J]. 水利科技与经济，2024，30（10）：66-71.

[12]管星宇. 城市道路立交分期建设设计方案研究 [J]. 公路与汽运，

2024，40（4）：89–93.

[13]陶明. 乡村道路硬化后的养护管理对策研究 [J]. 建材发展导向，2024，22（16）：58–60.

[14]沈春山. 城市排水防涝系统规划设计问题及对策 [J]. 中华建设，2024（8）：72–74.

[15]孙慧萍. 数字化城市道路分级研究 [J]. 交通与运输，2024，37（S1）：184–186.

[16]郝洪超，王萍萍. 城市供水系统的水环境和水质评估技术分析 [J]. 皮革制作与环保科技，2024，5（2）：88–90.

[17]胡博文，赵鑫，蔡红军，等. 变电站道路硬化永临结合施工实践 [J]. 中国电力企业管理，2023（27）：50.

[18]王彤，张浩祥，涂杰，等. 城市供水系统两级优化调度研究 [J]. 人民黄河，2019，41（7）：81–86.

[19]宋泽新，孙文雄，钱书平. 城市供水系统智慧节能方案的（优化）研究 [J]. 城镇供水，2018（5）：80–83.